J. DVPONT

Ste Jeanne d'Arc

ILLVSTRATIONS ARCHÉOLOGIQVES

DE R. LE NAIL

LYON
EMMANUEL VITTE

PARIS
LIBRAIRE-ÉDITEUR

Sainte Jeanne d'Arc

Jeanne d'Arc en prière, d'après Chapu.

J. DUPONT

Ste Jeanne d'Arc

D'APRÈS

Ses propres déclarations

Les dépositions judiciaires des témoins de sa vie

Les écrits de ses contemporains.

ILLUSTRATIONS ARCHÉOLOGIQUES DE ROGATIEN LE NAIL

Deuxième édition, revue et complétée.

LIBRAIRIE CATHOLIQUE EMMANUEL VITTE

LYON | **PARIS**

3, PLACE BELLECOUR, 3 | 5, RUE GARANCIÈRE, 5

1922

AVANT-PROPOS

Ce modeste volume est le fruit d'études consciencieuses, faites à loisir, dans le calme d'une paisible retraite, et poursuivies avec amour, pendant plus de sept ans.

Il a eu pour cause occasionnelle l'indignation que nous éprouvâmes à la lecture de l'odieux roman, dans lequel M. Anatole France s'est amusé à caricaturer indignement la sainte de la patrie, sous le titre menteur de « Vie de Jeanne d'Arc ».

Après avoir pris connaissance de cette œuvre malsaine, où la vérité est travestie et la religion bafouée, presque à chaque page, nous nous sentîmes poussé à étudier, plus à fond que nous ne l'avions fait jusque-là, cette figure d'héroïne et de sainte, dont la carrière, si courte qu'elle ait été, n'en est pas moins « la merveille de notre histoire, et de toutes les histoires ».

A cet effet, nous parcourûmes, l'un après l'autre, sans hâte et la plume à la main, les cinq gros volumes in-4º, dans lesquels le R. P. Ayroles a réuni le texte ou la traduction des documents originaux concernant la Pucelle. (Voir, à la fin du volume, les « Sources historiques ».)

Après avoir choisi, dans cette masse de documents, ceux qui présentent le plus d'intérêt et les meilleures garanties d'exactitude, nous les avons coordonnés ensemble, citant textuellement les uns, résumant les autres, glissant çà et là quelques observations, de manière à former un tout intéressant et bien homogène.

Notre préoccupation constante a été de donner, en style simple et clair, une biographie aussi vivante et complète que possible, malgré sa concision. Y avons-nous réussi? Des amis, bons juges en fait de littérature et d'histoire, ont bien voulu nous le dire. C'est sur leur conseil que nous nous hasardons à publier un travail que nous avons entrepris et achevé, sans autre but que d'occuper pieusement et agréablement nos loisirs.

On remarquera la place considérable que nous avons ménagée, dans notre récit, aux déclarations faites par la Pucelle, sous la foi du serment, pendant son procès, aux paroles qu'elle a prononcées en diverses circonstances, aux lettres qu'elle a dictées. Ce sont là, à nos yeux, des documents d'une valeur incomparable. Aussi, pour les mieux mettre en lumière, nous les avons fait imprimer en *caractères italiques*.

L'action de notre sainte héroïne ne s'est pas terminée à son martyre, ni même à la libération du sol français, qui fut la conséquence immédiate de ses exploits. On verra, dans le livre IV, consacré à sa *vie posthume*, comment sa mémoire, outragée par ses bourreaux, réhabilitée par les délégués du Pape, longtemps méconnue, même en France, glorifiée enfin par l'Église, est devenue, de nos jours, un trait d'union, un signe de ralliement, au milieu de nos discordes civiles, et, par conséquent, un précieux gage d'espérance pour l'avenir du pays.

Actuellement, l'héroïsme de notre armée ne réalise-t-il pas

une prophétie de la Bienheureuse? Nous le croyons et nous avons essayé de le montrer dans l'*Épilogue*.

Jeanne d'Arc a-t-elle su lire et écrire? On trouvera, à la fin du volume, la réponse à cette question, qui a été inopinément soulevée, dans ces derniers temps.

Daigne la Bienheureuse bénir notre travail !

Deuxième édition.

Notre « Jeanne d'Arc » parut en octobre 1916, deux ans après le commencement de la Grande Guerre, dont les angoissantes péripéties allaient encore, durant plus de deux ans, absorber l'attention publique. Une nouvelle biographie de l'héroïne, éclose après tant d'autres, et paraissant dans des circonstances si défavorables, avait toutes chances de passer inaperçue.

C'est en effet ce qui arriva, sauf dans notre entourage, tant que dura la guerre, malgré les grands éloges que lui donnèrent quelques Revues (1).

Cependant nous n'avons pas eu à regretter l'imprudence

---

(1) Extraits de divers comptes-rendus.

1916-1917 :

« Cette biographie de notre sainte héroïne... plaira au lecteur par sa netteté et l'excellence de la mise en œuvre des documents. » *(Revue du clergé français.)*

« Il (l'auteur) ne veut pas qu'on perde de vue l'héroïne. Elle est constamment sous nos yeux et, ce qui est le grand mérite de l'œuvre,

que nous commettions en éditant le volume à nos frais. Bien au contraire : non seulement l'édition a fini par s'écouler, mais d'assez nombreuses commandes nous sont parvenues après l'épuisement du stock et : « Beaucoup, nous écrit Mgr Gibier, évêque de Versailles, demandent une nouvelle édition. »

---

elle y est vivante et peinte par elle-même. L'auteur a recueilli religieusement toutes ses paroles.

« Parmi tant de vies de Jeanne d'Arc, destinées à un public qui veut connaître la merveilleuse figure, sans se soucier des questions de pure érudition, nous n'en connaissons pas de meilleure, pour ne pas dire d'égale. » *(Études ;* article du R. P. AYROLES.)

« Guide très sûr, qui n'avance rien sans l'avoir vérifié en remontant aux sources, il (l'auteur) inspire une juste confiance. Modeste, il est fidèle à s'effacer derrière son héroïne... Œuvre patriotique et édifiante, le livre de M. le chanoine Dupont nous paraît bien être de ceux qui n'ont rien à craindre du temps. » *(Bulletin de la Société historique de l'Orne.)*

1920 :

« Que l'on considère la « Jeanne d'Arc » de M. le chanoine Dupont dans son ensemble ou dans chacune de ses parties, partout règne le *lucidus ordo,* cet arrangement lumineux sans lequel l'érudition la plus estimable ne s'élève point à la dignité d'œuvre d'art. » *(Ami du Clergé.)*

« M. Dupont a publié sa « Jeanne d'Arc » afin d'opposer la vérité à l'odieux roman dans lequel Anatole France s'est amusé à caricaturer indignement la sainte de la patrie.

« Son ouvrage est, avant tout, un exposé complet, malgré sa concision, de la vie et de la mission de Jeanne d'Arc, une biographie vivante en un style simple... et d'une rare limpidité. Bref, une bonne vie de sainte, un livre de rare qualité, un manuel classique sur Jeanne d'Arc. *(Revue des Lectures.)*

Celle-ci est la reproduction fidèle de la première, à part deux ou trois corrections de détail. Mais la disposition typographique a été améliorée et le texte complété par le récit de deux faits d'importance majeure : cérémonie de la canonisation et institution de la fête nationale de Jeanne d'Arc.

J. DUPONT.

École de Saint-François de Sales, à Alençon.

Le 17 avril 1921, en la Solennité de saint Joseph.

INTRODUCTION

Un écrivain du XVIe siècle, Étienne Pasquier, a dit de Jeanne
d'Arc : « Jamais personne ne secourut la France ni si à propos
ni si heureusement que cette femme. » L'éloge n'a rien d'exagéré.
En effet, au moment où elle vint apporter le secours de Dieu,
la France était à la veille d'être rayée du nombre des nations.
Aussi les contemporains, victimes des maux dont elle délivra le
pays, avaient pour la jeune héroïne plus que de la reconnaissance et de l'admiration ; ils la vénéraient comme « chose toute
divine ». Le secrétaire de Charles VII, Alain Chartier, écrivait
au lendemain du Sacre : « Elle ne semble pas venue de la terre,
mais être descendue du ciel pour soutenir de la tête et des
épaules la France croulante. »

Si l'on veut apprécier à leur juste valeur les services qu'elle
rendit, il est donc nécessaire d'exposer tout d'abord l'état
lamentable où se trouvait le pays. Nous allons le faire brièvement,
après en avoir signalé les causes, en remontant un peu dans
l'histoire du passé.

§ I. Crise religieuse.

Le Grand Schisme d'Occident, qui désola la chrétienté
au XVe siècle, avait été amorcé par la politique impie de *Philippe
le Bel*. L'indigne petit-fils de saint Louis avait entrepris de
mettre la main sur l'Église, dans la personne de son chef ; il

réussit, à force d'intrigues, à faire élever au souverain ponti-
ficat une de ses créatures, Bertrand de Got, qui prit le nom de
Clément V et fixa sa résidence à Avignon ; ses sept premiers
successeurs firent de même. Cette sorte de mainmise des rois
de France sur la Papauté se prolongea durant près de quarante
ans (1378-1417).

Cependant l'État pontifical, abandonné par son chef, était
en proie à toute sorte de désordres. A la fin, *sainte Catherine de
Sienne* vint à Avignon plaider auprès du Pape la cause de ses
malheureux sujets ; elle réussit à déterminer *Grégoire XI* à se
rendre au milieu d'eux. Il fut accueilli à Rome comme un sauveur longtemps désiré. Malheureusement il mourut l'année
suivante. Les cardinaux élurent à la hâte, sous la pression populaire, un Italien, qui prit le nom d'*Urbain VI*. Mais quelques
mois après, treize d'entre eux, mécontents de l'attitude cassante
du nouveau pontife, déclarèrent son élection nulle et nommèrent
un Pape français, *Clément VI*.

Les nations catholiques se partagèrent alors en deux groupes :
l'Italie, l'Allemagne et l'Angleterre restèrent dans l'obédience
du Pape de Rome, tandis que Clément VI, réfugié à Avignon,
était reconnu par la France, la Lorraine, l'Écosse, Naples et la
Castille. Le *concile de Pise* (1409) crut remédier au mal en dépo-
sant les deux Papes ; il ne fit que l'aggraver ; les Pontifes se
jugeant indûment déposés, refusèrent de céder la place à l'élu
du concile ; ainsi, au lieu de deux Papes, il y en eut trois. Le
concile de Constance (1414-1418), après trois années de discussions
pénibles, mit fin à cette crise, unique dans l'histoire, par l'élection de *Martin V*, qui fut reconnu par tous les États chrétiens.
Mais il y eut des antipapes jusqu'au concile de Florence (1449).

A la faveur de cet état anarchique, de très graves désordres s'étaient glissés dans tous les rangs du clergé ; la Papauté y avait perdu une bonne partie de son autorité et elle en sortait meurtrie et défigurée. Les prérogatives essentielles, qu'elle tient de sa constitution divine, lui étaient contestées. En décrétant que « tout chrétien, y compris le Pape, lui devait obéissance », le concile de Constance avait eu en vue autre chose que le rétablissement de l'unité au sommet de la hiérarchie. Aux yeux de l'Université de Paris, qui y jouait le premier rôle, il ne s'agissait de rien moins que d'ériger en dogme ce qui ne pouvait être qu'un expédient accidentel pour remédier à un mal passager. On le vit bien quelques années plus tard : au *pseudo-concile de Bâle*, la supériorité du concile sur le Pape, âprement soutenue par les mêmes docteurs parisiens, qui venaient de condamner Jeanne d'Arc, fut solennellement proclamée comme dogme de foi.

Ainsi, des deux colonnes, la *papauté* et la *royauté*, qui soutenaient tout l'édifice social, l'une était fortement ébranlée ; l'autre (nous le verrons ci-après) semblait vouée à une ruine irrémédiable, lorsque Jeanne d'Arc vint heureusement la « soutenir de la tête et des épaules ». Or, comme le remarque M. Hanotaux, « le salut de la royauté française fut véritablement le salut de l'Église, puisque la Réforme était imminente et que la France « anglaise » eût été la France « protestante ».

§ II. Crise nationale.

La Guerre de cent ans, qui mit aux prises la France et l'Angleterre pendant plus d'un siècle (1337-1453) fut, pour notre pays, une suite ininterrompue de désastres : *défaites de Crécy et de Poitiers, captivité de Jean le Bon, jacquerie, peste noire*. La France commençait à respirer sous le règne de *Charles VI*, lorsque ce prince fut atteint de folie. Durant les trente années qu'il vécut encore, l'État resta sans chef, avec une reine-régente, *Isabeau de Bavière*, frivole, cupide et notoirement débauchée. Deux princes du sang, *Louis d'Orléans*, frère du roi, et le duc de Bourgogne, *Jean sans Peur*, se disputèrent d'abord le pouvoir ; puis, après une feinte réconciliation, Jean sans Peur fit assassiner son rival et poussa l'audace jusqu'à se vanter de son crime.

Ce fut le signal de la GUERRE CIVILE. La noblesse se rangea autour du fils de la victime, *Charles d'Orléans*, sous la conduite du *comte d'Armagnac*, beau-père du jeune prince, tandis que l'Université et la plupart des bourgeois de Paris prenaient parti pour le duc de Bourgogne. La nation se trouva alors partagée en deux camps ennemis : d'un côté, les ARMAGNACS ; de l'autre, les BOURGUIGNONS, qu'on appelait aussi « faux Français, Français reniés ». La lutte entre les deux partis ne tarda pas à prendre un caractère atroce. A deux reprises, la capitale fut livrée à la fureur sanguinaire des bouchers de l'écorcheur Caboche ; des milliers d'Armagnacs furent égorgés, parmi lesquels le chef du parti. Le jeune dauphin lui-même ne dut son salut qu'au dévouement de quelques serviteurs, qui réussirent à l'emmener furtivement hors de Paris.

Ces excès furent suivis d'une réaction qui rendit le pouvoir aux Armagnacs ; mais ils ne le conservèrent pas longtemps. Les Bourguignons reprirent le dessus après la bataille d'*Azincourt* (1415), dans laquelle dix mille gentilshommes perdirent la vie ou la liberté ; le duc d'Orléans était au nombre des prisonniers. Les Anglais vainqueurs ne tardèrent pas à s'emparer de Rouen, malgré l'héroïque défense des habitants.

Un événement déplorable, l'assassinat de Jean sans Peur par les amis du dauphin, dans l'entrevue du pont de Montereau, allait avoir des conséquences désastreuses pour le parti français. Le nouveau duc de Bourgogne, Philippe le Bon, oubliant sa qualité de prince français, fit alliance avec les ennemis de son pays. Le traité de Troyes (1420), au bas duquel figure sa signature, à côté de celles du roi dément, de l'infâme Isabeau et des plénipotentiaires anglais, reconnaissait le roi d'Angleterre Henri V, comme unique héritier de Charles VI. Les États généraux lui rendirent hommage en cette qualité ; l'Université s'empressa de lui prêter serment et le Parlement déclara le dauphin indigne de succéder à aucune seigneurie. Puis Henri V épousa la fille du roi de France, qui lui donna un fils l'année suivante. Il mourut peu après, bientôt suivi dans la tombe par son beau-père (1422).

La France eut alors deux rois ; l'un, l'anglais Henri VI, encore au berceau, fut proclamé en grande pompe à Paris ; l'autre, le souverain national, Charles VII, inaugura son règne dans la petite ville de Mehun-sur-Yèvre. Nous touchons ici à la période la plus sombre de notre histoire.

§ III. LA GRANDE PITIÉ AU ROYAUME DE FRANCE.

Charles VII, que les Anglo-Bourguignons appelaient, par dérision, le « roi de Bourges », était alors un jeune prince de dix-neuf ans, sincèrement pieux et de mœurs chastes, mais d'un caractère timide, ombrageux, irrésolu, sans énergie. On le voyait errer de Bourges à Chinon, à Loches, à Gien, cachant sa mélancolie au fond de ses châteaux. Incapable de prendre une décision, plus incapable encore d'imposer sa volonté, il laissait ses ministres disposer à leur gré de sa personne et de son royaume. La cour était le théâtre d'intrigues continuelles et d'un gaspillage effréné.

Ses deux antagonistes, le duc de Bedford et le duc de Bourgogne, étaient de tout autres hommes, rompus aux affaires, sachant bien ce qu'ils voulaient, et d'une fermeté tout à la fois souple et énergique dans la poursuite de leurs desseins. Le duc de Bedford, régent de France pour son neveu Henri VI, comprenant que les Anglais ne réussiraient pas à soumettre le pays par leurs seules forces, ne négligea rien pour s'assurer le concours du duc de Bourgogne, tantôt attisant sa haine contre le meurtrier de son père, tantôt flattant son ambition par la perspective d'agrandir ses États aux dépens de son suzerain. Enfin, pour se l'attacher par des liens encore plus forts, il épousa sa sœur. Ainsi le sage Bedford et l'astucieux Philippe, l'Angleterre et la Bourgogne marchaient, la main dans la main, contre une France épuisée et un roi débile. Évidemment la partie n'était pas égale et Charles VII semblait voué à une défaite certaine. La France échappa pourtant à l'étreinte de ses ennemis, par la miraculeuse intervention de Jeanne d'Arc ; mais ce ne fut pas sans avoir horriblement souffert.

Les mercenaires, qui composaient les armées des deux partis : Anglais, Irlandais, Bourguignons, Picards, d'un côté ; Français, Écossais, Lombards, Italiens, Espagnols, de l'autre, gens de sac et de corde, ravageaient tout sur leur passage, sans distinction d'amis ou d'ennemis. Non contents de piller les paysans, ils emmenaient souvent avec eux les plus aisés et les retenaient dans une dure captivité jusqu'à ce qu'ils eussent payé une rançon ; faute de quoi, ils les laissaient mourir de faim ou les faisaient périr dans les tortures. Les forteresses étaient transformées en repaires de brigands. Ainsi, on vit un capitaine espagnol, Rodrigue de Villandrado, qui tenait garnison, pour le roi, sur le mont Lozère, mettre à contribution des provinces entières, piller la ville du Puy et exiger quatre cent mille écus pour épargner celle de Lyon.

Un contemporain, Thomas Basin, évêque de Lisieux, dépeint en ces termes l'état lamentable des provinces du Nord soumises à la domination anglaise : « De la Loire à la Seine et de la Seine à la Somme, les cultivateurs ayant été tués ou dispersés, les champs restèrent sans culture pendant plusieurs années, excepté quelques parcelles autour des villes et des lieux fortifiés... J'ai vu de mes yeux les vastes plaines de la Champagne, de la Beauce, de la Brie, du Maine, du Perche, celles du Vexin, du Beauvaisis, du pays de Caux, du Soissonnais, du Valois, changées en déserts, couvertes de broussailles, de buissons. Là où la végétation a plus de vigueur, j'ai vu des arbustes pousser, au point de former des forêts fort drues. »

Même désolation dans les provinces du Midi, limitrophes de la Guyenne anglaise ; ni cultures, ni chemins, ni délimitations de propriétés, rien de ce qui annonce un pays habité. La ville de Gramat était réduite à sept habitants !

Les provinces du Centre, restées fidèles à Charles VII, n'étaient guère plus heureuses. Partout l'anarchie : nombre de seigneurs se déclaraient indépendants dans leurs domaines, d'autres usurpaient ceux du roi ; dans le Poitou, le connétable de Richemont, exilé de la cour, se vengeait de sa disgrâce en guerroyant pour son compte. « Chacun, dit un contemporain, l'archevêque Gélu, se croyait autorisé à s'approprier ce qu'il pouvait prendre. » Les mercenaires de l'armée royale avaient d'autant moins de scrupule à agir de la sorte que, le trésor étant souvent à sec, ils touchaient rarement leur solde.

Les contributions, votées par les États généraux, étaient dilapidées aussitôt que perçues. Le ministre en faveur, La Trémoille, qui s'était fait donner l'administration des finances, abusait odieusement de son autorité pour s'enrichir, aux dépens de son maître. Celui-ci, toujours besogneux, aliénait ses domaines l'un après l'autre, mettait en gage les fleurons de sa couronne, ses diamants, le cercle d'or de son casque et empruntait de toutes mains. Parmi ses créanciers, il y avait jusqu'à des valets de cuisine ; mais le principal était La Trémoille, qui lui faisait des avances, avec intérêt du quart ou même du tiers par trimestre !

Malgré ces expédients, le malheureux prince n'avait pas toujours de quoi se procurer des vêtements convenables ; il faisait remettre des manches à ses vieux pourpoints et se vit un jour refuser par un cordonnier une paire de chaussures neuves. En 1428, au moment où Jeanne d'Arc va entrer en scène, les habitants de Tours firent cadeau à la reine d'une pièce de toile fine, parce qu'ils avaient appris qu'elle avait grand besoin de chemises. A la même époque le trésorier général constatait qu'il n'y avait plus dans la caisse du trésor que quatre écus, y compris son argent propre. On faisait alors maigre chère à la table du roi ; une fois qu'il avait retenu à dîner deux capitaines de son armée, il n'eut à offrir aux convives que « deux poulets tant seulement et une queue de mouton ».

Cependant les défaites succédaient aux défaites. Les Français, vaincus à *Cravant* (1423), éprouvèrent à *Verneuil*, l'année suivante, un désastre pareil à celui d'Azincourt : dix mille furent tués et un grand nombre faits prisonniers, parmi lesquels le duc d'Alençon, le futur compagnon de Jeanne d'Arc. Bientôt après, les Anglais, déjà maîtres de la Normandie, achevaient la conquête du Maine, menaçaient l'Anjou, puis venaient mettre le siège devant Orléans. Leur armée, conduite par le comte de Salisbury, parut devant la ville le 7 octobre 1428.

Cette place était la plus forte et à peu près la seule qu'on eût à opposer à l'invasion. Du reste, les habitants n'avaient rien négligé pour la mettre en état de défense. Elle était protégée par la Loire, sur la rive droite de laquelle elle est assise, et par une ceinture de remparts, au pied desquels s'étendaient de larges fossés pleins d'eau. Le seul pont, qui la faisait communiquer avec la rive gauche, était défendu par de solides ouvrages : fort de Saint-Antoine et boulevard de Bellecroix, vers le premier tiers ; et, près de l'autre extrémité, fort des Tourelles, relié par un pont-levis à un boulevard, construit sur la rive gauche du fleuve. On avait pris la précaution de raser les maisons des faubourgs et leurs vingt-trois églises, où l'ennemi eût trouvé des abris.

La défense était dirigée par le gouverneur, Raoul de Gaucourt, et par le bâtard d'Orléans. Les habitants étaient pleins d'entrain et ne demandaient qu'à combattre, à côté des hommes d'armes de la garnison. On disposait de quelques vieilles machines de guerre et d'une artillerie neuve de soixante-onze canons.

Avant d'investir la place, Salisbury s'empara d'abord du boulevard et du fort des Tourelles, coupant ainsi ses communications avec la rive gauche. Ce fut son dernier exploit ; il mourut peu après des suites d'une blessure. Le siège commença le 30 décembre sous la conduite de William Pole, comte de Suffolk, assisté de vaillants officiers, Talbot, Scales, Glasdall, etc. Pour empêcher le ravitaillement de la ville, les Anglais élevèrent autour des bastilles, savoir : sur la rive gauche, les Augustins, en avant des Tourelles, et, plus haut, Saint-Jean-le-Blanc ; sur la rive droite, en face des murailles, Saint-Laurent, Saint-Loup, Paris, etc. Ces bastilles étaient pourvues d'artillerie ; un gros canon, nommé le Long-Tom, lançait des boulets de pierre de quatre-vingts livres.

Bien que l'investissement ne fût pas complet, les assiégés ne recevaient plus de vivres que de loin en loin et en quantité insuffisante. Bientôt, la nouvelle d'une sanglante défaite de l'armée française à Rouvray *(Journée des harengs*, 12 février 1429) vint encore augmenter leurs alarmes. Dans cette extrémité, ne pouvant plus espérer un secours efficace, ils proposèrent au duc de Bourgogne de prendre la ville en gage. Il eût été heureux d'accepter, mais il lui fallait le consentement de Bedford ; celui-ci répondit « qu'il n'avait pas battu les buissons pour qu'un autre eût les oisillons ».

Dès lors, la perte d'Orléans paraissait inévitable et elle entraînait celle du royaume. Charles VII et ses ministres s'en rendaient si bien compte qu'ils formaient déjà le projet de se retirer dans le Dauphiné. Le jeune roi envisageait même la nécessité, où il pourrait être bientôt réduit, de chercher un asile en Écosse ou en Castille. Les choses en étaient là, lorsque Jeanne d'Arc arriva à Chinon et déclara au malheureux prince qu'elle venait, de la part de Dieu, pour lui rendre son royaume, tout son royaume, s'il voulait accepter ses services et la faire conduire à Orléans.

LIVRE PREMIER

La Paysanne et l'Inspirée.

CHAPITRE PREMIER

Jeanne à Domremy (1412-1418).

Première éducation. — Vertus de la jeune fille. — Joies et peines. — Les voix. — Patriotisme précoce. — Première visite a Baudricourt. — Attente pénible. — Départ.

.Au début du procès de Rouen, Jeanne, interrogée sur son lieu de naissance, son baptême, sa famille et son âge, répondait en ces termes : « *Je suis née au village de Domremy. qui ne fait qu'un avec le village de Greux; c'est à Greux qu'est l'église principale. Mon père s'appelait Jacques d'Arc et ma mère Isabelle. Dans mon pays, on m'appelait Jeannette; depuis que je suis venue en France, on m'appelle Jeanne. J'ai été baptisée dans l'église de Domremy par M. Jean Minet, à ce que je crois. Une de mes marraines s'appelait Agnès, une autre Sibille, une autre Jeanne; ma mère m'a dit que j'avais plusieurs autres marraines. Parmi mes parrains, l'un s'appelait Jean Lingué, un autre Jean Barré. J'ai, ce me semble, environ dix-neuf ans.* »

Le petit village de Domremy-sur-Meuse (aujourd'hui Domremy-la-Pucelle), où elle vint au monde le 6 janvier 1412, était situé dans le Barrois, sur les limites de la Lorraine et de la

Champagne. Il dépendait, pour le spirituel, de l'évêché de Toul ; pour le temporel, il relevait du bailliage de Chaumont (1).

Les parents de Jeannette étaient propriétaires d'un petit domaine et faisaient valoir en même temps une ferme appartenant à la seigneurie de Domremy. C'étaient d'honnêtes cultivateurs, jouissant de l'estime de leurs compatriotes ; sans être riches, ils vivaient dans une honnête aisance du travail de leurs mains. On est autorisé à se demander s'ils n'appartenaient pas à la classe des « serfs attachés à la glèbe », parce que la charte d'anoblissement, qui leur fut octroyée par Charles VII, porte qu'ils « n'étaient peut-être pas de condition libre ». Quoi qu'il en soit, *Jacques d'Arc* tenait un rang honorable dans la paroisse, exerçant, sous l'autorité du maire, les fonctions de doyen ou sergent. Il eut cinq enfants : trois fils, *Jacquemin*, *Jean* et *Pierre*, et deux filles, *Jeanne* et *Catherine*.

La mère, *Isabelle Romée*, était une vaillante chrétienne, une de ces femmes fortes et dévouées, qui sont l'honneur et le soutien de la famille. Son surnom, *Romée*, ne lui serait-il pas venu d'un pèlerinage qu'elle aurait fait à Rome? On l'ignore ; mais pareille entreprise n'eût sûrement pas été de nature à l'effrayer ; car, peu de temps après le départ de Jeanne, elle n'hésita pas à affronter les fatigues et les dangers d'un long voyage, à travers un pays infesté de brigands, pour se rendre au grand jubilé de Notre-Dame-du-Puy.

A mesure que Jeannette grandissait, sa pieuse mère ne négligeait rien pour instruire sa fille des vérités de la foi, développer

---

(1) La maison natale de Jeanne existe encore, avec le petit jardin où la pieuse enfant eut sa première vision. Le linteau de la porte fut remplacé par un tympan armorié, portant la date de 1481, avec cette inscription :

† Vive † labeur †
† Vive † le † Roy † Louis (Louis XI).

Laissée plus tard dans un complet abandon, cette vénérable relique fut restaurée, au xixe siècle, et dégagée des masures voisines.

sa piété et former doucement son cœur à la pratique de la vertu. « *Ma mère*, dira plus tard la jeune fille à ses juges, *m'a appris :* NOTRE PÈRE, JE VOUS SALUE MARIE, JE CROIS EN DIEU. *C'est d'elle et non d'autres que j'ai appris toute ma croyance. J'ai été bien et dûment enseignée comment une enfant doit se conduire pour être bonne.* » Apprendre à se bien conduire, n'est-ce pas là l'essentiel de toute vraie éducation? Quant aux sciences humaines, malgré leur utilité incontestable, l'exemple de la Pucelle est une preuve convaincante qu'elles ne sont pas nécessaires, même pour réaliser de grandes choses ; car elle ne savait ni lire ni écrire. Mais elle avait appris, sur les genoux de sa mère, à prier Dieu, à l'aimer de tout son cœur, à fuir le péché et à garder son âme pure des moindres fautes. Cette première éducation devait d'ailleurs être miraculeusement complétée, comme nous le verrons bientôt.

L'enfant profita si bien de ces leçons, que, devenue jeune fille, elle se faisait remarquer par une conduite exemplaire. Les trente-trois témoins de Domremy et des environs, qui déposèrent, sous la foi du serment, au procès de réhabilitation, sont unanimes à l'affirmer : « J'ai grandi avec Jeanne la Pucelle, dit l'un d'eux, Simonin Musnier, près de la maison de son père. Je sais qu'elle était bonne, simple, dévote ; elle vénérait Dieu et les saints ; elle aimait l'église et les lieux consacrés à Dieu et les fréquentait beaucoup. Elle faisait des aumônes aux pauvres et allait consoler les malades ; je le sais par expérience ; ayant été malade dans mon enfance, Jeanne venait me consoler. Elle aimait le travail, filait, allait à la charrue avec son père, maniait le hoyau pour briser les mottes de terre et faisait les autres ouvrages de la maison ; quelquefois elle gardait les bestiaux. Quand elle entendait sonner les cloches, elle se signait et se mettait à genoux. Elle passait pour aimer à se confesser et faisait brûler des cierges à l'église devant la Bienheureuse Marie. »

Piété, charité, amabilité, telles sont, avec l'amour du travail, les vertus que les témoins s'accordent à vanter dans la jeune fille.

Aux yeux de tous, le caractère, qui distinguait Jeannette parmi ses compagnes, était son ardente *piété*. Un charme mystérieux semblait l'attirer à l'église, voisine de la maison paternelle. Elle s'y rendait, non seulement le matin pour entendre la messe, mais encore dans le courant de la journée. Là, seule, dans un profond recueillement, elle épanchait son cœur en de ferventes prières, tantôt prosternée la face contre terre, tantôt les yeux levés au ciel ou fixés sur le crucifix, sur la statue de la Sainte Vierge. Elle se confessait souvent, trop souvent même au gré du curé ; ce qui n'empêchait pourtant pas le digne homme de déclarer que « jamais il n'avait vu meilleure catholique et qu'elle n'avait pas sa pareille dans la paroisse ». Ainsi purifiée par de fréquentes confessions et fortifiée par de fréquentes communions, il n'est pas étonnant qu'elle ait toujours conservé son âme virginale exempte de souillures, de sorte qu'elle pourra dire à ses juges en toute sincérité : « *Je ne sais pas avoir péché mortellement.* »

Elle aimait le son des cloches, qui invite à la prière, et, quand le sacristain oubliait de les mettre en branle, à la chute du jour, elle le lui reprochait doucement et lui promettait de menus cadeaux pour l'engager à être plus soigneux. Aux champs avec d'autres enfants, il lui arriva plus d'une fois de leur fausser compagnie et de se retirer à l'écart pour prier. Sa dévotion envers la Sainte Vierge se manifesta, quand elle fut grande, par de fréquents pèlerinages à la chapelle de Notre-Dame-de-Bermont, située à trois kilomètres de Domremy. Elle s'y rendait souvent, tantôt seule, tantôt avec d'autres jeunes filles, et y faisait brûler des cierges. Ces démonstrations d'une piété aussi naïve que profonde ne manquaient pas de faire jaser sur son compte : les jeunes gens s'en moquaient et les meilleures de ses compagnes trouvaient qu'elle avait vraiment trop de dévotion. Mais elle laissait dire et ne changeait rien à ses habitudes.

La piété, qui la faisait se porter avec allégresse au service de Dieu par un sentiment d'amour filial, embrasait son cœur

de *charité* à l'égard du prochain. Elle savait compatir aux souffrances et se plaisait à les soulager. Une de ses marraines lui
rend ce témoignage : « Elle aimait à faire l'aumône, recueillait
les pauvres pour la nuit et voulait aller coucher au fournil,
pour céder son lit aux mendiants. »

Son *amabilité* lui avait gagné les cœurs de ceux qui l'approchaient. Parmi ses compagnes, il en était deux surtout, qui lui
étaient tendrement attachées, la petite Mengette, sa voisine,
et Hauviette, son amie de cœur : « Je l'affectionnais, dit cette
dernière, au point d'aller souvent coucher avec elle, chez son
père. »

La piété de Jeanne n'avait rien de triste et de morose, bien
au contraire. Enfant, elle aimait à prendre part aux amusements
des enfants de son âge ; volontiers, pendant la belle saison,
elle se livrait avec eux à de joyeux ébats, sous la magnifique
ramure d'un vieux hêtre, situé à une faible distance de Domremy, sur la lisière d'un bois, nommé le Bois Chenu.

*« On l'appelait — nous citons ses paroles — l'arbre des Dames,
l'arbre des Fées ou le beau May. Plusieurs fois, j'ai entendu dire
que les anciens, mais pas ceux de mon temps, disaient que les dames
fées s'y donnaient rendez-vous. La femme du maire Aubry, Jeanne,
qui est ma marraine, a dit devant moi qu'elle y avait vu ces dames
fées, mais je ne sais pas si c'est vrai. Près de cet arbre est une
fontaine. J'ai ouï dire qu'elle guérit de la fièvre et les malades vont
y chercher de l'eau pour recouvrer la santé. J'en ai vu moi-même
y aller, mais je ne sais pas s'ils ont été guéris. J'ai été me promener
au beau May avec d'autres jeunes filles et je faisais, sous son
ombrage, des guirlandes pour la statue de Notre-Dame-de-Domremy.*

*« Depuis que j'ai eu l'âge de discrétion et que je sus que je devais
venir en France, j'ai pris peu de part aux jeux et aux divertisse-
ments. Je ne sais pas avoir dansé, sinon peut-être quelquefois avec
des enfants; mais j'ai plus chanté que dansé. Mon frère m'a rapporté que, dans le pays, l'on disait que j'avais pris mon fait auprès
de l'arbre des dames fées; mais cela n'est pas vrai et je lui dis le*

contraire. Quand je suis arrivée auprès de mon roi, quelques-uns me demandaient si, dans mon pays, il n'y avait pas un bois qui s'appelait le Bois Chenu, parce que des prophéties annonçaient que de là devait venir une jeune fille qui ferait des merveilles. Mais je n'y ai pas ajouté foi. »

Tout, dans ces aveux naïfs, respire la candeur de l'innocence ; ce furent pourtant eux qui servirent de point de départ à l'accusation de sorcellerie : la jeune fille avait dansé sous l'arbre des fées ; elle était donc suspecte d'avoir eu des accointances avec l'esprit mauvais !

Elle dut d'autant mieux goûter la douceur des délassements, pris au beau May, qu'elle menait une existence assez dure à la maison paternelle. Fille de paysans, qui gagnaient péniblement leur vie, elle partageait leurs travaux dans la mesure de ses forces. Sa mère lui apprit de bonne heure à manier l'aiguille et le fuseau ; et elle avait si bien profité de ces leçons qu'elle pouvait dire à ses juges, avec une naïve fierté : « *Pour ce qui est de coudre et de filer, je ne crains aucune femme de Rouen.* » Quand elle fut grande, la tenue du ménage, le soin du bétail et les travaux des champs se partageaient son temps. Les pénibles labeurs, auxquels elle se livrait, contribuèrent puissamment à endurcir son corps et à développer ses forces. Dieu la préparait ainsi aux fatigues de la vie militaire, qu'elle devait mener plus tard et au cours de laquelle elle fit preuve d'une prodigieuse endurance.

Quant à la légende d'une Jeanne d'Arc « bergère », elle la dément elle-même en ces termes : « *Quand j'étais dans la maison de mon père, je m'occupais des soins du ménage et n'allais pas aux champs à la suite des brebis et autres animaux.* » — Une autre fois, elle précise ainsi : « *Quand j'ai été grande je ne gardais pas habituellement le bétail, mais j'aidais à le conduire dans les prés et aussi dans le château de l'Ile, où on l'enfermait par crainte des gens d'armes.* »

Il ne faut pas oublier, en effet, que les soldats maraudeurs et pillards étaient alors la terreur des campagnes. Leurs bandes promenaient dans le Barrois le pillage et l'incendie. Domremy fut pourtant relativement épargné, et le secrétaire de Charles VII, Perceval de Boulainvilliers, y voyait l'effet d'une protection spéciale due à la présence de la Pucelle : « Tant qu'elle a été sous le toit paternel, écrivait-il en 1429, elle a si bien protégé les siens qu'ils n'ont rien eu à souffrir des surprises et des violences des pillards. » Néanmoins il y eut plus d'une chaude alerte. En 1425, le bétail, qui constituait la principale richesse des habitants, fut enlevé par une troupe de maraudeurs ; mais ceux-ci furent contraints de le rendre. Trois ans plus tard, à l'approche d'une nouvelle bande, le danger parut si menaçant que les paysans s'enfuirent et allèrent se mettre, eux et leur bétail, à l'abri dans la forteresse de Neufchâteau. Jeanne et les siens reçurent l'hospitalité chez une honnête femme, nommée la Rousse ; elle revint avec eux à Domremy au bout de quelques jours. L'écrivain bourguignon Monstrelet, habituellement mieux informé, raconte que la maison de la Rousse était une auberge mal famée, où Jeanne aurait passé des mois, sinon des années, en qualité de servante, et s'y serait livrée à des exercices, « que les jeunes filles n'ont point coutume de faire ». Les témoins, entendus à Domremy, sont unanimes à démentir le fait ; ce qui n'a pas empêché les historiens, antérieurs au XIXe siècle, de l'admettre comme vrai.

Les heureuses dispositions d'une nature bien douée, l'éducation solidement chrétienne reçue dans la famille, l'esprit de prière et la fréquentation assidue des sacrements suffiraient assurément à expliquer l'éminente vertu, qui brillait dans la jeune fille et faisait l'admiration des habitants de Domremy. Mais ces moyens ordinaires de sanctification n'étaient pas seuls à agir sur la pieuse enfant. Dieu, qui la destinait à de si grandes choses, voulut parfaire miraculeusement son éducation par le ministère d'esprits célestes, saint Michel, sainte Catherine et sainte Marguerite. Au cours des cinq dernières années, qu'elle passa à Domremy, les Voix — c'est ainsi qu'elle désignait ces esprits — se firent entendre à elle, plusieurs fois par semaine ; plus tard, elles lui continuèrent leur assistance, durant toute sa carrière militaire, dans la prison de Rouen, pendant les audiences du tribunal et jusque sur l'échafaud, où on la prêchait. Cette intervention surnaturelle, elle l'affirma énergiquement et à maintes reprises, sans jamais varier ni se démentir, même devant les menaces de torture et en face du bûcher.

Tant qu'elle vécut à Domremy, elle garda un silence absolu sur ces mystérieuses communications ; personne ne fut mis dans le secret, ni ses parents, ni son curé : « *Pour ce qui est de mes révélations, dira-t-elle à ses juges, je n'en ai rien révélé à qui que ce soit, sinon à Charles, qui est mon roi. Je ne les révélerai pas, dût-on me couper la tête, parce que les saintes que je vois, mon Conseil secret, m'ont dit de ne pas les révéler.* »

Cependant, pressée maintes fois par les interrogateurs et préalablement autorisée par ses célestes conseillères, elle finit par consentir à leur communiquer certains détails, de nature à donner une apparence de satisfaction à leur curiosité, plutôt qu'à les renseigner sur ce qu'ils auraient surtout voulu connaître, c'est-à-dire les révélations concernant le roi. Ces détails se trouvent disséminés çà et là dans le compte rendu des audiences et jetés pêle-mêle au milieu des sujets les plus divers. Nous allons grouper ensemble quelques-uns des plus intéressants.

« *J'étais dans ma treizième année, quand Dieu m'envoya une Voix pour me conduire. La Voix vint sur le midi, en été, dans le jardin de mon père. J'entendis la voix à droite, du côté de l'église. Cette première fois, j'eus grand'peur et je doutais que ce fût saint Michel, qui venait à moi. Il était en la forme d'un très vrai prud'homme. Je le vis de mes yeux ; il n'était pas seul, mais accompagné d'anges du ciel. Je le vis plusieurs fois avant de savoir que c'était saint Michel. Je le reconnus à son parler la troisième fois que je le vis ; sa voix était douce et vénérable. Je l'ai bien comprise et elle m'a toujours bien guidée. Il m'enseigna et me montra tant de choses que je crus que c'était lui. Sur toutes choses il me disait que je fusse bonne enfant, que Dieu m'aiderait et que j'irais au secours du roi de France. Et l'ange me racontait la grande pitié qui était au royaume de France. Il me dit que sainte Catherine et sainte Marguerite viendraient; qu'elles étaient ordonnées de Dieu pour me diriger et me conseiller dans ce que j'avais à faire; que je devais croire ce qu'elles me diraient; que c'était le commandement de Notre-Seigneur.* »

Les deux saintes vinrent en effet ; trois ou quatre fois par semaine, elles apparaissaient à la petite paysanne, la formaient à la piété, lui dévoilaient peu à peu les desseins de Dieu sur elle et lui apprenaient ce qu'elle devait faire pour y correspondre : « *Sainte Catherine et sainte Marguerite, dit-elle, s'étaient chargées de me gouverner. Elles se plaisaient, tantôt l'une, tantôt l'autre, à me faire confesser. La première fois que je les vis, je vouai ma virginité, pour autant que cela plairait à Dieu. Elles avaient de belles couronnes, fort riches et de grand prix; elles sentaient bon. Je les ai accolées par en bas* (c'est-à-dire : j'ai embrassé leurs genoux) ; *cela est plus convenable que par en haut. — Elles apparaissent dans une lumière qui rayonne de tous côtés. Je les distingue bien l'une de l'autre à la manière dont elles me saluent et aussi parce qu'elles se nomment à moi. Leur voix est belle, douce et modeste, leur langage excellent et je l'ai toujours bien compris. Jamais il n'y eut de contradiction dans leurs paroles. — J'ai vu saint Michel en personne et les saintes dont je parle; je les ai vus de mes yeux et je crois que ce sont eux aussi fermement que je crois que Dieu existe. Après leur départ, je baisais la terre où ils s'étaient posés. Quand ils s'éloignaient, je pleurais. J'aurais bien voulu qu'ils m'emmenassent avec eux.* »

Les habitants de Domremy étaient demeurés fidèles à la cause nationale, tandis que leurs voisins de Maxey suivaient le parti bourguignon. Les saintes, qui instruisaient la Pucelle, n'eurent donc qu'à diriger, peut-être à modérer les sentiments patriotiques qu'elle avait puisés au sein de sa famille. — « *Étant encore en bas âge, dit-elle, je faisais des vœux ardents pour que mon roi eût son royaume. Depuis que j'ai compris que les Voix étaient pour le roi de France je n'ai pas aimé les Bourguignons. J'ai vu des enfants de Domremy revenir bien blessés et ensanglantés de leurs batailles avec ceux de Maxey. Je ne connaissais à Domremy qu'un seul bourguignon; j'aurais bien voulu qu'il eût la tête coupée, si toutefois tel eût été le bon plaisir de Dieu.* » Est-il besoin de faire remarquer que le vœu homicide, formulé avec cette sauvage énergie, n'était point l'expression de ses sentiments intimes? C'est une simple boutade, peut-être aussi une sorte de défi à ses juges, qui étaient, elle ne l'ignorait pas, du parti bourguignon. Elle haïssait si peu cet homme que, l'ayant rencontré peu de temps avant son départ, elle s'arrêta pour le saluer et lui dit gentiment : « *Compère, si vous n'étiez pas bourguignon, je vous dirais quelque chose.* » Il crut qu'elle faisait allusion à un projet de mariage et n'attacha pas d'importance à ces paroles ; mais il se les rappela quand elle eut quitté le pays et c'est lui qui en a témoigné.

Après avoir reçu pendant quatre ans les instructions de ses Voix, le moment arriva où, pour obéir aux ordres de Dieu, elle dut se résoudre à faire une démarche auprès du capitaine Robert de Baudricourt, qui commandait à Vaucouleurs. Dieu lui ménagea l'occasion de se rendre dans cette ville, sans éveiller les soupçons de personne. A Burey, village situé à six kilomètres de Domremy, habitait un parent de sa famille, Durand Laxart, chez lequel elle alla passer quelques jours en mai 1428. — « *J'allai*, dit-elle, *chez mon oncle et je lui dis que je voulais rester quelque temps chez lui.* » — Là, ce qu'elle n'avait encore dit à personne, le secret de sa mission, elle le confia au brave paysan ; elle lui parla avec tant de chaleur et de conviction qu'il en fut vite ébranlé. Pour achever de l'amener à ses vues, elle lui citait une prophétie, qui avait cours dans le pays : « *N'a-t-il pas été annoncé que la France serait ruinée par une femme et relevée par une vierge?* » La femme malfaisante, c'était la reine Isabeau ; elle, Jeannette, était la vierge, prédestinée au relè-

Église de Domremy.

vement de la patrie ; les anges et les saints du ciel le lui répé-
taient depuis quatre ans. Or, l'heure était venue où elle devait
agir, mais elle avait besoin du concours de son oncle. Celui-ci, qui
connaissait la haute vertu de sa jeune parente, fut pleinement
convaincu de la réalité de sa mission surnaturelle et n'hésita
pas à la seconder. — « *Je dis à mon oncle*, raconte-t-elle, *qu'il
me fallait aller à Vaucouleurs et mon oncle m'y conduisit. Quand
je fus arrivée, je connus Robert de Baudricourt. quoique je ne
l'eusse jamais vu. C'est la Voix qui me le fit connaître ; elle me
dit : « C'est lui.* »

Un officier de la garnison, Bertrand de Poulengy, qui assistait
à l'entrevue, résume en ces termes la déclaration de la Pucelle :
« Elle dit à Robert : « *Je suis venue vers vous de la part de mon
Seigneur, afin que vous mandiez au dauphin* (1) *de bien se tenir
et de ne pas engager de bataille avec ses ennemis, parce que mon
Seigneur lui donnera secours après la mi-carême. Le royaume
n'appartient pas au dauphin; il appartient à mon Seigneur.
Cependant mon Seigneur veut que le dauphin devienne roi et qu'il
tienne le royaume en commende. Il sera roi, malgré ses ennemis;
et moi, je le conduirai à son Sacre.* » — « Eh ! quel est ton Seigneur? » demanda Baudricourt. — « *Le roi du ciel* », répondit-
elle. »

Sur ce, le capitaine, se tournant vers l'oncle Laxart, le congédia brutalement, en disant : « Giffle-la, et la ramène à son
père. » Ainsi rebutée, Jeannette rentra à la maison paternelle,
sans être aucunement découragée ; car, dira-t-elle plus tard :
« *De cela la Voix m'avait avisée.* » — Elle s'attendait à cette
humiliation.

Jeannette devait encore passer l'été et l'automne à Domremy,
avant de se mettre en route pour aller trouver le roi. Durant
ces mois d'attente, pas de changement appréciable dans sa

---

(1) Aux yeux de la Pucelle, Charles VII restera le *dauphin* jusqu'au
Sacre, qui le fera vraiment roi.

manière d'être, mais une surveillance plus étroite de la part de ses parents. Il est bien probable qu'elle ne leur dit rien de son voyage à Vaucouleurs ; mais Baudricourt n'avait pas les mêmes raisons de se taire. Sa verve railleuse et libertine ne laissa pas échapper l'occasion de s'exercer aux dépens de la jeune fille ; il s'en moqua copieusement et ne cacha pas la pensée, qu'il avait eue un moment, de faire d'elle le jouet de ses soldats.

Il n'en fallait pas davantage pour donner naissance aux bruits les plus fâcheux ; l'écho en parvint, sans doute, aux oreilles de Jacques d'Arc, et redoubla ses inquiétudes ; il voyait déjà sa famille à la veille d'être déshonorée. Ces bruits n'étaient-ils pas la confirmation d'un songe, qui l'avait beaucoup tourmenté deux ans auparavant? La Pucelle en avait été informée par sa mère ; elle s'en explique en ces termes : « *Mon père disait avoir rêvé que sa fille Jeanne s'en irait avec des hommes d'armes. Il dit à mes frères: « Si je pensais qu'advint la chose que j'ai songée, je voudrais que vous la nayissiez; et si vous ne le faisiez pas, je la nayerais moi-même. » — Aussi mes père et mère avaient grand soin de me bien garder. Ils me tenaient en grande sujétion et je leur obéissais en tout, sinon au procès de Toul, au cas de mariage.* »

Ce procès semble avoir été un expédient, imaginé par ses parents, pour la retenir près d'eux, en la forçant à se marier. Un jeune homme, qu'ils avaient très probablement suborné, prétendit qu'elle lui avait promis de l'épouser ; et, comme elle s'y refusait, il voulut l'y contraindre en la faisant citer devant l'officialité de Toul. On ne sait de ce procès que ce que la Pucelle fut amenée à en dire à ses juges. L'un d'eux lui ayant demandé pourquoi elle avait fait citer un homme à Toul, en cause de mariage, elle répondit : « *Ce n'est pas moi qui le fis citer, ce fut lui qui me fit citer. Là, devant le juge, je jurai de dire la vérité, et enfin je déclarai que je ne lui avais fait aucune promesse. Mes Voix m'avaient assuré que je gagnerais mon procès.* »

Les choses en durent rester là.

Cependant, lorsque les Anglais, alliés aux Bourguignons,

eurent mis le siège devant Orléans, les Voix, qui dirigeaient la
jeune fille, se firent plus pressantes. Il ne s'agissait plus pour
elle, comme naguère, au mois de mai, d'un simple message à
porter à Vaucouleurs ; il lui fallait se résoudre à quitter une
famille bien-aimée, qu'elle laisserait dans la désolation, et à s'en
aller au loin dans des pays inconnus, pour faire la guerre, vivre
au milieu de soldats et exposer sa vie dans les. batailles. Quelle
perspective pour une jeune paysanne ! Et elle n'avait pas encore
dix-sept ans ! On conçoit combien elle en dut être d'abord
effrayée ; mais l'intervention de saint Michel finit par vaincre ses
dernières hésitations.

« *Il me disait*, raconte-t-elle, *qu'il me fallait quitter mon pays
et aller au secours du roi de France ; que Dieu m'aiderait et que je
ferais lever le siège d'Orléans ; que Baudricourt me donnerait des
gens pour me conduire. Je lui répondais : « Je ne suis qu'une
pauvre fille qui ne sait pas monter à cheval et n'entend rien à la
guerre. » L'ange me disait que c'était le commandement de Notre-
Seigneur et il me racontait la grande pitié qui était au royaume de
France. Je ne pouvais plus m'endurer où j'étais. »*

Quand elle eut donc ainsi, d'un cœur généreux, acquiescé
.aux ordres divins, elle se trouva remplie d'une joie sereine et
d'une confiance sans bornes dans l'accomplissement des promesses reçues : « *Sais-tu*, dit-elle un jour à un ami d'enfance,
*qu'il y a entre Coussey et Vaucouleurs, une jeune fille qui mènera
sacrer le roi à Reims?* » Son sacrifice était fait, sa résolution
inébranlable ; elle n'attendait qu'une occasion favorable pour
la mettre à exécution. L'oncle Laxart fut encore, en cette circonstance, l'instrument de la Providence.

Comme sa femme était sur le point d'accoucher, il vint faire
appel à la charité de ses parents, les priant de lui confier leur
fille pour tenir son ménage durant quelques semaines. Ils y
consentirent et Jeanne partit avec lui, bien décidée à ne pas
revenir, avant d'avoir accompli sa mission ; mais elle n'en laissa
rien soupçonner à sa famille.

Aux juges de Rouen, qui lui firent un crime d'avoir ainsi quitté ses parents à leur insu et contre leur gré, elle fit cette belle réponse : « *Puisque Dieu le commandait, quand j'aurais eu cent pères et cent mères, quand j'eusse été fille de roi, je serais partie. Mes Voix eussent été assez contentes que je disse ma résolution à mes parents; mais elles s'en rapportaient à moi de la dire ou de m'en taire. Quant à moi, pour chose au monde, je ne leur en aurais parlé. Je craignais trop que mon voyage fût empêché par les Bourguignons et surtout par mon père.* »

En sortant du village, qu'elle ne devait plus revoir, elle rencontra une de ses plus chères amies, Mengette, et, sans s'arrêter, la quitta sur un simple *adieu*. Les liens, qui l'attachaient à Domremy, étaient bien brisés ; désormais, elle ne pensera plus qu'à accomplir de son mieux la mission, que Dieu lui a confiée, sans se préoccuper des peines ou des joies, des triomphes ou des humiliations qu'elle y rencontrera. Ses parents n'en devaient pas prendre aussi facilement leur parti : « *Il s'en fallut bien peu,* dit-elle, *qu'ils ne perdissent le sens, quand je fus allée à Vaucouleurs. Depuis, je leur en ai écrit et ils m'ont pardonné.* »

CHAPITRE II

Jeanne à Vaucouleurs (Janvier-février 1429).

Nouvelles rebuffades de Baudricourt. — Deux précieuses con-
quêtes. — Jeanne exorcisée. — Visite au duc de Lorraine. —
Départ de Vaucouleurs. — De Vaucouleurs a Chinon.

Après six semaines passées à Burey, chez l'oncle Laxart, Jeanne se fit conduire à Vaucouleurs et se présenta de nouveau devant le gouverneur. Sa pauvre robe de laine rouge et ses vêtements grossiers étaient plus propres à lui attirer les quolibets de la garnison qu'à lui ménager la faveur de Baudricourt. D'ailleurs, la requête qu'elle adressa était plus étrange encore que la première, dont il s'était tant moqué : « *Messire capitaine, lui dit-elle, sachez que Dieu m'a plusieurs fois fait assavoir et commandé que j'allasse vers le gentil dauphin, qui doit être et est vrai roi de France, qu'il me baillerait des gens d'armes et que je lèverais le siège d'Orléans et le mènerais sacrer à Reims. C'est pourquoi, je vous demande de me faire conduire là où il est.* »

Baudricourt, jugeant qu'une telle déclaration ne pouvait être que le fait d'une folle, ne jugea pas à propos de répondre à la requête. Sans se laisser déconcerter par cette nouvelle humiliation, la Pucelle résolut de rester à Vaucouleurs, pour y attendre le bon plaisir de Dieu. Son oncle lui procura un gîte dans une famille honnête, chez le charron Henry Leroyer. Là, elle se montra constamment telle qu'à Domremy, pieuse, douce, laborieuse. Elle se confessait et communiait souvent. Un témoin déposa, au procès de réhabilitation, qu'étant à cette époque enfant de chœur à la chapelle du château, il l'avait vue souvent assister aux messes matinales avec grande piété, puis rester

2

longtemps en prière dans la crypte devant une statue de la
Sainte Vierge, tantôt prosternée la face contre terre, tantôt
les yeux levés au ciel. Le reste du temps, elle s'occupait à filer
avec la femme du charron et à converser avec les personnes
qui venaient la voir.

On devine sans peine quel était le sujet habituel de ces cau-
series. Jeanne, uniquement préoccupée de sa mission, n'avait
qu'un désir, faire passer dans l'âme de son entourage sa conviction profonde et l'inébranlable confiance dont elle était
animée. Elle y réussit d'autant mieux qu'on la savait pieuse,
humble et absolument désintéressée. « Elle parlait d'ailleurs
fort bien » ; c'est le témoignage que rendit un de ses visiteurs,
le seigneur d'Ourches, qui avait été étonné de trouver tant de
distinction dans le langage d'une paysanne. — Elle eut tôt fait
de communiquer sa foi à ses hôtes d'abord, puis à un nombre
toujours grossissant d'habitants de Vaucouleurs.

Baudricourt n'était malheureusement pas de ce nombre et
gardait toutes ses préventions. Alors, dans son impatience
d'agir, elle prit la résolution, héroïque mais téméraire, d'aller
vers le dauphin sans escorte. Son oncle, toujours disposé à
entrer dans ses vues, et un bourgeois de Vaucouleurs consentirent à l'accompagner. Nos intrépides voyageurs n'allèrent pas
loin.; après une heure de marche, on fit halte à Septfonds, à la
porte d'une chapelle, où Jeanne entra pour prier. Là, elle comprit que, ses Voix lui ayant promis que Baudricourt lui donnerait
une escorte, son devoir était de se résigner à attendre qu'il s'y
décidât. C'est pourquoi, en sortant de la chapelle, elle dit à ses
compagnons : « *Il n'est pas convenable que je parte ainsi* » ; et
ils rebroussèrent chemin.

Peu de temps après, elle fit la rencontre d'un officier de la
garnison, Jean de Nouillompont, surnommé Jean de **Metz**.
Celui-ci l'aborda respectueusement et lui dit : « M'amie, que
faites-vous ici? Faut-il donc que le roi soit chassé du royaume
et que nous devenions anglais? » — Elle répondit : « *Je suis*

venue à cette chambre du roi (1) demander à Robert de Baudricourt de me conduire ou de me faire conduire jusqu'au roi. Il ne fait aucun cas de moi ni de mes paroles. Cependant il faut que je sois en route avant la mi-carême, quand je devrais user mes jambes jusqu'aux genoux. Il n'est personne au monde, ni roi, ni duc, ni fille du roi d'Écosse (2), ni autres, qui puissent recouvrer le royaume de France. Il n'y a de secours à espérer que de moi. Ce n'est pas là, je le sais, le fait de personne de ma condition, et j'aimerais mieux filer auprès de ma pauvre mère. Mais il faut que j'aille et que j'accomplisse ma mission. Ainsi le veut mon Seigneur, Dieu. » —
Elle avait dit, avec la même assurance à Henry Leroyer : « *Je suis née pour cela.* »

Là, où Baudricourt s'obstinait à ne voir que démence, Jean de Metz reconnut l'inspiration divine et ajouta foi aux paroles de la Pucelle ; il mit sa main dans la sienne et lui promit, foi d'honnête homme, de la conduire au roi ; puis, il lui demanda quand elle voulait partir : « *Aujourd'hui plutôt que demain et demain plutôt qu'après.* » Telle fut la réponse.

Un autre homme d'armes, Bertrand de Poulengy, qui avait été témoin de sa première entrevue avec le gouverneur, s'engagea aussi à l'accompagner ; mais ni l'un ni l'autre ne pouvaient partir sans l'autorisation de leur chef et celui-ci ne paraissait guère disposé à l'accorder.

Néanmoins Jeanne prenait ses dispositions comme si le départ eût dû être proche. Appelée, par une vocation tout à fait extraordinaire, à vivre parmi des soldats, elle n'aurait pu garder les vêtements de son sexe sans s'exposer à attirer continuellement leurs regards, à exciter leurs passions brutales et à mettre ainsi en danger son honneur et sa vertu. C'est pourquoi, sur le conseil

---

(1) C'est-à-dire à cette place de Vaucouleurs, directement soumise à l'autorité du roi.

(2) Il était alors question d'un projet de mariage entre le fils de Charles VII, le futur Louis XI, encore enfant, et la fille du roi d'Écosse.

de ses Voix, elle prit le costume des hommes d'armes et se fit couper les cheveux en rond. Ses premiers effets militaires furent empruntés à la garde-robe des serviteurs de Jean de Metz. L'oncle Laxart et un bourgeois de Vaucouleurs lui payèrent un cheval. Tout allait au gré de ses désirs, lorsque lui survint une épreuve d'un nouveau genre.

Le gouverneur, voyant ce qui se passait, fut saisi d'une vague inquiétude. L'obstination de la jeune fille dans ses projets, ses préparatifs de départ, ouvertement favorisés par deux de ses officiers, enfin le sentiment populaire, qui se déclarait de plus en plus en sa faveur, tout cet ensemble de faits étranges, que son gros bon sens ne parvenait pas à s'expliquer, avait fini par faire impression sur lui. Il se demandait quel était le moteur secret de cette affaire ; mais, au lieu de la main de Dieu, il y soupçonnait la griffe du diable. Afin de s'en assurer, il alla trouver le curé, Jean Fournier, et le décida à tenter un exorcisme. Ils se rendirent donc ensemble à la maison du charron. Là, le curé mit l'étole à son cou et ouvrit un rituel. A cette vue, Jeanne s'agenouilla devant lui et, quand elle l'entendit prononcer ces paroles : « Si tu viens de la part du démon, retire-toi ; approche, au contraire, si tu es bonne », elle se traîna jusqu'à ses pieds. Baudricourt jugea-t-il l'épreuve concluante? on l'ignore. Mais la Pucelle se montra, à bon droit, froissée du procédé : « *Le prêtre n'a pas bien agi*, dit-elle à son hôtesse ; *parce qu'il avait entendu ma confession.* » Dépositaire des secrets de sa conscience, il devait bien savoir qu'elle n'était pas un suppôt du démon.

Sur ces entrefaites, le duc de Lorraine, informé de la présence, à Vaucouleurs, d'une jeune fille qui se disait envoyée de Dieu, la fit prier de se rendre près de lui. Affligé d'une grave maladie, il espérait que cette personne extraordinaire pourrait peut-être le guérir ou du moins lui indiquer un remède efficace. De son côté, Jeanne dut se dire que la protection d'un si puissant seigneur n'était pas à dédaigner pour le succès de sa mission ; elle accepta donc. Mais l'événement ne répondit ni à ses espérances ni à celles du malade. Voici ce qu'elle a dit elle-même de cette entrevue : « *Le duc de Lorraine manda que l'on me conduisît vers lui ; je m'y rendis. Le duc m'interrogea sur le recouvrement de sa santé. Je lui répondis ne savoir rien là-dessus. Je lui dis que je voulais aller en France et que, s'il me donnait son fils et des gens pour me conduire, je prierais Dieu pour sa santé.* »

La demande ne fut pas agréée. Cette visite aurait donc été complètement stérile, si la jeune sainte n'avait eu la charitable pensée d'en profiter pour travailler à la guérison de l'âme du prince, plus malade encore que son corps. En effet, il vivait dans un honteux désordre : il avait renvoyé sa femme, pour mettre à sa place la fille d'une marchande de légumes. Jeanne, s'armant d'un généreux courage, ne craignit pas de lui reprocher cet adultère public, au risque de provoquer sa colère : « *Vous vous conduisez mal*, lui dit-elle, *et vous ne guérirez jamais, si vous ne vous amendez pas et ne reprenez votre vertueuse épouse.* »

On ignore si la leçon produisit, sur l'âme du coupable, l'effet que la pieuse enfant désirait. Mais il ne paraît pas qu'il se soit offensé de la liberté de son langage. En la congédiant, il lui fit donner quatre francs et un cheval. Avant de regagner Vaucouleurs, elle se rendit au célèbre pèlerinage de Saint-Nicolas-de-Port, près de Nancy.

Le moment était enfin arrivé où l'indomptable ténacité de Jeanne allait triompher du mauvais vouloir de Baudricourt. Peu de temps après son retour, elle se présenta devant lui pour la troisième fois et lui tint ce langage : « *En nom Dieu, vous tardez trop à m'envoyer. Car, aujourd'hui, le dauphin a eu, assez près d'Orléans, un bien grand dommage et il est menacé d'un plus grand, si vous ne m'envoyez pas.* » On était au 12 février 1429. Certes, l'information ne manquait pas de gravité ; mais quelle confiance méritait-elle? Il est probable que le capitaine, désireux de la contrôler, envoya à cet effet un messager à Chinon ; toujours est-il qu'il reçut quelques jours après, par un courier royal, la nouvelle officielle du désastre de Rouvray *(Journée des harengs)*, arrivé le jour sus-dit. Ce fut seulement alors que, cédant aux instances de Jeanne, il consentit à lui fournir une escorte, pour la conduire au roi ; non pas qu'il crût à sa mission, mais plutôt, semble-t-il, pour se débarrasser d'elle et dégager sa propre responsabilité.

La décision du gouverneur causa une grande joie aux bonnes gens de Vaucouleurs ; car, non seulement ils aimaient et admiraient la jeune inspirée, mais ils avaient foi dans sa mission surnaturelle. Ne voulant pas la laisser partir avec des habits d'emprunt, ils se cotisèrent pour lui offrir un équipement complet. Baudricourt lui-même y contribua par le don d'une épée. Ces bons bourgeois ne pouvaient cependant s'empêcher de trembler pour elle, à la pensée des fatigues et des dangers qu'elle affrontait si joyeusement : que de rudes étapes à franchir avant d'arriver au bout des cent cinquante lieues, qui séparent Vaucouleurs de Chinon ! Et cela, à travers un pays où elle allait être exposée à rencontrer à chaque pas des soldats bourguignons ou anglais ! Mais elle rassurait tout le monde par sa confiance imperturbable.

« Quand elle fut sur le point de se mettre en route, rapporte son hôte, H. Leroyer, on lui demandait comment elle ferait pour passer au milieu des hommes d'armes ennemis, répandus sur tous les chemins. Elle répondait : « *Je ne crains rien ; Dieu me fera mon chemin pour arriver à Monseigneur le dauphin.* »

Le 23 février, Jeanne, à cheval et l'épée au côté, sortit du château de Vaucouleurs par la porte de France, qui subsiste encore. Son escorte se composait de six personnes : Jean de Metz et Bertrand de Poulengy, avec leurs serviteurs, Collet de Vienne, messager du roi, et un archer. Nous la laisserons raconter elle-même son départ : « *En quittant Vaucouleurs, je portais un vêtement d'homme, j'avais une épée, don de Baudricourt, pas d'autres armes. Baudricourt fit jurer à ceux qui me conduisaient de me faire bonne et sûre conduite, et, au moment où je partais, il me dit :* « *Va, va, va, et advienne que pourra.* »

Cet adieu n'était pas précisément encourageant.

« En quittant Vaucouleurs, raconte Jean de Metz, nous marchâmes quelquefois de nuit, par crainte des Anglais et des Bourguignons. Comme je chevauchais à côté de la Pucelle, je lui demandais si elle ferait ce qu'elle disait : « *Soyez sans crainte,* répondait-elle, *j'ai ordre de faire ce que je fais et mes frères du paradis m'avertissent de la conduite à tenir.* » — J'avais, continue le narrateur, la plus grande foi en ses paroles. En l'entendant parler de son amour pour Dieu, mon cœur s'enflammait du même amour. Je me sentais un tel respect pour elle que je n'aurais jamais osé lui faire une proposition déshonnête. J'affirme, sous la foi du serment, que je n'eus jamais mauvais désir à ce sujet. » — « Ses paroles m'embrasaient saintement, dit à son tour Bertrand de Poulengy ; car elle était à mes yeux une envoyée de Dieu. Je ne vis pas en elle l'ombre de mal. Elle était aussi bonne qu'une sainte eût pu l'être. »

Cette longue chevauchée, qui dura onze jours, dut être très pénible à la jeune fille, qui n'avait pas l'habitude du cheval. Toutefois, elle souffrait beaucoup moins de ses fatigues et douleurs corporelles que de la privation de ses pieuses habitudes. — « *Si nous pouvions entendre la messe !* » disait-elle souvent. — Mais la prudence de ses guides ne lui permit que rarement de satisfaire ainsi sa dévotion, deux ou trois fois seulement.

Entendons-la maintenant nous raconter son voyage : « *Je partis en compagnie d'un chevalier, d'un écuyer et de quatre serviteurs. Nous nous dirigeâmes vers Saint-Urbain et je passai la nuit dans l'abbaye. Pendant ce voyage, je passai par Auxerre et j'entendis la messe dans la grande église. J'en entendis trois en un jour à Sainte-Catherine-de-Fierbois. C'est de là que je me rendis à Chinon ; mais, avant d'en partir, je fis porter une lettre à mon roi pour savoir si je serais reçue dans la ville où il se trouvait. Je lui disais que j'avais bien fait cent cinquante lieues pour arriver jusqu'à lui, que je venais à son secours et que je savais beaucoup de choses excellentes pour lui. Il me semble bien que, dans cette lettre, je lui disais que je le reconnaîtrais au milieu de beaucoup d'autres. J'arrivai à Chinon vers midi et je descendis dans une hôtellerie. »*

Le voyage s'était effectué sans encombre, dans une saison peu favorable. Dieu avait veillé sur son envoyée et lui avait fait son chemin.

CHAPITRE III

Jeanne à Chinon.

La nouvelle de l'arrivée d'une jeune fille, habillée en homme et se disant envoyée de Dieu pour faire lever le siège d'Orléans et chasser les Anglais, causa plus d'inquiétude que de joie à la cour de Charles VII. Le roi pouvait-il raisonnablement lui accorder l'audience qu'elle sollicitait? Telle était la question qu'il fallait résoudre tout d'abord. Sur ce point, les esprits étaient partagés. Quelques-uns, parmi lesquels la belle-mère et le confesseur du prince, étaient d'avis que, vu l'extrême détresse à laquelle on était réduit et les calamités plus grandes encore dont on était menacé, il serait fâcheux de repousser, d'emblée et sans examen, une espérance de salut, si faible fût-elle. Les politiques, au contraire, surtout La Trémoille, le tout-puissant ministre, et son bras droit, Regnault de Chartres, archevêque de Reims et chancelier du royaume, se défiaient instinctivement de la Pucelle ; outre qu'ils n'étaient nullement disposés à admettre une intervention divine, ils se rendaient vaguement compte que, supposé qu'elle fût réelle, leurs projets en seraient dérangés et leur autorité amoindrie.

Il faut bien aussi l'avouer : quand même aucun intérêt égoïste n'aurait été en jeu, le cas était, de lui-même, fort embarrassant. Sans doute, les deux guides de la Pucelle, Jean de Metz et Bertrand de Poulengy, proclamaient sa haute vertu et se déclaraient convaincus qu'elle était réellement envoyée de Dieu.

Ils en voyaient d'ailleurs la preuve dans ce long voyage, qu'ils venaient d'effectuer si heureusement, comme elle l'avait prédit ; et dans l'annonce du désastre de Rouvray, faite par elle le jour même où il avait eu lieu. Mais, d'un autre côté, le fait d'une jeune paysanne, messagère de Dieu pour le relèvement de la France, était tellement en dehors des voies ordinaires de la Providence, que le doute s'imposait. On pouvait, on devait craindre de se trouver en face d'une aventurière, d'une folle, d'une possédée. Accueillir un tel personnage ne serait-ce point exposer la majesté royale aux moqueries du public et aux sarcasmes des ennemis? Une extrême circonspection était donc de rigueur. Le conseil royal alla plus loin et fut d'avis de refuser l'audience.

Cependant le confesseur du roi, Gérard Machet, mieux inspiré, revint à la charge : Pourquoi éconduire cette pucelle, sans même vouloir l'entendre? Était-elle d'ailleurs la première femme que Dieu eût inspirée? Le roi avait-il donc oublié les révélations de Marie d'Avignon? Après lui avoir jadis prédit les malheurs qui l'accablaient maintenant et la désolation de son royaume, cette femme ne lui avait-elle pas annoncé la venue d'une vierge guerrière, qui le délivrerait de ses ennemis? Pourquoi Jeanne ne pourrait-elle pas être cette vierge? — L'homme qui se noie s'accroche à tout ce qu'il trouve sous sa main ; ainsi fit le roi ; après deux jours d'hésitation, il accorda l'audience demandée.

L'heure, si impatiemment attendue, où elle allait inaugurer sa mission, trouva Jeanne pleine de confiance dans le succès de cette entrevue décisive ; car elle en avait ses Voix pour garant. — *« Quand je dus partir*, dit-elle, *pour aller vers mon roi, il me fut dit par mes Voix : « Va hardiment ; lorsque tu seras devant le roi, il aura bon signe de te connaître et de te croire. »* — Comme elle se rendait au château, un soldat grossier lui tint des propos indécents, accompagnés d'horribles blasphèmes : *« Tu renies Dieu*, lui dit-elle, *et tu es si près de ta mort !* » Moins d'une heure après, le misérable tombait à l'eau et se noyait.

Maison de Jacques d'Arc, près de l'Église.

Lorsqu'elle se présenta au château, la nuit était venue ; une cinquantaine de torches éclairaient l'immense salle où elle fut introduite ; plus de trois cents gentilshommes s'y trouvaient réunis. Elle s'avançait modestement, mais sans timidité, et promenait son regard sur cette foule brillante pour découvrir le roi. Le prince Charles de Bourbon, vêtu d'habits somptueux, vint à sa rencontre, feignant d'être celui qu'elle cherchait ; en ce moment Charles VII se dissimulait dans un groupe de courtisans. La Pucelle, sans se laisser prendre à cette ruse, alla droit vers lui, lui fit les révérences d'usage avec autant de bonne grâce que si elle eût été élevée à la cour, et lui dit en l'abordant : « *Dieu vous donne bonne vie, gentil dauphin.* » — « Je ne suis pas le roi », répliqua-t-il vivement. — Mais elle de riposter : « *En nom Dieu, c'est vous qui l'êtes et non un autre.* » Puis, elle fit elle-même sa présentation en ces termes : « *Gentil dauphin, j'ai nom Jehanne la Pucelle ; vous mande le roi des cieux par moi, que vous serez sacré et couronné dans la ville de Reims, et vous serez lieutenant du roi des Cieux, qui est roi de France. Mettez-moi en besogne et le pays sera bientôt soulagé. Vous recouvrerez votre royaume, tout votre royaume, avec l'aide de Dieu et par mon labeur.* »

Elle le prit ensuite à l'écart et eut avec lui un entretien, qui se prolongea durant une heure, sous les regards étonnés des courtisans. Ce fut alors qu'elle lui donna le signe, qui devait accréditer sa mission. Elle n'eut pour cela qu'à lui rappeler une prière qu'il avait faite quelque temps auparavant, un matin, seul dans son oratoire. Le malheureux prince, écrasé sous le poids de l'adversité, en était venu à douter de la légitimité de sa naissance, à cause de la conduite dévergondée de sa mère. Dans cette cruelle incertitude, il avait adressé à Dieu cette prière : « Seigneur, venez à mon secours, si je suis vraiment descendu de la noble maison de France et si le royaume me doit justement appartenir. Dans le cas contraire, qu'il vous plaise me ménager des ressources pour mener une vie privée en Espagne ou en Écosse, dont les rois sont, de toute ancienneté, frères d'armes et alliés des rois de France. » Le prince n'ayant jamais rien révélé à personne de sa prière et des sentiments qui l'avaient inspirée, Jeanne ne pouvait la connaître que par une révélation, preuve qu'elle était vraiment envoyée de Dieu. Elle ajouta, et ces dernières paroles furent entendues des assistants : « *Moi, je vous dis, de la part de Dieu, que vous êtes vrai héritier de France, fils du roi. Il m'envoie pour vous conduire à Reims, afin que, si vous le voulez, vous y receviez votre couronne et votre Sacre.* »

L'entretien terminé et la Pucelle congédiée, le roi déclara qu'elle lui avait révélé des secrets que Dieu seul pouvait connaître. Ces secrets étaient d'ailleurs de telle nature qu'ils ne pouvaient être divulgués sans porter un grave préjudice à l'honneur royal. Aussi ne furent-ils connus qu'après la mort de Charles VII, qui en avait fait part à un de ses intimes. Quant à Jeanne, elle s'était d'elle-même obligée par serment à n'en rien dévoiler. Ses juges auront beau, plus tard, la tourmenter en revenant vingt fois sur ce sujet, jamais ils ne réussiront à lui arracher un mot qui pût les mettre sur la voie.

Il n'en fut pas de même des autres circonstances de l'entrevue ; elle ne fit pas difficulté de les leur raconter ingénument, en ces termes : « *La Voix m'avait promis que le roi me recevrait assez tôt après mon arrivée. J'allai vers mon roi, qui était au château à une heure assez avancée. Il y avait dans la chambre de mon roi plus de trois cents chevaliers et de cinquante torches, sans parler de la lumière spirituelle. Quand j'entrai, je le reconnus au milieu de son entourage, sur l'indication de ma Voix, qui me le désigna. Je lui dis que je voulais aller faire la guerre aux Anglais. Avant de me mettre à l'œuvre, il eut plusieurs belles révélations. Quand mon roi eut vu le signe, je lui demandai s'il était content ; il répondit que oui. Alors, je partis et m'en allai dans une chapelle, assez près.* »

Tout important qu'il fût, le succès de cette entrevue n'était pas décisif. Le roi avait entendu la Pucelle et avait paru content de ce qu'elle lui avait dit ; il ne la repoussait pas ; mais ni

lui, ni son conseil n'étaient d'avis de la mettre tout de suite
en besogne. La chose demandait plus ample examen. Car cette
mission, qu'elle disait avoir reçue du ciel, est un fait unique,
qui n'a d'analogue dans l'histoire d'aucun peuple ; elle déconcerte la pauvre raison humaine. Les Orléanais, pressés par
l'ennemi, y avaient cru, eux, sans difficulté ; ayant appris le
passage, à Gien, d'une pucelle, qui promettait de les délivrer,
ils avaient aussitôt députe vers le roi pour le prier de la leur
envoyer sur-le-champ. Mais les gouvernants étaient tenus à
plus de circonspection et il était de leur devoir de s'entourcr
de nouvelles lumières, avant de prendre une décision si grave.
A cet effet, on chargea des religieux Mineurs de faire une enquête
à Domremy et on écrivit à l'archevêque d'Embrun, Gélu, ami
personnel de Charles VII, pour lui soumettre le cas et demander
son avis.

En attendant le résultat de ces démarches, le roi confia la
Pucelle à son maître d'hôtel, Guillaume Bellier, qui lui assigna
une chambre dans la tour du Coudray et la remit aux bons soins
de sa femme, avec un page pour la servir. Là, comme à Vaucouleurs, elle se fit apôtre, essayant sans relâche de faire partager
à ses visiteurs la foi qui l'animait. Grandes dames et seigneurs
de la cour se succédaient dans sa chambre. Elle parlait à tous
avec ingénuité, sans recherche aucune, mais avec tant de distinction qu'ils s'en retournaient émerveillés de l'aisance avec
laquelle elle les avait entretenus de sa mission. Une commission
d'ecclésiastiques fut chargéc de l'interroger. Leurs questions,
leurs objections, leurs arguties la fatiguaient beaucoup et lui
causaient une grande peine. La pauvre enfant ne comprenait
pas comment ces hommes, savants et vertueux, pouvaient
soulever tant de difficultés, à propos d'un fait, qui, pour elle,
était si simple et si évident. Après ces pénibles séances, elle se
jetait à genoux en pleurant et se mettait en prière.

La venue du jeune duc d'Alençon apporta bientôt une heureuse diversion à ces ennuis. Entendons-le raconter son entrevue

avec la Pucelle : « A l'arrivée de Jeanne, dit-il, je me trouvais à Saint-Florent. Comme je chassais aux cailles, un de mes serviteurs vint m'annoncer qu'était venue devers le roi une pucelle, qui se disait envoyée de Dieu pour chasser les Anglais et faire lever le siège d'Orléans. Cela me détermina à partir le lendemain pour aller à Chinon. J'y trouvai Jeanne en conversation avec le roi. Comme j'approchais, elle demanda qui j'étais. Le roi répondit que j'étais le duc d'Alençon. Jeanne dit alors : « *Vous, soyez le très bien venu. Plus il y en aura de réunis du sang de France, mieux ce sera.* »

« Le lendemain, Jeanne vint à la messe du roi ; puis le roi conduisit la Pucelle dans un appartement, où il me retint avec le seigneur de La Trémoille et congédia les autres. Jeanne adressa alors plusieurs requêtes, dont l'une était qu'il fît donation de son royaume au roi du Ciel et qu'après cette donation le roi du Ciel ferait pour lui ce qu'il avait fait pour ses prédécesseurs et le rétablirait dans l'état d'autrefois (1). L'entretien se prolongea

---

(1) La nouvelle de la requête de Jeanne et de l'acquiescement du roi se répandit vite ; un clerc français, résidant à Rome, la consignait, quelques semaines seulement après l'événement, dans la narration suivante : « Un jour, la Pucelle demanda au roi de lui faire un présent ; sa prière fut agréée. Elle lui demanda alors de lui donner le royaume de France. Le roi, étonné, le lui donna, après quelque hésitation. Elle voulut même que l'acte en fût solennellement dressé et lu par les quatre secrétaires du roi. La charte rédigée et récitée à haute voix, le roi resta un peu ébahi, lorsque la jeune fille dit, en le montrant à l'assistance : « *Voilà le plus pauvre chevalier du royaume.* » Et après un peu de temps, en présence des mêmes notaires, disposant en maîtresse du royaume de France, elle le remit entre les mains du Dieu tout-puissant. Puis, agissant au nom de Dieu, elle investit le roi Charles du royaume de France et, de tout cela, elle voulut qu'un acte solennel fût dressé par écrit. »
Ce récit n'est certes pas dépourvu de charme et le rôle qu'y joue la Pucelle n'a rien que de conforme à sa nature vive, enjouée et tout imprégnée de surnaturel. On aimerait à croire qu'il est exact et que la scène s'est bien passée telle qu'elle est décrite. Malheureusement nous n'en

jusqu'au dîner. Après dîner, le roi alla se promener dans la prairie. Jeanne y vint courir, la lance en main. Voyant avec quelle bonne grâce elle courait, je lui fis cadeau d'un cheval. »

Ce naïf récit permet de saisir sur le vif les progrès que la jeune fille avait faits, en si peu de temps, dans l'estime du roi. Mais le conseil royal n'en restait pas moins perplexe. L'examen, auquel venaient de procéder quelques ecclésiastiques sans grande notoriété, étant jugé insuffisant, il fut décidé que la cour se transporterait à Poitiers, où siégeait le parlement et où résidaient des théologiens de grand renom, afin d'y soumettre la Pucelle à un nouvel examen. Quand on l'en informa, elle dit : « *En nom Dieu, j'y aurai bien à faire, mais Messire m'aidera ; or, allons de par Dieu.* »

------

avons pour garant que cet unique témoignage du clerc de Rome, et c'est insuffisant, parce qu'il n'est que l'écho de racontars suspects. En effet, il n'est pas téméraire de supposer que le récit d'un fait, qui s'était passé à Chinon, a bien pu, avant d'arriver à Rome, s'enrichir, en cours de route, de détails destinés à l'embellir et dus surtout à l'imagination des conteurs.

« Pour coudre et filer je ne crains femme de Rouen. »

CHAPITRE IV

Jeanne à Poitiers.

Nombreuses visites. — Jeanne en face des docteurs. — Conclusion de l'examen. — La Pucelle, objet de sentiments contradictoires.

A Poitiers, Jeanne fut logée dans la maison de Jean Rabateau, avocat général au parlement. Elle y reçut de nombreuses visites : grands seigneurs, ecclésiastiques, hommes de loi, militaires et bourgeois venaient à l'envi la questionner sur sa mission. A tous elle répondait avec bonne grâce et les renvoyait charmés de sa conversation distinguée et de ses manières simples et nobles. Des dames et des demoiselles lui ayant demandé pourquoi elle ne prenait pas des habits de femme. « *Je vois bien que cela vous semble étrange*, répondit-elle, *et ce n'est pas sans cause. Mais il faut, puisque je dois servir le gentil dauphin en armes, que je prenne les habits nécessaires pour cela. Et aussi, quand je serai entre les hommes, avec des habits d'homme, ils n'auront pas concupiscence mauvaise à mon sujet, et il me semble qu'en cet état, je conserverai mieux ma virginité.* »

Cependant, on avait mis près d'elle, pour lui tenir compagnie et l'observer, des femmes qui rendaient compte au conseil de ses actions et de ses paroles. Elle n'eut d'ailleurs rien à changer à sa conduite habituelle pour leur donner une haute idée de sa vertu. Jamais elles ne la virent oisive. Après les repas, elle se rendait à l'oratoire domestique de ses hôtes et y restait longtemps à genoux en prière. La nuit même elle se livrait à ce pieux exercice, sur son lit, implorant sans doute du ciel les lumières dont elle avait besoin pour répondre pertinemment aux terribles docteurs, qui la tenaient sur la sellette et la fatiguaient beaucoup.

Les théologiens, chargés d'examiner la Pucelle, étaient nombreux et distingués : sans parler de l'archevêque de Reims et de l'évêque de Poitiers, on comptait parmi eux Pierre de Versailles et Pierre Turelure, qui devinrent plus tard évêques, des professeurs et docteurs en théologie, comme Jean Lombart, Jean Érault, Guillaume Aymeri, Pierre Séguin, etc., etc., et, en outre, plusieurs laïques, conseillers du roi ou membres du parlement. Les séances se tenaient dans l'hôtel de Jean Rabateau ; elles étaient publiques. Le registre, qui en renfermait les procès-verbaux, n'a pas été retrouvé ; cette perte est extrêmement regrettable ; car les dépositions des témoins, au procès de réhabilitation, n'y suppléent que très imparfaitement. Tous ces témoins s'accordent d'ailleurs à dire que la jeune fille répondait fort bien aux questions qui lui étaient posées ; avec autant de sagesse, remarquent plusieurs, qu'eût pu le faire un clerc bien instruit. Les quelques traits qu'ils citent ne sont pas de nature à démentir cette appréciation.

Miraculeusement instruite des desseins de Dieu sur elle et absolument sûre de son fait, la Pucelle prenait en pitié les arguties que lui opposait une science tout humaine. — « *Je ne sais ni A ni B*, disait-elle un jour aux docteurs qui cherchaient à l'embarrasser, *mais il y a ès-livres de Notre-Seigneur, plus que ès-vôtres.* » — Et une autre fois : « *Mon Seigneur a un livre, dans lequel ne lit aucun clerc, quelque parfait qu'il soit en cléricature.* » — « *J'ai été fort examinée*, confiait-elle plus tard au duc d'Alençon, *mais je savais et pouvais plus que je ne dis aux interrogateurs.* »

Quand ils lui demandent pourquoi elle a quitté ses parents et est venue trouver le roi, elle répond sans hésiter : « *Je viens de la part du roi du ciel, pour faire lever le siège d'Orléans et conduire le dauphin à Reims pour son couronnement et son Sacre, à condition qu'on me donne une compagnie d'hommes d'armes, si petite soit-elle.* » — « Mais, lui objecte-t-on, si Dieu veut délivrer Orléans, il n'a pas besoin d'hommes d'armes ? » — « *Les hommes d'armes batailleront,* reprend-elle, vivement, *et Dieu donnera la victoire.* »

Un religieux carme — « bien aigre homme » — remarque le chroniqueur — lui dit tout crûment qu'on ne devait pas la croire sans un signe divin, un miracle, qui authentiquât sa mission ; conseiller au roi de lui confier des hommes d'armes, sur la seule garantie de sa parole, serait folie pure. — « *En nom Dieu,* répliqua-elle, *je ne suis pas venue à Poitiers pour faire des miracles ; mais conduisez-moi à Orléans et là je vous montrerai des signes qui prouveront que je suis envoyée.* »

Ces interrogatoires, en se prolongeant, finirent par lui devenir odieux. Le champ en était si limité que vingt fois les mêmes questions durent lui être posées et amener sur ses lèvres les mêmes réponses. D'ailleurs, elle avait hâte d'entrer en campagne, parce qu'elle savait que sa carrière serait courte. — « *Je durerai un an, guère plus,* dit-elle un jour au roi ; *on doit donc penser à bien besogner cette année.* » — Et on lui faisait gaspiller sottement un temps si précieux ! A la fin, sa patience étant à bout, il lui échappait des répliques vives et mordantes. Le dominicain, Pierre Séguin, qui s'exprimait assez mal, à cause de son accent limousin, s'étant avisé de lui demander quelle langue parlaient ses Voix, s'attira cette réponse : « *Meilleure que la vôtre.* » Au lieu de s'en tenir là et de dévorer en silence son humiliation, il lui demanda assez sottement, sans doute pour l'humilier à son tour, si elle croyait en Dieu. — « *Mieux que vous* », répliqua-t-elle. Il est à présumer qu'il ne jugea pas à propos de pousser plus loin l'interrogatoire.

Le bon religieux ne garda pourtant pas rancune à la Pucelle ; car c'est lui-même qui, témoin au procès de réhabilitation, raconta naïvement la scène et le rôle piteux qu'il y avait joué ; il ajouta même qu'il avait vu se réaliser quatre prophéties, que Jeanne avait faites en sa présence.

Après tant de pénibles séances, les épreuves de la Pucelle touchaient enfin à leur terme. La conviction des juges était faite. On avait d'ailleurs en main le rapport des enquêteurs envoyés à Domremy et la consultation demandée à l'évêque Gélu. En homme prudent, celui-ci était d'avis qu'une « grande méfiance était de rigueur ; qu'il fallait faire éplucher, par des personnes savantes et pieuses, l'esprit, la conduite, la croyance de la jeune fille ; ne pas cependant la rebuter ; car le bras de Dieu n'est pas raccourci et il lui est aussi facile de donner la victoire par la main d'une fille que par celle des hommes. » Dans une autre lettre, il avait recommandé qu'on continuât à lui laisser ignorer si on la croyait ou non, jusqu'à ce qu'on fût « bien acertainé de sa vie et de ses mœurs ».

C'était maintenant chose faite ; on n'ignorait rien de la Pucelle ; ni ses dispositions actuelles, que tant de savants venaient de soumettre à un examen minutieux ; ni son passé : les religieux, chargés de l'enquête, n'avaient rapporté de Domremy et de Vaucouleurs que des renseignements élogieux pour la jeune fille. En outre, une commission de dames, présidée par la belle-mère du roi, avait constaté son intégrité virginale. Il ne restait donc plus aux commissaires royaux qu'à formuler leur jugement sur cette unique question : « Convient-il que le roi accepte les propositions de la jeune fille? »

Leur réponse est d'une netteté qui ne laisse rien à désirer. Elle débute ainsi : « Le roi, attendu la nécessité de lui et de son royaume..., ne doit point débouter et rejeter la Pucelle, qui se dit être envoyée de par Dieu, pour lui donner secours... Il a fait éprouver la dite Pucelle sur sa naissance, sa vie, ses mœurs, ses intentions ; il l'a fait garder avec lui pendant six semaines, pour la montrer à toutes sortes de gens, gens d'église, gens de dévotion, gens d'armes, femmes veuves et autres ; et, publiquement et secrètement, elle a conversé avec toutes sortes de gens. En elle on ne trouve point de mal, mais, au contraire, tout bien : humilité, virginité, dévotion, honnêteté, simplesse ; et, de sa naissance et de sa vie, plusieurs choses merveilleuses sont dites comme vraies... Le roi lui a demandé un signe ; à quoi elle répond qu'elle le montrera devant la ville d'Orléans et pas avant, ni en autre lieu ; car ainsi lui est ordonné de par Dieu.

« Le roi, attendu la probation faite de la dite Pucelle, autant qu'il lui a été possible ; ... vu sa constance et sa persévérance en son propos, et ses requêtes instantes d'aller devant Orléans, pour y montrer le signe du divin secours, le roi ne la doit point empêcher d'aller à Orléans avec ses hommes d'armes ; mais il doit la faire conduire honnêtement, en espérant en Dieu. Car la dédaigner ou la délaisser, sans apparence de mal, serait... se rendre indigne de l'aide de Dieu. »

Telle était, dans ses parties essentielles, la teneur du diplôme, qui ouvrait à la Pucelle la carrière, où elle allait bientôt s'illustrer, en rendant à la France d'inappréciables services. Remarquons, en passant, le magnifique éloge qu'on y fait de sa vertu : « En elle aucun mal, mais tout bien : humilité, virginité, dévotion, honnêteté, simplicité. » N'est-ce pas là le portrait d'une sainte?

Des copies de cet important document furent envoyées de divers côtés. Puis, on reprit le chemin de Chinon, l'esprit allégé d'une grosse inquiétude.

En choisissant, pour relever la France écrasée, une petite paysanne, pauvre et illettrée, Dieu, dont la providence dispose toute chose avec sagesse et mesure, avait d'abord pris soin de la préparer à son rôle, cinq années durant, par le ministère de sainte Catherine et de sainte Marguerite ; puis, le moment venu, il mit sur son chemin les auxiliaires dont elle avait besoin pour mener à bien sa grande entreprise ; ils sont déjà prêts et n'attendent que le moment de se déclarer et d'agir. Ce seront les futurs ouvriers de ses victoires. Mais elle a aussi déjà contre elle des adversaires puissants, qui, au lieu de la soutenir, comme ils devraient le faire, s'acharneront à sa perte et finalement l'empêcheront de conduire son œuvre jusqu'au bout.

Ces deux courants opposés se dessinent nettement dès le début : l'oncle Laxart, les bourgeois de Vaucouleurs, les deux guides qui ont conduit la jeune fille à Chinon, représentent le premier. Baudricourt, à Vaucouleurs ; à Chinon, La Trémoille, Regnault de Chartres et, sans doute, la majorité des membres du conseil royal appartiennent au second ; tandis que la belle-mère et le confesseur du roi, le duc d'Alençon et l'archevêque Gélu se montrent ouvertement favorables à la Pucelle.

A Poitiers, il semble bien qu'elle a rallié tous les suffrages ; s'il y a encore des opposants, du moins ils se taisent devant le concert d'admiration, dont elle est l'objet. Tout d'abord, dans la haute société, on disait volontiers qu'il n'y avait, dans son fait, que rêveries d'esprit malade. Mais on tenait un autre langage quand on l'avait entendue. En effet, cette paysanne, toute simple dans sa conversation ordinaire, parlait de sa mission d'un ton si convaincu et avec une éloquence telle que les auditeurs en étaient émerveillés : « Il n'y en eut pas un, rapporte sa chronique, quand il s'en retournait, qui ne dît que c'était une créature de Dieu et quelques-uns pleuraient à chaudes larmes. »

Le menu peuple, réduit depuis si longtemps à une misère atroce, saluait en elle avec transport l'aurore d'une délivrance prochaine. Il avait tant souffert, tant pleuré, tant prié aussi ! L'année précédente, aux États généraux, le clergé avait ordonné, pour le succès des armées du roi, des processions solennelles, le vendredi, dans toutes les églises notables du royaume. Dans le temps même que Jeanne était à Poitiers, le grand jubilé de Notre-Dame du Puy avait attiré des foules si compactes que trente-trois personnes périrent étouffées dans les remous de ces vagues humaines. Tant de prières ferventes allaient donc être exaucées, puisque Dieu lui-même prenait en main la cause de la France, dans la personne de son envoyée ! Le peuple, guidé par un instinct mystérieux, vit tout de suite en elle sa libératrice.

La vision de Jeanne

Aussi, partout où elle se montrera, les masses populaires se porteront vers elle, d'un élan spontané, et c'est dans les rangs du peuple, parmi ceux qu'on appelait alors les gens du commun, qu'elle recrutera ses partisans les plus fidèles, ses auxiliaires les plus dévoués.

Tout autres étaient les sentiments des chefs de l'armée. Le roi ordonne de conduire Jeanne à Orléans ; ils sont tout disposés à obéir. Le prestige, dont elle est déjà environnée, n'est pas une force à dédaigner ; sa présence rendra peut-être courage à leurs troupes, que les défaites précédentes avaient complètement démoralisées ; peut-être attirera-t-elle sous les drapeaux de nouveaux combattants. Tel est bien, ce semble, le rôle qu'ils assignent dans leur esprit à la petite sainte. Mais qu'elle ne s'avise pas d'en sortir ; qu'elle ne prétende pas être admise à leurs conseils ou diriger les opérations militaires ; surtout qu'elle se garde de faire échec à leur autorité. Or, nous verrons bientôt comment, forte de la faveur populaire, elle réussit tout de suite à imposer sa volonté, malgré leurs résistances, et s'acquit une gloire qui les éclipsait tous ; double motif d'un ressentiment, que la prudence leur fit d'abord dissimuler avec soin, mais qui ne cessa pas de fermenter et de s'aigrir au fond de ces âmes vaniteuses.

Les chefs du gouvernement, La Trémoille et Regnault de Chartres, étaient encore bien plus mal disposés. La nouvelle campagne, qu'on allait entreprendre, bouleversait leurs plans et ils ne s'y étaient résignés que forcés par les circonstances. Le sort des armes nous avait été jusque-là si défavorable qu'ils n'avaient plus d'espoir que dans des négociations, où ils s'entendaient d'ailleurs beaucoup mieux à ménager leurs intérêts que ceux de leur maître. Détacher le duc de Bourgogne de l'alliance anglaise, telle était leur unique pensée. Cette politique pouvait se justifier, si elle avait été sagement conduite et eût eu chance d'aboutir. Malheureusement il n'en était pas ainsi. Là haine et l'ambition s'unissaient ensemble pour conseiller à

Philippe le Bon de rester fidèle aux Anglais ; car, sans eux, il ne pouvait ni venger le meurtre de son père, ni agrandir son duché au gré de sa convoitise. Que lui importait le démembrement de la France, si la meilleure partie devait lui en revenir? Voilà ce que les deux ministres s'obstinaient à ne pas voir. Ils négociaient donc et ils négocieront longtemps encore la paix avec la Bourgogne, tandis que la Pucelle voulait l'imposer, *à la pointe de la lance*. Son entrée en campagne va donc déranger leurs combinaisons. Ils n'ont pas osé se déclarer contre l'avis unanime des docteurs de Poitiers et consentent à lui fournir une escorte, mais avec l'intention bien arrêtée de la surveiller étroitement et de la faire échouer, quand le moment serait venu. Ils ne réaliseront que trop fidèlement ce programme.

Chose étrange et pénible à constater ! L'homme, qui était le plus directement intéressé dans l'entreprise de la Pucelle, Charles VII, est précisément celui qui semble s'y être intéressé le moins. Quels que fussent ses sentiments intimes à l'égard de la Pucelle — et il n'est pas douteux qu'ils lui furent très favorables, au début — elle n'a pas à compter sur lui : il ne fait rien et ne veut rien faire ; ses ministres sont chargés de vouloir et d'agir pour lui ; il n'a pas d'autre volonté que la leur. Ce fantôme de roi aura pour elle de grands égards, qui la laisseront profondément indifférente ; en revanche, il ne la soutiendra pas dans la lutte où elle se jette pour lui et l'abandonnera lâchement quand elle sera tombée aux mains de ses ennemis.

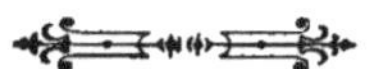

LIVRE II

La vierge guerrière.

CHAPITRE PREMIER

Jeanne se prépare à entrer en campagne.

La maison militaire. — L'épée de Fierbois. — L'étendard. — Jeanne a Blois. — Sommation aux Anglais. — Départ de Blois et arrivée devant Orléans. — Entrée de Jeanne a Orléans. — La Pucelle, terreur des Anglais et réconfort des Français.

De Chinon, où elle ne fit que passer, Jeanne fut dirigée sur Tours. Afin de la faire conduire honnêtement à Orléans, selon le vœu exprimé par les docteurs de Poitiers, le roi lui fit donner une maison militaire ; il « lui fut baillé, dit la chronique, pour la conduire et être à sa suite, un bien vaillant et notable écuyer, Jean d'Aulon, prudent et sage ; et, pour page, lui fut assigné un bien gentil homme, Louis de Coutes, avec d'autres valets et serviteurs. » Au reste, le nombre de ses familiers fut bientôt doublé par l'arrivée de deux de ses frères, Jean et Pierre, et de ses guides de Vaucouleurs.

Une fois leur mission accomplie, Jean de Metz et Bertrand de Poulengy s'étaient rendus au pèlerinage de Notre-Dame du Puy. Là, ils avaient rencontré Isabelle Romée, à laquelle ils purent donner des nouvelles favorables de sa fille. Un religieux augustin, Jean Pasquerel, les accompagna au retour. Ils le présentèrent à la Pucelle, en disant : « Jeanne, nous vous avons amené ce bon père ; quand vous le connaîtrez, vous lui serez bien affectionnée. » Elle répondit gracieusement qu'elle avait déjà entendu parler de lui, que sa venue lui faisait grand plaisir et qu'il serait son confesseur. A partir de ce moment, jusqu'au jour où elle fut prise, Pasquerel ne la quitta plus ; il l'entendait en confession et lui chantait la messe.

Jean de Metz, promu trésorier de la Pucelle, lui fit faire une armure complète, telle qu'en portaient les chevaliers, sauf qu'elle était « à blanc », c'est-à-dire sans armoiries. Elle-même prit soin d'indiquer l'épée qu'elle voulait porter. Voici comment elle a raconté la chose : « *Pendant que j'étais à Tours, j'envoyai chercher une épée, qui était dans l'église de Sainte-Catherine-de-Fierbois. Je sus par mes Voix qu'elle était là. C'est un armurier de Tours qui l'alla chercher ; je n'avais jamais vu cet homme. J'écrivis aux prêtres de cette église de vouloir bien m'en faire cadeau. Elle était derrière l'autel, sous terre, pas beaucoup, à ce qu'il me semble. On l'y trouva couverte de rouille ; elle portait cinq croix. Aussitôt qu'on l'eut trouvée, les prêtres la frottèrent et la rouille tomba sans effort. Les clercs de l'endroit me donnèrent un fourreau ; les gens de Tours m'en firent aussi faire un ; l'un était de velours vermeil, l'autre de drap d'or. J'en fis faire un autre de cuir très fort. Lorsque je fus prise, je n'avais plus cette épée. Je n'ai cessé de la porter jusqu'à mon départ de Saint-Denis, après l'assaut de Paris. J'aimais beaucoup cette épée parce qu'elle avait été trouvée dans l'église de Sainte-Catherine, que j'aime beaucoup.* »

La découverte de l'épée de Fierbois contribua à accroître le renom de la Pucelle ; le peuple y vit un signe manifeste de l'intervention de Dieu, qui accréditait ainsi son envoyée, et la confiance s'en augmenta d'autant. Dans les combats, Jeanne laissait le plus souvent son épée au fourreau, pour éviter de répandre le sang ; elle préférait avoir en main son étendard.

Cet étendard portait l'image de Notre-Seigneur, peinte sur une étoffe blanche. Le Sauveur du monde y était représenté dans l'attitude d'un juge, les pieds posés sur une nuée, tenant, dans sa main gauche, le globe terrestre, et bénissant, de sa main droite, des lis que lui présentaient deux anges, saint Michel et saint Gabriel, agenouillés, l'un à droite, l'autre à gauche. On y lisait, inscrits en gros caractères, les deux noms les plus chers à la piété chrétienne, JHÉSUS MARIA. — « *J'avais, dit-elle, un étendard, dont le champ était semé de fleurs de lis; il était de couleur blanche, en toile de boucassin, avec des franges de soie. On y lisait les deux noms, Jhésus, Maria, inscrits sur le côté. Notre-Seigneur y était représenté tenant le monde. J'y fis peindre deux anges, tels qu'ils se voient ès-églises; ils étaient là seulement pour l'honneur de Notre-Seigneur. Tout l'étendard était commandé de par Notre-Seigneur, par les Voix de sainte Catherine et de sainte Marguerite, qui me dirent: Prends l'étendard de par le roi du ciel et porte-le hardiment; Dieu t'aidera.* » J'aimais quarante fois plus mon étendard que mon épée. Dans les combats, je portais cet étendard, pour éviter de tuer quelqu'un. Je n'ai jamais tué personne. »*

Cependant les Orléanais, assiégés depuis sept mois, commençaient à perdre courage. Toutes leurs tentatives pour déloger les Anglais avaient misérablement échoué et la famine allait bientôt les forcer à se rendre. Ce leur fut donc un grand réconfort d'apprendre que le roi se disposait enfin à leur envoyer la Pucelle, avec une armée de secours.

Cette armée se formait, en effet, à Blois, sous la direction de l'amiral de Culant et d'Ambroise de Loré, auxquels vinrent bientôt se joindre le chancelier, Regnault de Chartres, le sire de Gaucourt, gouverneur d'Orléans, le maréchal de Boussac, le sire de Retz, le brave La Hire. On organisait en même temps un grand convoi de vivres, destiné à ravitailler la place. Pour payer ces dépenses, la belle-mère du roi avait engagé son argenterie et ses bijoux.

Les préparatifs étaient en bon train, lorsque Jeanne arriva à Blois (21 avril). Les hommes d'armes, ramas de mercenaires pillards et licencieux, lui témoignèrent d'abord une hostilité dédaigneuse. Que venait faire parmi eux cette jouvencelle? Quel rôle prétendait-elle jouer? Ils ne l'ignorèrent pas longtemps ; elle-même se hâta de les en instruire. Elle leur déclara qu'ils devaient reprendre courage, qu'elle était envoyée de Dieu au secours de la France, qu'avec eux elle délivrerait Orléans et conduirait le roi à Reims ; mais elle avait soin d'ajouter qu'ils devaient eux-mêmes se montrer dignes de la faveur céleste et, pour cela, renoncer à leurs mauvaises habitudes, se convertir sincèrement et se mettre en état de grâce par une bonne confession.

Il n'y avait guère d'incrédules, à cette époque, et les hommes auxquels la Pucelle adressait ces exhortations avaient conservé intacte la foi de leur baptême, au milieu des désordres d'une vie dévergondée. Sa parole réveilla la conscience endormie de ces natures, plutôt grossières que foncièrement perverses. Non seulement ils crurent à sa mission — ce qui ne contribua pas peu à exalter leur courage, par la pensée que Dieu combattait avec eux, dans la personne de son envoyée, — mais un grand nombre se convertirent sincèrement, au grand profit de la discipline. Pour les maintenir dans leurs bonnes dispositions, elle les réunissait deux fois par jour, avec les prêtres qui leur servaient d'aumôniers ; les rangeait devant une bannière, sur laquelle Notre-Seigneur était représenté en croix, et chantait avec eux des hymnes et de pieux cantiques en l'honneur de la Sainte Vierge. Mais elle n'accordait la faveur de prendre part à ces exercices qu'à ceux qui s'étaient confessés.

Pendant que la Pucelle était à Poitiers, elle avait dicté à un clerc les termes de la sommation qu'elle se proposait d'adresser aux Anglais (1). A la veille d'entrer en campagne, elle jugea que

---

(1) En voici le texte légèrement rajeuni :

JHÉSUS-MARIA

Roi d'Angleterre, et vous duc de Bedfort, qui vous dites régent du royaume de France ; vous, Guillaume de la Poule, comte de Sulford ; Jehan, sire de

le moment était venu de la leur envoyer et dépêcha à Orléans deux hérauts d'armes, chargés de la remettre aux chefs de l'armée assiégeante.

C'était un ultimatum en règle, formulé en termes rustiques, mais d'une précision et d'une énergie, qui contrastent singulièrement avec l'âge, le sexe et la condition sociale de son auteur. Il est adressé au *roi d'Angleterre* d'abord, puis aux troupes d'invasion et à leurs chefs, enfin au *duc de Bedford, soi-disant régent de France pour le roi d'Angleterre*. Elle s'y présente comme une alliée qui vient au secours du *roi Charles, vrai héritier* du royaume. Mais elle a soin de déclarer que ce n'est pas de lui qu'elle tient son mandat : *elle vient de par le roi du ciel, le fils de Sainte Marie*, avec mission de *bouter hors de France* les Anglais ; *et le roi du ciel lui enverra plus de forces* qu'ils ne sauront en mener contre elle et ses bonnes gens d'armes.

Talbot ; Thomas, sire d'Escales, qui vous dites lieutenants du dit duc de Bedfort, faites raison au roi du ciel ; rendez à la Pucelle, qui est ici envoyée de par Dieu, le roi du ciel, les clefs de toutes les bonnes villes que vous avez prises et violées en France. Elle est venue de par Dieu pour réclamer le sang royal. Elle est toute prête à faire la paix, si vous lui voulez faire raison, par ainsi que vous laissiez la France et payiez pour ce que vous l'avez tenue.

Et vous, archers, compagnons de guerre, gentilshommes et autres, qui êtes devant la ville d'Orléans, allez-vous-en en votre pays, de par Dieu ; et si ainsi ne le faites, attendez les nouvelles de la Pucelle, qui vous ira bientôt voir, à votre bien grand dommage.

Roi d'Angleterre, si ainsi ne le faites, je suis chef de guerre, et, en quelque lieu que j'atteindrai vos gens en France, je les ferai s'en aller, qu'ils le veuillent ou non, et s'ils ne veulent obéir, je les ferai tous occire. Je suis envoyée de par Dieu, le roi du ciel, corps pour corps, pour vous bouter hors de toute la France. S'ils veulent obéir, je les prendrai à merci.

N'ayez point en votre opinion que vous tiendrez le royaume de France, qui est à Dieu, le roi du ciel, fils de Sainte Marie. Mais le tiendra le roi Charle, vrai héritier : car Dieu, le roi du ciel, le veut et il le lui a révélé par la Pucelle. Il entrera à Paris en bonne compagnie.

Si vous ne voulez croire les nouvelles de par Dieu et la Pucelle, en quelque lieu que nous vous trouverons, nous vous frapperons du fer et ferons un si

Elle est toute prête à faire la paix, s'ils veulent rendre les clefs des bonnes villes qu'ils ont forcées, payer une juste indemnité et s'en aller dans leur pays. S'ils ne veulent obéir, elle les y forcera ; car le roi du ciel le veut. Au contraire, s'ils veulent lui faire raison, *ils pourront venir en sa compagnie, là où que les Français feront le plus beau fait, qui jamais fut fait pour la chrétienté.*

Quelle merveilleuse assurance chez cette jeune fille de dix-sept ans ! Avait-elle donc quelque espoir que sa déclaration allait faire reculer les Anglais? Non, sans doute ; mais, en la faisant, elle se conformait aux lois de la guerre : un nouveau belligérant, Dieu lui-même, allait se mettre en campagne contre eux ; et elle, sa mandataire, est chargée de les en avertir, afin qu'ils ne s'exposent pas aux châtiments qui les attendent, s'ils refusent de se soumettre à la volonté divine.

Aussi, lorsqu'on l'accusera, à Rouen, d'avoir dicté cette lettre « par esprit de témérité et d'orgueil », elle répondra sim-

---

grand hahay, que, depuis mille ans, il n'y en eut pas un si grand en France, si vous ne faites raison.

Et croyez fermement que le roi du ciel enverra à la Pucelle plus de forces que vous n'en sauriez amener contre elle et ses bonnes gens d'armes. Aux horions on verra qui aura meilleur droit de Dieu du ciel.

Vous, duc de Bedford, la Pucelle vous prie et vous requiert que vous ne vous fassiez pas occire.

Si vous lui faites raison, vous pourrez encore venir en sa compagnie, où que les Français feront le plus beau fait qui oncques fut fait pour la Chrétienté.

Et faites réponse si vous voulez faire paix en la cité d'Orléans : et, si vous ne le faites, de vos bien grands dommages qu'il vous souvienne bientôt.

Écrit ce mardi de la Semaine sainte.

Cette lettre se trouve reproduite avec de légères variantes, dans les Chroniques du XVe siècle. Le texte ci-dessus est celui qui fut lu à la Pucelle, au cours de son procès (séance du 22 février). Elle en reconnut l'exactitude, sauf trois expressions : au lieu de : *rendez à la Pucelle,* il faudrait lire : *rendez au roi ;* puis supprimer *chef de guerre* et *corps pour corps,* qui n'étaient pas dans l'original.

Maison de Durand Laxart à Burey.

plement : « *Non, je ne l'ai pas fait par orgueil ou présomption, mais par le commandement de Notre-Seigneur. Si les Anglais avaient ajouté foi à cette lettre, ils n'auraient fait que sage. Avant qu'il soit sept ans, ils s'apercevront bien de ce que je leur écrivais.* »

Le 27 avril, eut lieu le départ du convoi, destiné à ravitailler Orléans. Pour gagner cette ville, on avait le choix entre deux routes : l'une par la Beauce, sur la rive droite de la Loire ; l'autre par la Sologne, sur la rive gauche. La Pucelle avait demandé qu'on prît la première ; mais les grands chefs ne tinrent pas compte de son désir et se décidèrent pour la seconde, sans même l'en informer. Jeanne, à cheval et revêtue de son armure, attirait tous les regards. « Elle portait son harnois. dit un chroniqueur, aussi gentillement que si elle n'eût fait que cela tout le temps de sa vie. » Pour affirmer d'une manière sensible le caractère religieux qu'elle voulait imprimer à l'expédition, elle plaça sa bannière en tête de la colonne, devant son bataillon d'aumôniers, auxquels elle fit entonner le *Veni creator*, lorsqu'on se mit en marche ; on aurait dit un départ de croisés.

Arrivée devant Orléans après deux jours de marche, l'armée se rangea en bataille, juste en face de la bastille Saint-Loup, où se trouvait un nombreux corps d'Anglais. Il s'agissait maintenant de faire entrer le convoi dans la ville ; la chose paraissait difficile et périlleuse ; en premier lieu, les capitaines ne se croyaient pas en état de tenir tête à l'ennemi, avec les forces dont ils disposaient ; puis, il fallait traverser la Loire, en remontant assez loin pour être à l'abri des assiégeants, et on n'avait pas de bateaux en nombre suffisant ; enfin, pour comble de malheur, le vent était contraire. Or, toutes ces difficultés auraient été évitées, si l'on avait pris la route de la Beauce, comme le voulait la Pucelle. Aussi, laissa-t-elle éclater son mécontentement, lorsque Dunois, qui s'appelait alors le bâtard d'Orléans, vint à sa rencontre :

« *Est-ce vous*, lui dit-elle, *qui êtes le bâtard d'Orléans?* »

« Oui, répondit-il, et je me réjouis de votre venue. »

« *Est-ce vous, qui avez donné le conseil de me conduire par cette rive, au lieu de me faire aller droit là où sont Talbot et ses Anglais?*

— Nous avons donné ce conseil, moi et d'autres plus sages que moi, pensant que c'était le meilleur et le plus sûr.

— *En nom Dieu, le conseil de Notre-Seigneur est plus sûr et plus sage que le vôtre. Vous avez cru me tromper et vous vous êtes trompés vous-mêmes. Car je vous apporte le meilleur secours qui jamais vint à chevalier ou à cité quelconque, puisque c'est le secours du roi du ciel. Dieu ne vous le donne pas par amour pour moi ; mais, à la requête de saint Louis et de saint Charlemagne, il a eu pitié de la ville d'Orléans et n'a pas voulu que les ennemis, avec le corps du duc d'Orléans, possédassent aussi sa ville.* »

« Aussitôt, déclare Dunois, et comme instantanément, le vent, qui était contraire et présentait un très grand obstacle à la montée des bateaux, changea de direction et devint favorable. Les voiles furent tendues et les bateaux passèrent au delà de Saint-Loup, malgré les Anglais. Dès lors, je conçus bon espoir de Jeanne, plus que je n'en avais eu jusque-là. »

Une fois les vivres introduits, l'armée avait ordre de retourner à Blois, pour en ramener un autre convoi. Jeanne se disposait à la suivre, lorsque Dunois vint la prier de passer la Loire et d'aller à Orléans, où elle était vivement désirée. Elle s'y refusa d'abord énergiquement : à aucun prix, elle ne voulait se séparer de ses compagnons d'armes ; ils étaient bien confessés, animés des meilleurs sentiments : elle craignait que, abandonnés à eux-mêmes, ils retombassent dans le péché. Elle finit pourtant par céder à de nouvelles instances, qui lui furent faites par les chefs de l'armée ; mais elle exigea que son chapelain et les autres prêtres accompagnassent les hommes d'armes ; puis, elle insista pour que le retour se fît cette fois par la Beauce, assurant que les Anglais n'y mettraient pas obstacle.

De Chécy, où elle débarqua, la Pucelle gagna le château de Reuilly. Elle y resta jusqu'au soir, parce que le gouverneur avait arrêté que, « pour éviter le tumulte du peuple, elle n'entrerait à Orléans qu'à la nuit. Sur les huit heures, la Pucelle entra à Orléans, armée de toutes pièces, montée sur un cheval blanc. Elle faisait porter devant elle, son étendard. Elle avait, à sa gauche, le bâtard d'Orléans, armé et monté richement. Après venaient plusieurs autres nobles et vaillants seigneurs, sans compter quelques-uns de la garnison et aussi des bourgeois d'Orléans, qui lui étaient allés au devant.

« D'autre part, vinrent la recevoir les autres gens de guerre, bourgeois et bourgeoises, portant grand nombre de torches et faisant autres signes de joie, comme s'ils avaient vu Dieu descendre parmi eux. Ils se sentaient déjà tout réconfortés et comme désassiégés par la vertu divine qu'on leur avait dit être en cette simple Pucelle, qu'ils regardaient moult affectueusement, tant hommes et femmes que petits enfants. Et il y avait très merveilleuse presse à toucher au cheval sur lequel elle était, tellement que l'un de ceux qui portaient des torches s'approcha tant de son étendard que le feu y prît. Mais elle frappa son cheval des éperons et le tourna jusqu'à l'étendard dont elle éteignit le feu aussi gentiment que si elle eût longtemps suivi les guerres. Ce que les gens d'armes tinrent à grande merveille et les bourgeois d'Orléans aussi.

« Ils l'accompagnèrent au long de leur ville, montrant très grande allégresse et tous la conduisirent avec très grand honneur, jusque auprès de la porte Renard, en l'hôtel de Jacques Boucher, pour lors trésorier du duc d'Orléans, où elle fut reçue avec très grande joie, avec ses deux frères et les gentilshommes de sa maison. » *(Journal du Siège d'Orléans.)*

Le chroniqueur, à qui nous devons cette relation si vivante, a pourtant omis un détail, qui ne laisse pas d'avoir son importance. « Avant tout, rapporte un témoin de cette entrée triomphante, elle voulut se rendre à l'église cathédrale, offrir ses adorations à Dieu, son créateur. »

Jacques Boucher lui avait fait préparer un souper copieux ;

elle n'y toucha pas et se contenta de quelques bouchées de pain, trempées dans du vin, étendu d'eau. Cette nuit-là et toutes celles qu'elle passa à Orléans, elle partagea son lit avec la fille de son hôte, enfant de sept à huit ans.

Le lendemain (samedi 30 avril), l'un des hérauts d'armes de la Pucelle, vint lui rendre compte du résultat de sa mission : après avoir pris connaissance de la lettre qu'il lui avait remise, Talbot était entré dans une violente colère et avait vomi contre la sainte enfant les injures les plus grossières, l'appelant « vachère, ribaude, sorcière », et il menaçait de la faire brûler vive, si elle tombait entre ses mains. De plus, il avait retenu prisonnier l'autre héraut et déclarait qu'il allait le faire périr dans les flammes. Il n'osa pourtant pas exécuter sa menace, par crainte de justes représailles.

Le même jour, Jeanne se rendit au boulevard Belle-Croix, qui était au milieu du pont, à une faible distance des Tourelles, occupées par les Anglais ; de là, elle leur cria d'avoir à s'en aller en paix, sinon qu'ils auraient terriblement à s'en repentir. Ils ne répondirent que par des outrages et des menaces. Le lendemain, elle recommença à faire la même sommation sur un autre point ; le résultat fut pareil.

Mais, sous ce dédain affecté des soldats anglais se cachait un autre sentiment, qu'ils n'auraient pas osé avouer. En réalité, la venue de cette mystérieuse Pucelle, dont la renommée était arrivée jusqu'à eux, les avait jetés dans une vague inquiétude. Puisque les Français la vénéraient comme l'envoyée de Dieu, elle ne pouvait être pour eux qu'un suppôt du diable, une redoutable sorcière, capable de les détruire par ses enchantements. De là, une crainte superstitieuse, qui ira toujours croissant, et qui déjà paralyse leurs cœurs. Dunois le constate et son témoignage est confirmé par plusieurs autres : « Tandis que précédemment, dit-il, deux cents Anglais mettaient en fuite huit cents ou mille Français, à partir de cette heure, il suffit de quatre ou cinq cents combattants français pour tenir tête quasi à toute la puissance anglaise. Les assiégeants n'osaient plus sortir de leurs refuges et de leurs bastilles. »

On est quelque peu étonné de voir le sage Bedford lui-même partager les idées superstitieuses de ses soldats ; mais son témoignage n'en a que plus de valeur. Voici comment il s'exprime dans un rapport, qu'il adressait à son roi, cinq ans plus tard : « Notre peuple se trouvait fort nombreux à Orléans et, selon moi, ses malheurs eurent pour cause ses propres fautes et ses erreurs. On eut le tort de croire à un suppôt de l'enfer, nommé la Pucelle, et d'en avoir peur. Elle usait.d'enchantements et de sorcellerie. Par l'effet de ces procédés, le nombre de vos partisans diminua ; le courage de ceux qui restaient disparut, en même temps que s'augmentait le nombre et la vaillance de vos ennemis. » Le jugement porté sur la Pucelle par le noble duc a beau être le contrepied de la vérité, il n'en reste pas moins établi, de son propre aveu, que les défaites des Anglais eurent pour cause déterminante l'intervention de la jeune inspirée.

En même temps qu'elle jetait la terreur parmi les ennemis, Jeanne relevait le courage des Orléanais, en faisant passer dans leurs âmes la foi dont elle était animée. Elle les exhortait à prier et leur prédisait la délivrance prochaine. Ces pauvres gens, exténués de misère et presque désespérés, buvaient ses paroles avec délices ; « ils ne pouvaient se saouler de la voir », dit un chroniqueur. Le dimanche, 30 avril, ils se portèrent en foule devant l'hôtel où elle logeait, la réclamant à grands cris. Elle se rendit volontiers à leur désir, monta à cheval et fit une longue promenade à travers la ville, au milieu d'acclamations enthousiastes. L'affluence était telle que les chevaliers de son escorte avaient peine à se frayer un passage. Tout le monde admirait la bonne grâce et l'aisance de ses manières. Elle prenait ainsi, tout doucement et jour par jour, un prestige devant lequel les grands chefs devront s'incliner, de gré ou de force ; car le peuple, témoin et victime de leur impuissance durant ces six mois de siège, ne connaîtra plus d'autre chef que la Pucelle.

Le lundi, elle monta à cheval, pour protéger la sortie de Dunois qui s'en allait à Blois presser le retour des troupes. Quand on eut dépassé les bastilles anglàises, elle s'arrêta quelque temps, avec sa suite ; puis, voyant que l'ennemi ne bougeait pas, elle rentra en ville et se rendit à la Cathédrale, où elle assista aux vêpres. Le lendemain, elle prit part à une procession solennelle, que l'on faisait pour demander à Dieu la levée du siège. Enfin, le mercredi, 4 mai, elle se porta, de grand matin, au devant du convoi de Blois, avec une nombreuse compagnie de gens d'armes. Il ne tarda pas à arriver et franchit les portes de la ville sous les yeux des Anglais, qui n'avaient pas osé se montrer.

A partir de ce moment, les événements vont se précipiter avec une rapidité prodigieuse. Le soir de ce même jour, Jeanne annonçait à son chapelain qu'avant cinq jours le siège serait levé et qu'il ne resterait pas un Anglais devant la ville.

CHAPITRE II

Délivrance d'Orléans (4=8 Mai).

Prise de la bastille de Saint-Loup. — Conseil de guerre. — Dernière sommation aux Anglais. — Prise du fort des Augustins. — Jeanne résiste aux chefs de l'armée. — Prise des Tourelles. — Levée du siège.

Après avoir assisté à l'entrée du convoi, la Pucelle avait regagné son hôtel. Dunois vint l'y trouver et lui apprit qu'on attendait l'arrivée prochaine d'une troupe anglaise, envoyée de Paris, sous la conduite de Falstolf, pour renforcer l'armée de siège. Loin de l'alarmer, cette nouvelle parut la réjouir : « *Bâtard, bâtard*, dit-elle gaiement au jeune capitaine, *en nom Dieu, je te commande qu'aussitôt que tu sauras la venue de Falstolf, tu me le fasses savoir ; car, s'il passe sans que je le sache, je te ferai ôter la tête.* » Il lui dit de ne pas s'inquiéter, qu'il la ferait avertir.

Lorsqu'il l'eut quittée, elle se jeta sur un lit pour prendre un peu de repos. A peine avait-elle fermé les yeux qu'elle se réveille soudain et se lève d'un bond, en s'écriant : « *En nom Dieu, nos gens ont beaucoup à besogner ; mon Conseil m'a dit d'aller contre les Anglais, mais je ne sais pas si c'est contre ceux des bastilles ou contre Falstolf, qui vient les ravitailler.* » Son incertitude ne fut pas longue ; car, tandis qu'elle se faisait armer à la hâte, la rumeur de la rue lui apprit qu'on se battait à la bastille de Saint-Loup et que les Français y étaient bien malmenés. Elle descend précipitamment et, rencontrant son page, lui crie : « *Ha ! sanglant garçon, tu ne me disais pas que le sang de France était répandu !* » Puis elle saute à cheval, saisit son étendard, qu'on lui fait passer par la fenêtre et s'élance au grand galop vers le lieu du combat.

Elle s'arrêta pourtant à la vue d'un blessé, qu'on emportait, et dit, d'une voix émue : « *Jamais je n'ai vu couler sang de Français, sans que mes cheveux se dressassent sur ma tête.* »

Voici ce qui s'était passé en son absence : certains capitaines, désireux de se signaler, avaient rassemblé à la hâte un nombre assez considérable d'archers et de gens de la milice urbaine ; avec cette troupe improvisée, ils étaient allés donner l'assaut à la bastille de Saint-Loup. Cette imprudence allait leur coûter cher. La bastille, bien fortifiée, était défendue par une garnison nombreuse, largement pourvue de munitions. Repoussés avec perte, ils étaient en fort mauvaise posture, lorsque l'arrivée de la Pucelle vint ranimer le courage des combattants et les décida à tenter un nouvel effort. Elle s'élança avec eux à l'assaut et, malgré la vaillance de ses défenseurs, le fort fut pris et la garnison passée au fil de l'épée, sauf une quarantaine de prisonniers. Tant de sang répandu assombrit la joie que ce premier triomphe causait à la Pucelle ; elle se lamentait sur le sort de ces pauvres gens qui avaient eu le malheur de mourir sans confession. Car toujours battit en elle, même au milieu du carnage, le cœur compatissant de la femme et de la sainte.

Le lendemain (jeudi, 5 mai, fête de l'Ascension), le gouverneur Gaucourt réunit les principaux chefs de l'armée en conseil de guerre, dans l'hôtel du chancelier d'Orléans. La Pucelle n'y avait pas été convoquée. Ce fut seulement quand tout fut terminé qu'on la fit venir, soi-disant pour l'informer des résolutions prises ; mais le chancelier, qui craignait quelque indiscrétion de sa part, en dissimula les plus importantes. Elle s'en aperçut et riposta sèchement : « *Dites ce que vous avez conclu ; je célerai bien plus grand secret que celui-là* », et elle allait et venait dans la salle. Pour apaiser ce juste ressentiment, le bâtard d'Orléans se hâta d'intervenir : « Jeanne, dit-il, ne vous courroucez pas ; on ne peut tout dire à la fois. Ce que vous a dit le chancelier est vrai ; mais il y a autre chose » ; et il lui fit part des décisions prises.

Elle avait aussi formé un projet, qu'elle leur communiqua : attaquer ce jour-là une autre bastille, afin de mettre à profit l'enthousiasme que le succès de la veille avait inspiré aux assiégés et la stupeur qu'il avait causée aux ennemis. Les généraux s'y refusèrent, sous prétexte qu'il ne convenait pas à des chrétiens de se battre en une fête si solennelle ; mais, en réalité, pour des motifs bien moins élevés ; il leur répugnait surtout de paraître céder à un caprice de jeune fille sans expérience. Elle n'insista pas et les choses en restèrent là.

La solennité de l'Ascension ne lui était certes pas indifférente. Elle s'était confessée et avait communié le matin. Dans le courant du jour, elle fit publier à nouveau que personne n'eût la témérité d'aller au combat sans avoir purifié sa conscience par une bonne confession, parce que le péché ferait perdre la bataille ; elle-même refuserait de marcher avec des pécheurs endurcis.

L'après-midi, elle voulut tenter une dernière démarche pacifique auprès des Anglais qui occupaient le fort des Tourelles. Elle se rendit donc au boulevard Belle-Croix, à portée de la voix du poste ennemi, où elle fit lancer une flèche, l'archer criant en même temps : « Lisez, il y a des nouvelles. » En effet, la flèche portait une lettre ainsi conçue : « *Vous, hommes d'Angleterre, qui n'avez nul droit dans ce royaume de France, le roi des cieux vous a ordonné et vous mande par moi, Jeanne la Pucelle, que vous quittiez vos forts et rentriez dans vos parages ; faute de quoi je vous ferai un tel hahäy qu'il en sera perpétuelle mémoire. C'est pour la troisième et dernière fois que je vous écris ; je ne vous écrirai plus. — Jhésus, Maria.* — JEANNE LA PUCELLE. — En postscriptum : « *Je vous aurais envoyé cette lettre plus honnêtement, mais vous retenez mes hérauts. Vous avez retenu mon héraut Guyenne. Veuillez me le renvoyer et je vous renverrai quelques-uns de vos gens, pris au fort Saint-Loup ; car tous ne sont pas morts.* »

Les soldats anglais répondirent par des injures immondes, qui firent rougir la pudique enfant et lui arrachèrent des larmes. Dans ce moment de pénible désarroi, elle eut recours à la prière, son refuge habituel, et ne tarda pas à montrer un visage rasséréné, parce qu'elle avait eu, disait-elle, des nouvelles de son Seigneur.

Le jour suivant (vendredi, 6 mai), Jeanne se leva de grand matin, se confessa et assista à la messe, puis rejoignit le gros de l'armée. Après avoir traversé la Loire, on se dirigea vers le fort de Saint-Jean-le-Blanc, dans l'intention de le prendre d'assaut ; il était vide ; ses défenseurs l'avaient abandonné et étaient allés renforcer les garnisons des autres bastilles.

On se porta alors vers le fort des Augustins. La Pucelle marchait en tête, avec une poignée d'hommes. Elle venait de planter son étendard sur le boulevard, lorsque, se retournant, elle s'aperçut qu'elle était seule ; ses gens avaient lâché pied, effrayés par les formidables hourras que poussaient les Anglais, sortis de leurs repaires. Après s'être quelque peu éloignée pour rallier les fuyards, « tout soudain, dit un chroniqueur, elle se tourna vers les ennemis et, quoique ayant peu de gens avec elle, elle leur fit visage, marcha à leur rencontre à grands pas, son étendard déployé. Les Anglais en furent, par la volonté de Dieu, si épouvantés qu'ils prirent laide et honteuse fuite. Les Français se retournèrent alors et se mirent à leur donner la chasse, les poursuivant jusques à leurs bastilles, où ils se retirèrent à grande hâte. A cette vue, la Pucelle fixa son étendard devant la bastille des Augustins, sur les fossés du boulevard, où le sire de Rais vint incontinent la joindre. Le nombre des Français alla toujours croissant, en sorte qu'ils prirent d'assaut la bastille des dits Augustins, où, en très grande multitude se trouvaient des Anglais, qui furent tous tués. Il y avait aussi foison de vivres et de richesses. Parce que les Français se montraient trop avides de pillage, la Pucelle y mit le feu et tout fut brûlé. »

Quand la nuit fut venue, ses gens la ramenèrent à son hôtel, harassée de fatigue, blessée au pied par une chausse-trape et néanmoins bien résolue à donner l'assaut, le lendemain, au fort des Tourelles.

Porte de France à Vaucouleurs.

Jeanne venait de souper, lorsqu'elle reçut la visite d'un envoyé des grands chefs de l'armée, chargé de lui communiquer les décisions qu'ils avaient prises en conseil : satisfaits, pour le moment, des succès obtenus, et ne disposant, disaient-ils, que d'un nombre insuffisant de troupes, ils avaient résolu, avant d'entreprendre autre chose, d'attendre de nouveaux secours du roi, et, en tout cas, de ne pas faire de sortie le lendemain. A cette nouvelle, Jeanne bondit d'indignation. — « *Vous avez été à votre conseil*, dit-elle au messager, *et j'ai été au mien. Croyez que le conseil de mon Seigneur s'exécutera et tiendra et que le conseil des hommes s'évanouira.* » — Puis, se tournant vers son chapelain : « *Demain, levez-vous au premier jour, plus matin encore qu'aujourd'hui et faites du mieux que vous pourrez. Tenez-vous toujours près de moi ; car demain, j'aurai beaucoup à faire, beaucoup plus que je n'eus jamais de ma vie. Demain, le sang jaillira de mon corps, au-dessus du sein* (1). »

Les chefs de l'armée, dûment avertis de ses projets, résolurent de s'opposer par la force à toute sortie et le gouverneur lui-même, Gaucourt, se chargea de garder la porte et de faire respecter la consigne. Ainsi, le conflit est inévitable : la Pucelle s'est engagée à exécuter les ordres de son Seigneur et elle les exécutera, coûte que coûte.

Désormais sa volonté va s'imposer à tous, pour le plus grand bien de la France. Un contemporain, Jean Chartier, historiographe de Charles VII, le constate en ces termes : « Bien souvent, le Bâtard et les autres seigneurs s'abouchaient pour aviser à ce qu'il y avait à faire et, quelque conclusion qu'ils prissent, quand Jeanne la Pucelle arrivait, elle concluait tout à l'opposite, quasi contre toutes les opinions des chefs de guerre ; de

---

(1) Elle avait déjà, étant encore à Chinon, annoncé au roi qu'elle serait blessée de la sorte et qu'elle n'en continuerait pas moins de besogner. Cette prédiction est relatée dans une lettre écrite le 22 avril, c'est-à-dire quinze jours avant l'événement.

quoi toujours lui en prenait bien. Il ne se fit pas chose, dont il faille parler, que ce ne fût sur l'entreprise de Jeanne. Elle allait toujours armée de toutes pièces, quoique ce fût contre la volonté des mêmes gens de guerre. Elle montait sur son coursier tout armée, aussi prestement que chevalier qui fut en cour de roi ; ce dont les gens de guerre étaient ébahis et courroucés. » Il est bien évident qu'elle leur portait ombrage.

Le samedi, 7 mai, Jeanne se confessa et communia à une messe matinale. Rentrée à son hôtel, elle y reçut une députation des bourgeois d'Orléans ; eux aussi avaient tenu conseil et pris des résolutions. Craignant sans doute que la Pucelle eût renoncé à la sortie projetée, à cause de la défense des chefs de guerre, ils venaient la sommer d'accomplir sans délai la charge qu'elle avait de par Dieu et de par le roi. La requête de ces bons bourgeois répondait si bien à ses plus chers désirs qu'elle en fut toute réjouie : « *En nom Dieu, je le ferai,* leur dit-elle, *et qui m'aime me suive.* »

Comme elle se disposait à sortir, on lui apporta une belle alose : « *Gardez-la pour ce soir,* dit-elle aux gens de la maison ; *je vous amènerai un godon* (1) *qui en mangera sa part.* » Elle ajouta : « *Je repasserai par dessus le pont.* » La chose paraissait impossible ; car il avait été coupé par les Anglais, sur une assez grande longueur.

Le gros de la troupe, que conduisait la Pucelle, appartenait à la milice communale ; ils amenaient des canons, des couleuvrines, des échelles et autres engins de guerre ; tous étaient pleins d'ardeur et de confiance. Arrivés devant la porte de Bourgogne, ils la trouvent fermée et gardée par des hommes d'armes ; le gouverneur est là, qui refuse de l'ouvrir. La Pucelle s'approchant alors lui crie : « *Méchant homme ! que vous le vouliez, ou que vous ne le vouliez pas, les hommes d'armes passeront et ils seront victorieux, comme ils l'ont déjà été.* » Ils passèrent en

---

(1) Sobriquet populaire des Anglais.

effet et le sire de Gaucourt, bousculé par cette avalanche humaine, fut trop heureux de s'en tirer sain et sauf ; il avait craint pour sa vie.

Le fort des Tourelles, vers lequel la Pucelle se dirigeait, était un solide bâtiment, assis sur le pont, non loin de l'extrémité qui touchait à la Sologne. Les Anglais ne s'en étaient emparés, au début du siège, qu'au prix de grandes pertes ; deux cent quarante des leurs avaient été tués dans une première attaque, qui avait été repoussée. Quand ils s'y furent une fois installés, ils n'avaient rien négligé pour le mettre dans le meilleur état de défense : une large coupure, pratiquée dans le pont, l'isolait de la ville ; d'autre part, ils avaient puissamment fortifié le boulevard, élevé sur la rive solognote, qui en défendait les approches.

Ce boulevard était environné d'un fossé de quatre-vingts pieds de large et communiquait avec le fort par un pont-levis. La garnison, forte de cinq à six cents hommes d'élite, était commandée par de vaillants officiers, lord Moleyns, lord Poynyngs, Glasdall, etc. Elle était abondamment pourvue d'armes et de munitions. Telle était la formidable position qu'il s'agissait d'enlever.

L'attaque du boulevard commença au lever du soleil et fut poussée avec une vigueur et une ténacité extraordinaires. Il fallut d'abord combler le fossé, en y jetant des fascines, sous les traits de l'ennemi ; la matinée fut employée à ce travail ingrat. Vers midi, au moment où la Pucelle dressait la première échelle, elle fut atteinte d'un trait, qui la traversa de part en part, entre l'épaule et le cou. La douleur lui fit d'abord verser des larmes ; mais bientôt elle arracha elle-même le trait. Des hommes d'armes lui ayant proposé de la guérir par un charme superstitieux, elle refusa, en disant : « *J'aimerais mieux mourir que de faire ce que je saurais être un péché.* » Elle se retira un peu à l'écart, s'entretint quelques instants avec son chapelain ; puis, après un pansement sommaire, se hâta de rejoindre les combattants.

Cependant, les chefs de l'armée, voyant que l'affaire était

sérieusement engagée, avaient eu honte de leur inaction et s'étaient décidés à y prendre part. Encouragés par leur présence et animés par les exhortations de la Pucelle, les assaillants se précipitaient à l'assaut avec furie ; toujours repoussés, ils revenaient toujours avec une nouvelle ardeur. Les Anglais déployaient un courage égal : ils avaient, en outre, l'avantage de leur position et d'une discipline que ne connaissaient guère les masses désordonnées de la milice orléanaise. Aussi, le combat se prolongeait, sans autre résultat qu'une extrême fatigue et de nombreuses blessures.

Comme le jour était sur son déclin, Dunois, convaincu qu'on n'avait aucune chance de s'emparer du boulevard, donnait le signal de la retraite, lorsque Jeanne survint et s'y opposa énergiquement : « *Ne vous retirez pas*, dit-elle aux hommes d'armes ; *en nom Dieu vous entrerez bientôt dedans; n'ayez doute. Reposez-vous un peu; buvez et mangez; les Anglais n'auront plus de force sur vous.* » Et, quand ils se furent reposés et restaurés : « *Maintenant, de par Dieu, retournez à l'assaut; car, sans faute, les Anglais n'auront plus la force de se défendre, et seront prises leurs Tourelles et le boulevard.* » Cela dit, elle se retira à l'écart, pour prier, durant sept à huit minutes, puis revint bien vite.

Comme elle approchait du fossé, elle vit, aux mains d'un inconnu, son étendard, qu'elle avait confié à son majordome, d'Aulon ; et, craignant qu'il ne fût en mauvaises mains, elle en saisit l'extrémité, en s'écriant : « *Ha! mon étendard! mon étendard!* » Elle le secouait en même temps d'étrange façon, de sorte que les gens d'armes crurent que c'était un appel au secours et accoururent aussitôt ; mais elle se rassura, en voyant le porteur se diriger vers d'Aulon, qui se tenait au pied du mur. S'adressant alors à un gentilhomme, qui était en meilleure situation pour voir ce qui se passait : « *Prenez garde*, lui dit-elle, *quand la queue de mon étendard touchera contre le boulevard.* » — « Jeanne, il y touche. » — Elle, de s'écrier joyeusement : « *Tout est vôtre et y entrez.* »

Quand les Anglais avaient vu la Pucelle, qu'ils croyaient blessée mortellement, agiter son drapeau sur le bord du fossé, ils avaient été, dit Dunois, « saisis de frayeur ; ils frissonnaient. Les gens du roi, animés d'un nouveau courage, escaladèrent le boulevard sans rencontrer aucune résistance. »

Personne n'avait insulté Jeanne en termes plus outrageants que Glasdall. Néanmoins, quand elle le vit sur le point de périr, elle lui cria : « *Glacidas, Glacidas, rends-toi, rends-toi au roi des cieux. Tu m'as appelée prostituée, et moi j'ai grand pitié de ton âme et de l'âme des tiens.* » Mais Glasdall et les siens s'enfuyaient du côté des Tourelles, où ils espéraient trouver un sûr abri. Ils ne purent y parvenir. Le pont-levis, qui y donnait accès, à demi rongé par les flammes d'un brûlot que les Orléanais avaient allumé en dessous, s'écroula sous leur pas ; ils tombèrent dans le fleuve et s'y noyèrent. Du reste, les Tourelles n'étaient déjà plus au pouvoir des Anglais. La garnison du boulevard Belle-Croix, profitant de ce que l'attention des ennemis était attirée de l'autre côté, avait réussi à joindre ensemble, au moyen d'une vieille gouttière, les deux piles de l'arche détruite ; des hommes courageux s'étaient risqués un à un sur ce pont improvisé et avaient surpris les soldats restés dans la forteresse. Tous ses défenseurs périrent, tués ou noyés, à l'exception d'un petit nombre, qui furent faits prisonniers.

La vue de ce carnage arracha à Jeanne des larmes de compassion. Ses compagnons d'armes déploraient aussi très sincèrement la mort de tant de grands personnages, mais pour un motif moins noble : ils regrettaient surtout la rançon qu'ils en auraient tirée. Le *Journal du siège* le constate sans vergogne : « Grand dommage pour les vaillants Français qui, par leur rançon, eussent pu avoir grand'finance. »

La Pucelle rentra en ville par le pont, comme elle l'avait prédit le matin. Elle y fut reçue au milieu des acclamations d'un peuple transporté de joie ; la foule la suivit à la cathédrale, où l'on rendit à Dieu de ferventes actions de grâces. Rentrée à la maison de Boucher, elle fit panser sa blessure et prit ensuite une réfection bien légère, « quatre ou cinq tranches de pain, dit Dunois, dans du vin mêlé de beaucoup d'eau. Ce fut là tout son manger et tout son boire pour la journée entière. »

Ainsi, cinq jours après son premier combat, cette jeune paysanne venait, suivant la remarque d'un de ses plus récents historiens, A. Lang, de gagner « une des quinze batailles, où se sont décidées les destinées du monde ».

Elle fut interrogée, à Rouen, sur le rôle qu'elle avait joué dans cette mémorable journée ; invitée à donner certains détails, elle le fit en toute simplicité et candeur. « *Je savais, dit-elle, que je ferais lever le siège d'Orléans ; car cela m'avait été révélé, et je l'avais dit à mon roi, avant de venir dans la ville. Je savais bien aussi que je serais blessée et que je ne laisserais pas cependant de besogner et je le dis à mon roi. — A l'assaut de la bastille du pont, je fus blessée par un vireton. Je venais la première de hisser une échelle contre la bastille, quand je fus blessée. Je fus grandement réconfortée par sainte Catherine et cette blessure ne m'empêcha ni de chevaucher ni de besogner ; dans une quinzaine, je fus guérie. — Je ne disais pas à mes gens qu'ils ne seraient pas atteints — il y eut cent blessés et plus parmi eux — je leur disais de ne pas faire doute que le siège serait levé. »*

Pendant que les défenseurs des Tourelles faisaient vaillamment leur devoir, en résistant toute une journée à de furieux assauts, les Anglais, qui occupaient les autres bastilles, étaient demeurés spectateurs inertes d'un combat, où se jouait la fortune de leur pays ; transis de peur, au fond de leur taudis, ils n'avaient rien tenté pour aller au secours de leurs camarades.

La nuit venue, Suffolk tint un conseil de guerre, où il fut décidé qu'on allait lever le siège. Avec des troupes aussi profondément démoralisées, c'était évidemment le parti le plus sage. Ils sortirent donc de leurs retranchements, au point du jour, avec leurs prisonniers et tout ce qu'ils pouvaient emporter, abandonnant leurs blessés, leurs vivres, leurs engins de guerre,

Jeanne au Château de Chinon.

canons, bombardes, poudre, etc. A une faible distance, ils se rangèrent en ordre de bataille, enseignes déployées, comme pour provoquer les Français à se mesurer avec eux en rase campagne. Ceux-ci étaient aussi sortis de la ville et leur faisaient face, conduits par la Pucelle et par les chefs de l'armée royale. Plusieurs de ces derniers auraient voulu engager le combat, mais Jeanne s'y opposa.

Ce jour était un dimanche, et ni elle ni les siens n'avaient assisté à la messe. Sa piété y pourvut sur-le-champ ; on apporta, par son ordre, près de sa bannière, une table et une pierre sacrée et deux messes furent célébrées en plein air devant les troupes. Ce pieux devoir accompli, elle dit en montrant l'armée anglaise : « *Regardez s'ils ont le visage ou le dos tourné vers nous.* » Puis, quand on lui eut rapporté qu'ils tournaient le dos : « *Laissez-les aller ; il ne plaît pas à Messire qu'on les combatte aujourd'hui ; vous les aurez une autre fois.* »

Un incident burlesque vint bientôt jeter une note comique au milieu de l'allégresse générale. Le comte de Talbot avait un prisonnier de marque, le capitaine Le Bourg de Bar, dont il espérait tirer une honnête rançon. En partant, il en avait confié la garde à un religieux, son confesseur. Le prisonnier, les jambes entravées par une forte chaîne, ne marchait qu'à petits pas et n'avançait guère ; il avait d'ailleurs ses raisons pour ne pas se presser. Quand il vit la colonne suffisamment éloignée, il sauta brusquement sur le dos de son gardien et le força de le porter ainsi jusqu'à la ville, où leur arrivée ne manqua pas de faire sensation.

Le soir, la population se porta en foule dans les églises, pour remercier Dieu et les saints patrons de la ville, saint Aignan et saint Euverte, de cette miraculeuse délivrance. Une procession solennelle défila dans les rues et la journée se termina par un sermon de circonstance. Tel fut le début de la grande fête du 8 mai, qui se célèbre encore maintenant chaque année à Orléans.

Après cela, l'armée dut se disloquer, parce que l'argent et les vivres manquaient. Avant de laisser s'éloigner leur libératrice, les Orléanais eurent à cœur de lui donner à nouveau les marques les plus touchantes de leur reconnaissance. Pressés autour d'elle, les yeux baignés de larmes, ils lui protestaient de leur absolu dévouement, mettant à sa disposition leurs biens et leurs personnes. Tels étaient les sentiments dans lesquels elle les laissa, en partant, le mardi 10 mai, pour aller rejoindre le roi à Tours.

Elle avait certes le droit de se présenter devant lui avec une légitime fierté : ce siège, qui durait depuis sept mois et avait réduit la ville à la dernière extrémité, elle l'avait fait lever en cinq jours. La première partie de sa tâche était accomplie. Elle avait donné le signe que réclamaient les docteurs de Poitiers, et réalisé ses promesses. Personne, désormais, ne pourra plus se croire raisonnablement autorisé à mettre en doute sa mission divine.

La délivrance d'Orléans est bien son œuvre personnelle, et les foules, qui lui en attribuent la gloire, ne font que lui rendre justice ; car, sans elle, la ville aurait certainement succombé. Seule, rien que par sa présence, elle avait ramené la confiance aux cœurs des Français et jeté l'épouvante parmi ses ennemis. L'attaque des Tourelles, dont le succès fut décisif, elle l'avait entreprise, non seulement sans les chefs de l'armée, mais contre leur défense formelle. Leur intervention faillit même faire tout échouer, puisque Dunois faisait sonner la retraite, lorsque l'indomptable ténacité de la Pucelle exigea un sursis, dont elle profita pour donner l'assaut victorieux. Elle vérifiait ainsi d'avance cette parole de Napoléon : « A la guerre, les hommes ne sont rien, un seul homme est tout. » Mais ici, prodige absolument inouï ! le chef, qui fut tout, était une jeune paysanne de dix-sept ans !

------ ❈ ------

CHAPITRE III

Après Orléans.

Accueil royal. — Mémoire de Gerson. — Traité de l'archevêque J. Gélu. — Jeanne presse le roi d'agir. — Lettre des jeunes seigneurs de Laval.

Jeanne s'arrêta deux ou trois jours à Blois, puis se rendit à Tours, où le roi ne tarda pas à la rejoindre. Elle sortit à sa rencontre, à cheval, son étendard déployé. En l'abordant, tête découverte, elle lui fit une très profonde révérence. Le monarque ôta son chaperon pour lui rendre son salut ; puis, s'approchant, la serra dans ses bras en la soulevant un peu. « Il semblait à plusieurs, ajoute un chroniqueur, qu'il l'eût volontiers baisée, tant il avait de joie. »

En effet, sa reconnaissance était vive, et sincère son admiration. Deux jours après la levée du siège, il avait expédié des lettres aux bonnes villes de son royaume pour les informer de l'heureux événement. Après y avoir relaté la prise des Tourelles « par grande prouesse et vaillance d'armes », il ajoutait : « Le héraut, qui a été présent à tout, nous a rapporté, et d'autres aussi, les vertueux faits et les choses merveilleuses de la Pucelle, laquelle a toujours été en personne à l'exécution de toutes ces choses. »

Peu de temps après, en juin, à la recommandation de sa « bien aimée Jeanne », il délivrait des lettres de noblesse à Guy de Cailly, « qui l'avait reçue dans son château de Reuilly, quand elle approchait d'Orléans », et s'était distingué par son « empressement à la seconder en combattant à ses côtés ». Il a soin d'y faire enregistrer que « la levée du siège d'Orléans a été opérée principalement par l'arrivée et sous la conduite de l'illustre Pucelle, Jeanne de Domremy ; que les services, rendus par elle, sont infinis et qu'aucune récompense n'en saurait égaler la grandeur » ; car, dans le temps où ses « affaires allaient toujours en déclinant », elle lui a donné « le présage et le gage qu'il pourrait facilement recouvrer ses autres villes et cités ».

Le cœur de tous les bons Français battait à l'unisson de celui du roi. Le nom de la Pucelle volait de bouche en bouche. Un si glorieux début n'autorisait-il pas tous les espoirs? Elle s'était engagée à « bouter » hors de France les Anglais détestés ; elle allait donc le faire et à bref délai. Ainsi raisonnait l'enthousiasme populaire. Ceux qui étaient au courant de ce qui se passait dans les régions gouvernementales, se montraient moins rassurés. Sans mettre en doute la mission surnaturelle de l'héroïne, ils se demandaient avec inquiétude si l'incurable veulerie du roi et l'égoïsme de ses ministres n'allaient pas entraver son action et faire échouer ses entreprises. Ce double sentiment de confiance et de crainte se manifeste dans un mémoire, que le savant et pieux Gerson rédigea à cette époque.

Dans ce mémoire, que le docte vieillard composa, quelques semaines seulement avant sa mort, il déclare tout d'abord que « c'est chose pieuse, salutaire et de bonne dévotion de se prononcer pour la Pucelle ; car elle poursuit une œuvre très juste et sa conduite n'a rien de blâmable, rien qui sente la superstition, la fraude, la trahison ; pas de vues intéressées : elle prouve sa mission en s'exposant aux plus grands périls. Le conseil du roi et les hommes d'armes ont fini par croire à la parole de cette fillette. Le peuple tressaille d'une sainte allégresse ; il croit, il suit. Les ennemis eux-mêmes et leurs chefs sont confondus ; ils se cachent derrière leurs murailles, en proie à la peur. Des signes indubitables montrent que Dieu l'a choisie pour écraser les ennemis de la justice et relever les défenseurs du droit. Par la main d'une enfant, d'une vierge, il veut confondre les puissantes armes de l'iniquité. »

Ainsi, d'après Gerson, c'est Dieu qui a pris en main la cause du roi de France ; Jeanne est sa mandataire et elle réalisera sûrement ce qu'elle a promis, pourvu toutefois que les intéressés n'y mettent pas eux-mêmes obstacle. Car, ajoute le mémoire, « un premier miracle n'amène pas toujours tout ce que les hommes en attendent... Notre ingratitude, nos blasphèmes, d'autres causes encore pourraient faire que, par un secret mais juste jugement de Dieu, nous ne vissions pas l'accomplissement de tout ce que nous attendons. Avis donc au parti qui a la justice de son côté. Que, par ses infidélités, ses ingratitudes ou par d'autres prévarications, il n'arrête pas le cours des bienfaits divins, dont il a reçu déjà des effets si manifestement merveilleux. »

Le mémoire continue en signalant « quatre avertissements d'ordre politique et religieux, apportés par la Pucelle », sur la teneur desquels on ne trouve nulle part d'indications plus précises que celles qu'on y lit : « Le premier regarde le roi et les princes du sang ; le second, la milice du roi et des communes ; le troisième, les ecclésiastiques et le peuple ; le quatrième, la Pucelle elle-même. Tous n'ont qu'une seule et même fin : nous amener à bien vivre, dans la piété envers Dieu, dans la justice envers le prochain, dans la sobriété et la tempérance envers nous-mêmes. »

A ceux qui pouvaient être tentés de se scandaliser, à propos du costume viril, que Jeanne avait adopté pour d'excellentes raisons, le vieux chancelier répond : « Il est défendu à l'homme et à la femme de porter des vêtements indécents... Cette règle nous oblige à faire attention à toutes les circonstances, pour voir ce que demandent le temps, le but, la manière et autres semblables accidents, dont juge le sage. » Voici maintenant sa conclusion : « Aucune loi n'interdit le costume viril et guerrier à notre vierge, qui est guerrière et fait œuvre d'homme. Trêve donc et silence aux langues d'iniquité ; car, lorsque la puissance divine opère, elle harmonise les moyens à la fin, et il n'est pas permis de pousser la témérité jusqu'à incriminer l'ordre que Dieu établit dans ses œuvres. »

La voix de l'un des premiers dignitaires de l'église de France, J. Gélu, archevêque d'Embrun et ami personnel de Charles VII, vint bientôt se joindre à celle de l'illustre Gerson, pour célébrer la mission de la Pucelle. Son témoignage a d'autant plus de poids qu'il avait, tout d'abord, montré une grande défiance à son égard. Mais, la merveilleuse délivrance d'Orléans ayant dissipé toutes ses craintes, il envoya au roi un long traité, dans lequel nous lisons : « Les merveilles, qui viennent de s'opérer pour l'éternelle gloire de Votre Altesse et de la Maison de France, retentissent à toutes les oreilles. Une toute jeune fille en est l'instrument. Les doctes se partagent ; les uns y voient l'effet d'une providence spéciale sur votre personne et votre race ; les autres regardent la Pucelle ccmme le jouet de l'esprit du mal. » — La première opinion était celle de tous les vrais Français ; mais l'Université de Paris tenait pour la seconde.

Après avoir signalé les causes des malheurs qui désolaient la France avant l'arrivée de Jeanne d'Arc, Gélu expose l'extrême détresse, où le roi était réduit : « Il n'y avait presque plus personne qui fît cas de ses ordres. Princes et seigneurs se retiraient de son autorité, faisaient hommage aux Anglais ou se déclaraient indépendants dans leurs domaines. On en était venu à regarder comme licite que chacun pouvait s'approprier, aux dépens du royaume, ce dont il pouvait s'emparer. Le roi était réduit à une telle détresse qu'il manquait souvent du nécessaire, non seulement pour sa maison, mais aussi pour sa personne et pour celle de la reine. Rien n'autorisait à penser qu'un bras d'homme pût le remettre en possession de ses États. Le nombre de ses ennemis et de ceux qui se retiraient de son obéissance croissait tous les jours, et ceux qui se disaient de son parti ne lui donnaient qu'une assistance chaque jour plus faible. Ainsi dénué de tout secours humain, dépouillé par la cupidité des siens, il montrait grande patience et très ferme espérance en Dieu. »

Charles VII

C'est alors, quand tout semblait humainement désespéré, que « le roi des rois et le Seigneur des seigneurs est venu en aide au roi par une toute jeune fille, que rien n'avait préparée à cette mission ». Après ce préambule, Gélu établit, dans une longue dissertation, que l'œuvre confiée à la Pucelle, « œuvre merveilleuse en elle-même », n'a cependant rien que de conforme à la sagesse divine, « qui choisit souvent ce qui est faible, pour confondre ce qui est fort ».

Le traité se termine par des conseils pratiques d'une importance capitale : « Il ne faut nullement s'opposer à la volonté de la messagère divine, mais lui obéir entièrement... Si le roi, cherchant son appui dans la prudence humaine, n'écoute pas la Pucelle, il doit craindre, même alors qu'il croirait bien faire, d'être abandonné de Dieu et de voir ses désirs frustrés... Les préparatifs des expéditions, machines de guerre, ponts, échelles, approvisionnements en vivres et en argent et choses semblables, en un mot, tout ce qui regarde le côté matériel de l'entreprise, il faut y pourvoir par voie de prudence humaine. Mais, pour tout ce qui concerne les points essentiels du mandat confié à celle que la piété nous porte à considérer comme l'ange du Dieu des armées, c'est l'avis de la Pucelle qui doit être demandé, recherché en premier lieu, de préférence à tout autre. »

Ces conseils étaient dictés par la sagesse même. Le roi s'y conforma d'abord, autant du moins que le comportait son pauvre caractère. Mais, après le Sacre, nous le verrons mettre Jeanne à l'écart, au grand détriment du pays.

Après le grand coup, frappé à Orléans, le plus vulgaire bon sens demandait qu'on mît à profit, sans délai, l'enthousiasme des Français, et qu'on ne laissât pas aux Anglais démoralisés le temps de se remettre de leur panique. C'était bien l'avis de la Pucelle, qui pressait le roi de reprendre aussitôt la lutte, pour se frayer le chemin de Reims : « *Gentil dauphin*, lui disait-elle, *venez prendre votre digne Sacre à Reims, je suis fort aiguillonnée que vous y alliez et ne fais nul doute que vous l'y receviez.* » A Loches, où elle l'avait suivi avec les chefs de l'armée, elle renouvelle ses instances. « Le roi, dit Dunois, était dans sa chambre de retrait avec le seigneur Christophe de Harcourt, Machet son confesseur, et Robert le Maçon, seigneur de Trèves. La Pucelle frappa à la porte ; aussitôt entrée, elle se jeta à deux genoux devant le roi et, lui tenant les jambes embrassées, lui parla en ces termes : « *Noble dauphin, ne tenez plus tant et de si longs conseils ; mais venez au plus tôt à Reims pour y recevoir votre digne Sacre.* »

« Christophe de Harcourt lui demanda si c'était de la part de son Conseil qu'elle tenait ce langage. Elle répondit que oui et qu'elle était fort aiguillonnée à ce sujet. —'« Jeanne, reprit le comte d'Harcourt, voudriez-vous dire ici, en présence du roi, la manière dont vous parle votre Conseil. » — « *Je conçois fort bien,* repartit-elle, *ce que vous voulez savoir et je vous le dirai volontiers. Lorsque j'ai déplaisir, parce qu'on fait difficulté d'ajouter foi à ce que je dis, de la part de Dieu, je me retire à l'écart pour prier ; je me plains de la peine que j'ai à me faire croire de ceux auxquels je m'adresse. Ma prière finie, j'entends une voix qui me dit : « Fille de Dieu, va, va, va, je serai à ton aide, va. » Et quand j'entends cette voix je suis inondée de joie et je désirerais être toujours en cet état.* » Elle éprouvait un merveilleux transport, en prononçant ces paroles, les yeux levés vers le ciel. »

Ses instances finirent par triompher de l'inertie du roi ; la marche sur Reims fut décidée. Mais, pour assurer les derrières de l'armée, on voulut auparavant chasser les Anglais des places qu'ils occupaient sur la Loire, en amont et en aval d'Orléans. La direction de l'affaire fut confiée au duc d'Alençon, qui venait de dégager sa parole, en payant aux Anglais le reliquat de la somme fixée pour sa rançon. Aucun choix ne pouvait être plus agréable à la Pucelle ; dès leur première entrevue, il s'était montré sympathique et généreux à son égard ; de plus, il était le gendre du duc d'Orléans, prisonnier en Angleterre, dont la délivrance faisait partie de sa mission. Pendant son séjour à Chinon, elle était allée rendre visite à la duchesse d'Alençon en

l'abbaye de Saint-Florent, près de Saumur, où cette dame résidait. « Dieu sait, dit Perceval de Cagny, le joyeux accueil que
lui firent la mère du duc, le duc et sa femme, durant les trois
ou quatre jours qu'elle passa au dit lieu. Et, après cela, et toujours depuis, elle se tint plus près et plus familière du duc d'Alençon que d'aucun autre ; et toujours, en parlant de lui, elle l'appelait « *Mon beau duc* » et pas autrement. »

Elle était présente, lorsqu'il prit congé de sa femme, au moment de se mettre en campagne. La jeune duchesse, qui venait
de passer par de cruelles angoisses durant la captivité de son
mari, n'était pas sans inquiétude en le voyant sur le point
d'affronter de nouveaux périls. Jeanne la rassurait de son mieux :
« *Soyez sans crainte, Madame,* lui dit-elle en la quittant ; *je vous
le ramènerai bien portant.* »

Le roi, qui n'avait pas encore eu le temps d'oublier les sages
conseils de Gélu, donna au duc d'Alençon l'ordre formel « de se
conduire et de faire entièrement d'après le conseil de la Pucelle.
Et il le fit, étant celui qui prenait grand plaisir à la voir en sa
compagnie, et aussi le faisaient les gens d'armes et encore les
hommes du peuple, tous la tenanf et la réputant envoyée par
Notre-Seigneur, et ainsi était-elle. » *(Journal du siège.)*

Pendant que l'expédition s'organisait, la Pucelle prit les
devants pour se rapprocher du théâtre des prochaines opérations, et le roi vint la rejoindre à Selles-en-Berry. Il était accompagné de deux jeunes seigneurs, Guy et André de Laval, qui
lui avaient amené, sans en être requis, une compagnie de gens
d'armes, levée à leurs frais. L'un des deux frères écrivit, le
8 juin, à leurs mère et grand'mère, une longue lettre, qui constitue un précieux document historique. Après avoir témoigné
de sa joie pour le gracieux accueil dont le roi les avait honorés,
il en vient à raconter son entrevue avec la Pucelle ; rien de plus
frais et de plus vivant que son récit. « Le roi, dit-il, fit venir au
devant de lui la Pucelle. Quelques-uns disaient que c'était en
ma faveur, afin que je la visse. La dite Pucelle fit très bonne chère

à mon frère et à moi. Elle était armée de toutes pièces et tenait la lance en main.

« Après que nous fûmes descendus à Selles, j'allai la voir à son logis ; elle fit venir le vin et me dit qu'elle m'en ferait bientôt boire à Paris. Cela me semble chose toute divine, de son fait, de la voir et de l'ouïr. Elle est partie de Selles lundi, aux vêpres, pour aller à Romorantin, le maréchal de Boussac et grand nombre de gens armés et des communes avec elle. Je la vis monter à cheval, armée tout à blanc, sauf la tête, une petite hache en main, sur un grand coursier, qui se démenait très fort à la porte de son logis et ne souffrait pas qu'elle montât. Et alors, elle dit : « *Menez-le à la croix* », qui était devant l'église ; et lors elle monta sans qu'il remuât, comme s'il eût été lié. Et lors elle se tourna vers la porte de l'église et dit de sa voix de femme : « *Vous, prêtres et gens d'église, faites processions et prières à Dieu.* » Et alors, elle retourna à son chemin, en disant : « *Tirez avant, tirez avant.* » Un gracieux page portait son étendard ployé et elle avait sa petite hache en la main. »

Guy de Laval donnait ensuite, à ses « très redoutées dames et mères », des nouvelles du duc d'Alençon, auquel il a « gagné une convenance, à la paume, et de divers autres seigneurs, qui viennent de toutes parts ». Il constate avec joie que « jamais gens n'allèrent de meilleure volonté en besogne qu'ils ne vont à celle-ci. » Malheureusement la cour n'a pas d'argent ; il « n'en espère aucun secours ni soutien » et il ne reste aux deux frères que « trois cents écus ». C'est pourquoi il ajoute, avec l'accent d'un noble désintéressement : « Vous, Madame ma Mère, qui avez mon sceau, n'épargnez point ma terre par vente, ni par engagement, ou avisez plus convenable affaire, pour un cas où il faut sauver l'honneur de nos personnes, qui, par défaut, serait abaissé ou même en voie de périr ; car, si nous ne faisions ainsi, vu qu'il n'y a point de solde, nous demeurerions seuls. »

La renommée de la Pucelle allait susciter, en grand nombre, de semblables dévouements dans toutes les classes de la société.

CHAPITRE IV

Campagne de la Loire (12-18 Juin).

Prise de Jargeau. — Prise de Beaugency. — Victoire de Patay.

De Romorantin, le duc d'Alençon et la Pucelle se rendirent à Orléans. L'armée, qui s'y trouvait réunie, était forte de sept à huit mille hommes, appartenant en majeure partie aux milices communales. De là, grande variété dans l'armement : à côté des chevaliers, bardés de fer, armés de la lance, et des fantassins, munis d'arbalètes réglementaires, on voyait les gens des communes portant, qui une guisarme, qui une hache, qui une massue. La municipalité d'Orléans se montra généreuse ; non seulement elle mit à la disposition de l'armée ses pièces de canon avec leurs servants et sa grosse bombarde, attelée de vingt-deux chevaux, mais elle vota, en outre, un subside de trois mille livres pour les besoins de l'expédition.

Les capitaines tinrent conseil pour décider sur quel point il convenait de porter les premiers coups ; mais ils n'arrivaient pas à s'entendre ; les uns étaient d'avis qu'il fallait d'abord attaquer Jargeau, ville située sur la Loire, en amont d'Orléans, défendue par sept à huit cents Anglais, sous les ordres de Suffolk ; d'autres estimaient la place trop puissamment fortifiée et ses défenseurs trop nombreux pour qu'on eût chance de l'emporter de vive force. Dunois l'avait tenté un mois auparavant et il avait été repoussé. La Pucelle intervint alors : « *Ne vous laissez pas effrayer*, dit-elle, *par le nombre et ne faites pas difficulté d'assaillir les Anglais, parce que Dieu conduit notre entreprise. Si je n'étais pas certaine que Dieu conduit cette entreprise, je préférerais bien garder les brebis que de m'exposer à de si grands périls.* » Son avis prévalut et la marche sur Jargeau fut décidée.

Le samedi 12 juin, l'armée arriva, d'assez bonne heure, sous les murs de la place. Les Anglais firent une sortie et repoussèrent l'avant-garde ; mais ils furent, à léur tour, repoussés. Les nôtres occupèrent les faubourgs et s'y logèrent. « Il faut bien croire, dit le duc d'Alençon, que Dieu était avec nous ; car cette nuit-là, nos gens firent si mauvaise garde, que, si les Anglais fussent sortis de la ville, l'armée du roi eût couru un grand danger. » Le lendemain, de grand matin, pendant qu'on mettait en place les canons et les bombardes, Jeanne s'approcha des murs et cria à leurs défenseurs : « *Rendez la place au roi du ciel et au gentil roi Charles et vous en allez ; autrement il vous arrivera malheur.* »

L'action ne tarda pas à s'engager ; les canons français bombardaient les murs et l'artillerie anglaise répondait vigoureusement. A un certain moment, Jeanne, qui avait l'œil à tout, vit une pièce ennemie pointée dans la direction du duc d'Alençon : « *Retirez-vous de cet endroit*, lui dit-elle vivement ; *sans quoi, cette machine vous ôtera la vie.* » Il s'écarta aussitôt et bien lui en prit ; car, peu de temps après, la machine tuait un gentilhomme, qui avait eu l'imprudence de se mettre à la même place. Quand le signal de l'assaut eut été donné, elle dit au jeune prince : « *En avant, gentil duc, à l'assaut.* » Comme il montrait quelque hésitation, l'assaut ne lui paraissant pas suffisamment préparé : « *N'hésitez pas*, lui dit-elle ; *l'heure est propice, quand il plaît à Dieu ; agissez et Dieu agira.* » Puis, elle ajouta gaiement : « *Ah ! gentil duc, as-tu peur ? Ne sais-tu pas que j'ai promis à ta femme de te ramener sain et sauf ?* »

L'assaut dura quatre heures, avec un acharnement égal des deux côtés. A la fin, la Pucelle, son étendard à la main, se porta à l'endroit où le combat était le plus rude. Elle était en train d'escalader le mur, lorsqu'elle reçut sur la tête une grosse pierre qui la fit rouler par terre dans le fossé. Le coup aurait dû la tuer ; elle ne fut pas même blessée : la pierre, bien que très dure, s'était émiettée sur sa capeline. Elle se releva aussitôt, en criant de toutes ses forces : « *Amis, sus, sus, montez hardiment et entrez. Notre Sire a condamné les Anglais; dès cette heure, ils sont à nous; vous ne trouverez plus aucune résistance.* »

En effet, les Anglais lâchaient pied partout et s'enfuyaient vers le pont, poursuivis par les Français, qui en firent un grand carnage ; trois ou quatre cents furent tués et le reste pris. Suffolk, serré de près, fit tout à coup volte-face et dit au Français qui le pourchassait : « Es-tu gentilhomme. » — « Oui. » — « Es-tu chevalier? » — « Non. » Alors, le comte le fit chevalier ; après quoi il se rendit à lui. Un de ses frères avait perdu la vie dans le combat et un autre était prisonnier.

Un chroniqueur du temps, le greffier de la Rochelle, raconte autrement la reddition de Suffolk. Celui-ci aurait déclaré qu'il préférerait mourir que de se rendre au duc d'Alençon ou à d'autres seigneurs ; puis, il aurait crié à haute voix : « Je me rends à la Pucelle, qui est la plus vaillante femme du monde, qui doit nous subjuguer tous et nous mettre à confusion. » Et, de fait, il se serait rendu à elle. Cette version n'est ni vraie, ni vraisemblable. Le noble comte aurait sûrement préféré la mort à la honte de se rendre à une fille, qu'il avait traitée de ribaude et de vachère. Nous n'avons pourtant pas voulu la passer sous silence, parce que, toute fausse qu'elle est, elle montre en quelle estime l'opinion publique tenait notre héroïne. « Nul homme de guerre, à côté d'elle, remarque le bourguignon Monstrelet, ne faisait grand bruit, ni n'avait grande renommée. »

Le soir même, le duc d'Alençon et la Pucelle reprirent le chemin d'Orléans, emmenant avec eux Suffolk et quelques prisonniers de marque. Le gros de l'armée ne quitta Jargeau que le lendemain matin. Le long de la route, une violente dispute s'éleva entre les soldats et les miliciens, à propos du partage des prisonniers. Les chefs n'étant pas là, la querelle ne tarda pas à dégénérer en une effroyable bagarre, au cours de laquelle la plupart des prisonniers furent massacrés ; des sept cents hommes, qui avaient composé la garnison de Jargeau, il n'en restait plus qu'une cinquantaine. La prise de la ville n'avait coûté aux Français qu'une vingtaine d'hommes tués.

L'armée séjourna à peine deux jours à Orléans, pendant lesquels la compagnie de la Pucelle se grossit de nombreuses milices communales. Dans la soirée du mardi, elle fit appeler son beau duc et lui dit : « *Je veux demain aller voir ceux de Meung. Faites que la compagnie soit prête à partir à cette heure-ci.* » La place de Meung, située sur la Loire, était au pouvoir des Anglais. Comme il était déjà tard quand les nôtres y arrivèrent, ils se contentèrent d'occuper le pont.

Ils repartirent le lendemain matin et arrivèrent à Beaugency vers midi. Talbot s'était retiré dans cette place, avec une partie des troupes qu'il commandait à Orléans. Le siège commença aussitôt. Les Anglais essayèrent en vain de disputer la ville aux Français ; ils en furent délogés et réduits à se renfermer dans le château.

Sur ces entrefaites, l'arrivée inopinée du connétable de Richemont, à la tête d'une troupe nombreuse, vint mettre les chefs de l'armée dans un cruel embarras. Assurément, le renfort qu'il amenait — quatre cents lances et huit cents archers — n'était pas à dédaigner. Mais Richemont était en état de révolte ouverte et le roi avait fait défense expresse à ses capitaines de le recevoir. En conséquence, le duc d'Alençon, voyant un certain nombre de seigneurs disposés à l'accueillir, déclara qu'il quitterait plutôt l'armée. La Pucelle intervint alors et réussit à l'apaiser.

De son côté, le connétable protestait de ses bonnes intentions et de la loyauté de ses sentiments ; comme il n'ignorait pas le grand crédit dont Jeanne jouissait auprès de Charles VII il la conjura de s'entremettre pour faire sa paix avec lui. Elle y consentit, à condition qu'il allait jurer, devant les seigneurs présents, de servir fidèlement le souverain et de ne rien dire ni faire qui pût lui déplaire. Elle exigea, en outre, que le duc d'Alençon et les autres seigneurs se portassent garants de sa fidélité, par un acte écrit et signé ; ce qui fut fait.

Église Sainte-Catherine de Fierbois.

Cependant les capitaines anglais, retirés dans le château, étaient en proie à une grande perplexité. Talbot, leur chef, les avait quittés, pour aller au devant de l'armée de secours, que Falstolf leur amenait. Ce renfort arriverait-il à temps? En cas d'assaut, n'étaient-ils pas exposés à subir le même sort que leurs camarades, qui avaient succombé aux Tourelles et à Jargeau? Éventualité d'autant plus à redouter que leurs soldats, démoralisés par la terreur que leur inspirait la Pucelle, n'aspiraient qu'à quitter les rives de la Loire, pour chercher un refuge en Normandie. Ces réflexions les amenèrent à négocier la reddition de la place. Les pourparlers aboutirent à un accord, qui fut signé à minuit : les Anglais prenaient l'engagement de quitter le château et de ne pas reprendre les armes avant dix jours ; moyennant quoi, ils avaient la liberté de s'en aller, avec leurs chevaux et une partie de leurs biens. Ils se mirent en route, de grand matin, dans la direction de Paris.

Falstolf n'était pas loin ; on avait appris, la veille au soir, son arrivée à Meung. Cette nouvelle fit bondir de joie le cœur de Jeanne. — « *Ah! beau connétable*, dit-elle à Richemont, *vous n'êtes pas venu de par moi; mais, puisque vous êtes venu, soyez le bienvenu.* » C'est qu'elle se rendait compte de l'opportunité du renfort, qu'il avait amené. En effet, si l'armée française avait la supériorité du nombre, elle comptait beaucoup moins de soldats exercés et bien armés que la troupe de Falstolf, forte de quatre à cinq mille hommes de guerre. Le duc d'Alençon ayant demandé à Jeanne ce qu'il y avait à faire : « *En nom Dieu*, répondit-elle, *il les faut combattre; s'ils étaient pendus aux nues, nous les aurons, parce que Dieu nous les envoie pour leur châtiment. Le gentil roi aura aujourd'hui la plus belle victoire qu'il ait jamais eue.* » Elle ajouta d'une voix perçante : « *Ayez de bons éperons.* » A ces mots, les assistants se récrient : « Que dites-vous, Jeanne; c'est donc nous qui tournerons le dos ? » — « *Non*, reprit-elle, *ce seront les Anglais, qui ne se défendront pas et se débanderont. Les éperons vous seront nécessaires pour les poursuivre.* »

Les capitaines français, persuadés qu'ils allaient être attaqués, prirent leurs dispositions en conséquence ; mais l'ennemi ne parut pas. En apprenant la reddition de Beaugency, Falstolf avait repris le chemin de Paris. Il était déjà près de Patay, lorsque des éclaireurs, envoyés à sa recherche, firent lever un cerf, qui, étant allé se jeter dans la colonne anglaise, y provoqua une grande clameur. Ces cris dénoncèrent la présence de l'ennemi, que des bois dérobaient à la vue. Les Français accourent aussitôt. Les Anglais, surpris par cette brusque attaque et n'ayant pas le temps de prendre leurs dispositions habituelles de combat, n'opposent presque aucune résistance et s'enfuient en désordre. On en fit un affreux carnage : deux mille tués, deux cents prisonniers, parmi lesquels Talbot, tel fut le chiffre de leurs pertes. Falstolf aurait sans doute éprouvé le même sort, s'il n'avait cherché son salut dans une fuite précipitée. Les fuyards se portèrent en masse vers Janville, où ils avaient un grand dépôt d'armes, de vivres et d'approvisionnements de toute sorte. Mais les habitants avaient fermé les portes et ils durent passer outre. Falstolf ne s'arrêta qu'à Corbeil. Chose à peine croyable ! Cette insigne victoire ne coûta la vie qu'à un seul Français !

En résumé, quatre places de guerre, Jargeau, Beaugency, Meung et Janville, reconquises et l'armée ennemie anéantie, en une campagne de sept jours, « voilà, dirons-nous après l'illustre général Dragomirof, qui n'eût pas déparé la gloire de Napoléon lui-même ». Cette « semaine de victoires » acheva de consacrer la renommée de la Pucelle : amis et ennemis, tous s'accordent à lui en attribuer le principal mérite. — « Ma persuasion, dit Dunois, est que ces succès furent obtenus grâce à la Pucelle. » — « Sans elle, ajoute P. de Cagny, jamais si grandes merveilles n'auraient été accomplies. » — C'était bien aussi le sentiment des Anglo-Bourguignons. « Jeanne la Pucelle, dit Monstrelet, acquit en ces besognes si grande louange et si grande renommée qu'il semblait à toutes gens que les ennemis du roi n'eussent plus puissance de lui résister. » — Wavrin de Forestel, attaché à la personne de Falstolf, qu'il avait accompagné dans sa fuite, tient le même langage. Il constate que, « par la renommée de Jeanne la Pucelle, les courages anglais étaient fort altérés et défaillis ».

Elle rentra à Orléans le dimanche, 19 juin, et y fut reçue avec de grandes démonstrations de joie. La foule la suivit à l'église, où « de solennelles actions de grâces furent rendues à Dieu, à la Vierge Marie et à tous les bénoîts saints et saintes du paradis ». Les Orléanais, croyant que le roi allait venir prendre dans leur ville ses dernières dispositions pour la campagne du Sacre, se mirent en frais pour décorer et pavoiser les rues et les places. Mais il ne jugea pas à propos de se déranger ; ce dont ils furent fort mécontents.

Le lendemain les chefs de l'armée se rendirent à Sully, où il résidait. Son accueil fut naturellement des plus chaleureux. Jeanne, s'autorisant des bonnes dispositions du prince, lui demanda la grâce du connétable de Richemont. Après les éclatants services, qu'elle venait de lui rendre, il ne pouvait guère rejeter sa requête, appuyée d'ailleurs par les seigneurs, qui se portaient caution de la fidélité du connétable. Il consentit donc, à contre-cœur, à lui pardonner ses torts passés, mais déclara qu'il ne voulait pas l'avoir avec lui dans la campagne qu'on allait entreprendre. Cette exclusion brutale mécontenta vivement la Pucelle et les capitaines ; mais personne n'osa rien dire, parce qu'on y voyait la main du tout-puissant favori, La Trémoille. La demande que Jeanne venait de faire, en faveur d'un adversaire détesté, l'avait blessé au vif. Déjà fort mal disposé à l'égard de la jeune fille, il n'oubliera pas ce nouveau grief et travaillera à s'en venger. Elle venait, sans s'en douter, de se faire un ennemi irréconciliable dans la personne de cet homme, qui disposait de la volonté du roi.

Jeanne rentra. à Orléans, et c'est vraisemblablement alors qu'elle reçut un message du duc de Bretagne. Ce prince, qui avait gardé jusque-là une neutralité cauteleuse, lui envoyait son

confesseur pour s'assurer si elle venait de Dieu. « *Votre maître,*
lui dit-elle, *n'aurait pas dû attendre si longtemps, pour envoyer
ses gens au service du roi, son droiturier seigneur.* » L'envoyé
répondit que le duc ne pouvait venir lui-même, à cause de ses
infirmités, mais qu'il enverrait son fils, avec de grandes forces.
Belles promesses, qui ne furent pas tenues. Jeanne reçut pourtant, de sa part, une dague et des chevaux.

CHAPITRE V

Campagne du Sacre.

La Pucelle a Gien. — L'armée devant Auxerre. — Jeanne devant Troyes. — A Reims, le Sacre. — La Pucelle glorifiée. — La Pucelle en disgrace. — Sa lettre au duc de Bourgogne.

Le vendredi 24 juin, de grand matin, la Pucelle dit au duc d'Alençon : « *Faites sonner les trompilles et montez à cheval. Il est temps d'aller vers le gentil roi Charles, pour le mettre au chemin de son Sacre à Reims*. Ainsi fut fait ; les troupes quittèrent Orléans et prirent la route de Gien, où elles arrivèrent le même jour.

Le lendemain, Jeanne adressa une lettre aux « *gentils loyaux Français de la ville de Tournay* » (1). Ils méritaient cette atten-

---

(1) Voici le texte de cette lettre :

† JHÉSUS † MARIA

Gentils loyaux Français de la ville de Tournay, la Pucelle vous fait sçavoir des nouvelles de par deça. En VIII jours, elle a chassé les Anglais hors de toutes les places qu'ils tenaient sur la rivière de Loire, par assaut ou autrement. Il y en a eu maints morts et maints prisonniers, et elle les a déconfits en bataille. Et croyez que le comte de Sufford, la Poule, son frère, le sire de Talbot, le sire de Scalles et messire Jean Fascolf et plusieurs chevaliers et capitaines ont été pris, et le frère du comte de Sufford et Glasdas, morts.

Maintenez-vous bien loyaux Français, je vous en prie. Et vous prie et vous requiers que vous soyez tout prêts de venir au Sacre à Reims, où nous serons brièvement. Venez au devant de nous, quand vous saurez que nous approchons.

A Dieu vous recommande, que Dieu soit garde de vous et vous donne grâce pour que vous puissiez maintenir la bonne querelle du royaume de France.

Écrit à Gien, le XXVe jour de juin.

7

tion ; car ils montraient une fidélité inébranlable à la cause royale, quoiqu'ils fussent séparés de la France par cent lieues de pays ennemi. Elle leur fait part d'abord des succès qu'elle vient de remporter : « *En VIII jours, elle a chassé les Anglais de toutes les places qu'ils tenaient sur la rivière de Loire, par assaut ou autrement et elle les a déconfits en bataille.*» — Ce début appelle une observation : car il peut paraître étrange que l'humble vierge s'attribue, et attribue à elle seule, les succès obtenus. En dictant cette phrase, aurait-elle cédé inconsciemment à un accès de vaine gloire? Non, certes. Son langage n'est ici que le reflet de la foi absolue qu'elle avait en sa mission. A ses yeux, Dieu avait tout fait et il avait tout fait par elle, son envoyée. Avant même de quitter Vaucouleurs, n'avait-elle pas proféré cette affirmation, plus étrange encore : « *Il n'y a de secours à espérer que de moi?* »

Parmi les noms de plusieurs prisonniers de marque, cités dans la lettre, figure à tort celui de Falstolf. Cette erreur, qui provenait de rapports qu'on n'avait pas suffisamment contrôlés, se retrouve dans des lettres du roi et de P. de Boulainvilliers, son chambellan, écrites à la même date.

La lettre continue par des exhortations patriotiques : « *Maintenez-vous bien loyaux Français... soyez tout prêts de venir au Sacre, à Reims, où nous serons brièvement... Que Dieu vous donne grâce pour que vous puissiez maintenir la bonne querelle du royaume de France.* »

Cette bonne querelle prenait d'ailleurs une allure nettement favorable. Les recrues affluaient à Gien ; il en arrivait de toutes parts, non seulement de France, mais encore des pays étrangers. Attirés par la renommée de la Pucelle, impatients de faire campagne sous ses ordres, ils se déclaraient prêts à la suivre partout où elle voudrait les mener. Les gentilshommes avaient répondu à l'appel du roi ; plusieurs d'entre eux, trop pauvres pour s'équiper d'une manière conforme à leur rang, étaient venus, montés sur de maigres bidets et armés seulement d'arcs et de courtes

ORLÉANS. — Du côté sud un pont de dix-neuf arches menait à la rive gauche.

épées. Mais la masse des volontaires se composait surtout de menu peuple, artisans des villes, manants des campagnes, tous justement fiers de seconder l'héroïne qui jetait tant de gloire sur leur humble condition.

Au lieu de se réjouir de cet élan, présage de nouvelles victoires, le tout-puissant ministre La Trémoille en prit ombrage. Se sachant haï et méprisé, il se demandait avec inquiétude ce que pèserait désormais son autorité, en face de Jeanne devenue l'idole de l'armée ; il manifestait même des craintes pour sa sûreté personnelle. D'ailleurs, il n'entrait pas dans ses plans de conquérir le royaume de vive force, parce qu'il trouvait plutôt son intérêt à négocier qu'à combattre. « On disait, rapporte J. Chartier, historiographe de Charles VII, que s'il avait voulu recevoir tous ceux qui se présentaient au service du roi, on eût pu facilement recouvrer tout ce que les Anglais occupaient au royaume de France. Mais personne n'osait se déclarer contre le tout-puissant ministre, quoique tout le monde vît clairement que de lui venait la faute. »

Le fait suivant, relevé par un témoin oculaire, laisserait supposer que l'astucieux ministre avait réussi à mettre le roi en défiance contre la Pucelle. Dans le temps où elle le pressait de hâter l'expédition, Charles VII, s'apitoyant sur les fatigues qu'elle avait endurées, l'engageait à prendre un peu de repos. L'intérêt, qu'il lui témoignait sous cette forme, en un pareil moment, la blessa au vif et lui arracha des larmes ; d'une voix entrecoupée de sanglots, elle lui rappela qu'elle avait mission de lui faire recouvrer son royaume et qu'il serait bientôt couronné, s'il le voulait.

Cependant, les esprits étaient partagés dans le conseil royal ; les uns opinaient pour qu'on allât relancer l'ennemi en Normandie ; d'autres auraient voulu qu'on le chassât d'abord des quelques places qu'il avait encore sur la Loire. Jeanne, au contraire, insistait énergiquement pour qu'on marchât tout de suite sur Reims, parce que, disait-elle, « *une fois le roi couronné et sacré, la force de ses ennemis ira toujours en baissant, et finalement ils seront réduits à l'impuissance ».* A ceux qui lui objectaient que tout le pays compris entre Gien et Reims était au pouvoir de l'ennemi, que les villes, les châteaux et les ponts, par où il faudrait passer, étaient gardés par des garnisons anglaises ou bourguignonnes, elle répondait qu'elle n'en avait cure et répétait avec assurance : « *Je mènerai sûrement le roi et·sa compagnie et il sera couronné à Reims.* »

A la fin, mécontente de voir qu'on perdait un temps précieux en délibérations stériles, elle quitta Gien et s'en alla camper aux champs, avec ses gens. Le roi la rejoignit deux jours après (29 juin).

L'armée, qui conduisait le roi à Reims, était forte d'environ douze mille hommes ; elle comptait nombre de grands seigneurs, les ducs d'Alençon et de Bourbon, le comte de Vendôme, les sires d'Albret, de Laval, de Retz, sans parler de l'indispensable La Trémoille, flanqué du chancelier ; d'illustres capitaines, Dunois, La Hire, Xaintrailles, etc., en faisaient aussi partie. Tous, chefs et soldats, rivalisaient d'entrain, quoique la paie de ces derniers fût bien maigre ; chaque homme avait reçu, avant le départ, la modique somme de trois francs, pour subvenir, en cours de route, à tous ses besoins, y compris la nourriture.

Le 1ᵉʳ juillet, on arriva devant Auxerre, dont les portes étaient fermées. La Pucelle et les capitaines voulaient donner l'assaut. La Trémoille s'y opposa, jugeant préférable d'engager des négociations avec les bourgeois. Elles réussirent, à son gré et au leur : moyennant deux mille écus, versés secrètement entre ses mains, il avait pris l'engagement de ne pas laisser l'armée entrer dans la ville. Les soldats eurent moins de chance ; car ils durent payer fort cher les vivres que les habitants leur fournirent, durant les trois jours qu'ils passèrent devant la place.

La Pucelle et les autres chefs ignoraient l'infâme marché ; mais ils n'en étaient pas moins indignés de laisser derrière eux, sans coup férir, une ville rebelle et leur patriotisme s'alarmait, à bon droit, des conséquences que pouvait entraîner cet acte de lâcheté ; le succès de l'expédition ne risquait-il pas d'en être compromis? Les autres villes de la Champagne, y compris Reims, n'allaient-elles pas s'autoriser de cet exemple pour fermer aussi leurs portes? Chefs et soldats étaient fort mécontents d'un pareil début.

Le 4 juillet, l'armée prit le chemin de Troyes. Le roi s'y fit précéder par une lettre : il sommait les habitants de le recevoir comme leur légitime souverain, promettant d'oublier leurs torts passés, s'ils se comportaient envers lui comme ils le devaient. Jeanne leur en envoya une autre (1). Elle leur *mande et fait savoir, de par le roi du ciel, au service royal duquel elle est un chacun jour, qu'ils fassent vraie obéissance et reconnaissance au gentil roi de France, qui sera bientôt à Reims et en ses bonnes*

---

(1) Cette lettre était rédigée en ces termes :

† JHÉSUS † MARIA

Très chers et bons amis, s'il ne tient qu'à vous, seigneurs, bourgeois et habitants de la ville de Troyes, la Pucelle vous mande et vous fait sçavoir de par le roi du ciel, son droiturier et souverain Seigneur, au service royal duquel elle est un chascun jour, que vous fassiez vraie obéissance et reconnaissance au gentil roi de France, qui sera bien brief à Reims et à Paris, qui que vienne contre, et en ses bonnes villes du Saint Royaulme, à l'aide du roi Jhésus.

Loyaux Français, venez au devant du roy Charles et qu'il n'y ait point de faute, et n'ayez pas d'inquiétude pour vos corps et vos biens, si ainsi le faites. Et si ainsi ne le faites, je vous promets et certifie, sur vos vies, que nous entrerons, à l'aide de Dieu, en toutes les villes qui doivent être du Saint Royaulme, et y ferons bonne paix ferme, qui que vienne contre.

A Dieu vous recommande ; Dieu soit garde de vous, s'il lui plaist. Réponse brief devant la cité de Troyes. — Écrit à Saint-Fales, le mardi, quatriesme jour de Juillet.

(Saint-Phal est à 20 kilomètres de Troyes.)

villes du saint royaume, avec l'aide du roi Jésus, et y fera bonne paix ferme, quels que soient les opposants. »

Ni la prose onctueuse de la chancellerie royale, ni le style un peu fruste mais nerveux de la Pucelle·ne réussirent à faire rentrer les Troyens dans le devoir. Ils expédièrent le jour même aux habitants de Reims une copie des deux lettres, les informant en même temps qu'ils étaient bien décidés à se maintenir, eux et leur ville, dans l'obéissance du roi d'Angleterre et du duc de Bourgogne et cela jusqu'à la mort ; qu'ils l'avaient tous juré sur le précieux corps de Notre-Seigneur. En conséquence, ils les priaient, comme frères et loyaux amis, d'avoir pitié d'eux et de leur procurer des secours. Ils affichaient, dans leur lettre, le plus profond mépris pour la Pucelle, « une coquarde, une folle pleine du diable ; sa lettre n'a ni rime ni raison, et n'est que moquerie ». Ils ne lui feront pas l'honneur d'une réponse. Celle qu'ils adressèrent à Charles VII était un refus d'obéissance, poli mais absolu, fondé sur deux motifs : leur serment d'abord, qu'ils ne veulent pas violer ; puis, l'impuissance où ils seraient de lui donner satisfaction, quand même ils le voudraient, la garnison étant plus forte que les habitants.

Cette fois, on n'avait d'autre alternative que de réduire la ville rebelle ou d'abandonner la marche vers Reims et de se retirer sur la Loire. La situation était donc extrêmement critique : d'une part, le siège menaçait d'être long et risquait même d'échouer ; car la ville était abondamment approvisionnée, ses fossés profonds, ses murailles solides, et on manquait de grosse artillerie pour y pratiquer des brèches ; d'autre part, la famine se faisait déjà sentir dans le camp français ; nombre de soldats n'avaient pas eu de pain à manger depuis plusieurs jours ; la plupart en étaient réduits à se nourrir de grains de blé, à moitié mûrs, et de fèves qu'ils allaient ramasser dans les champs.

Dieu réservait à la Pucelle l'honneur de tirer l'armée de cette situation embarrassante.

Il y avait alors à Troyes un religieux cordelier, Frère Richard, dont les prédications avaient eu naguère un immense succès à Paris ; sa parole enflammée, ses airs de prophète attiraient de grandes foules au pied de sa chaire. En revanche, les autorités, tant civiles que religieuses, voyaient d'un très mauvais œil les hardiesses et les excentricités de ses discours. Obligé de s'enfuir de Paris, il était venu chercher un refuge en Champagne. Ce personnage, d'allure suspecte, âme ardente et tête folle, avait des doutes sur le compte de la Pucelle ; elle passait à Paris pour être l'agent du démon, et il n'était pas éloigné de le croire. Pour savoir à quoi s'en tenir, il se hasarda à lui faire visite, non sans prendre ses précautions. Il s'était muni d'eau bénite et, quand il fut à distance convenable, il se mit à l'en asperger. Jeanne lui dit en riant : « *Approchez, je ne m'envolerai pas.* » Après avoir conversé quelque temps avec elle, il s'en retourna, convaincu qu'elle était vraiment envoyée de Dieu, et il ne manqua pas de propager cette nouvelle.

Cependant, le siège durait depuis plusieurs jours, sans résultat appréciable. Alors, les chefs de l'armée, réunis en conseil de guerre, sous la présidence du roi, se disposaient à décider la retraite, lorsque Robert le Maçon, seigneur de Trèves, homme sage et prudent, fit observer « qu'il serait bon, avant de prendre une décision si grave, d'avoir l'avis de la Pucelle, d'autant plus que le roi avait entrepris cette campagne sur ses instances, après l'assurance, donnée par elle, qu'il ne rencontrerait que peu de résistance et que d'ailleurs telle était la volonté de Dieu ». On délibérait sur cette motion, lorsque Jeanne entra dans la salle, sans être appelée. Quand elle eut fait sa révérence au roi, l'archevêque de Reims lui exposa l'embarras où l'on se trouvait, lui rendit compte des opinions émises et lui demanda la sienne : « *Me croirez-vous* », dit-elle en se tournant vers le roi. — « Oui, selon ce que vous direz. » — « *Gentil roi de France, cette cité est vôtre ; si vous voulez demeurer devant ses murs deux ou trois jours, elle sera en votre obéissance, par amour ou par force, et la fausse Bourgogne n'en sera pas peu stupéfaite; n'en faites aucun doute. »*

L'archevêque-chancelier répliqua qu'on attendrait bien si l'on était sûr de l'avoir en quatre ou cinq jours. Jeanne réitéra son affirmation ; sur quoi, il fut résolu qu'on attendrait.

Elle, sans perdre une minute, aussitôt sortie du conseil, monte à cheval, un bâton à la main, met en mouvement chevaliers, écuyers, archers, manœuvres de tous métiers, fait apporter fagots pour combler les fossés, portes, tables, fenêtres, chevrons, pour construire des abris, met en position une petite bombarde et quelques canons. « Elle fit, dit Dunois, de si merveilleuses diligences que deux et trois hommes d'armes des plus expérimentés et des plus fameux n'auraient pas pu les égaler. » Ces préparatifs d'un assaut prochain, qui se poursuivirent toute la nuit, donnèrent à réfléchir aux bons bourgeois. D'ailleurs, Frère Richard, qui avait de l'influence, ne leur avait pas laissé ignorer qu'il croyait la Pucelle réellement envoyée de Dieu ; d'un autre côté la rumeur publique leur avait appris ses merveilleux exploits à Orléans, à Jargeau, à Patay. Si la ville était prise de force, n'avaient-ils pas tout à craindre pour leurs biens, peut-être même pour leurs vies? Ces réflexions les amenèrent à oublier leur fameux serment. D'accord avec la garnison anglo-bourguignonne, ils se résolurent à traiter.

Le lendemain, l'évêque Jean Laiguisé et les principaux bourgeois, « tremblants et frissonnants », vinrent rendre obéissance au roi. « On constata dans la suite, déclare Dunois, que, dès le moment où la Pucelle donnait au roi le conseil de ne pas s'éloigner, les habitants avaient perdu tout courage et n'avaient plus songé qu'à chercher un refuge dans les églises. » Le traité fut rapidement conclu ; le roi accordait une amnistie générale aux habitants et les Anglo-Bourguignons étaient autorisés à se retirer librement, avec ce qu'ils possédaient.

Au moment où ils sortaient de la ville, la Pucelle, qui se tenait à la porte, fut saisie d'une généreuse indignation, en les

voyant emmener avec eux leurs prisonniers français ; elle voulut
s'y opposer. Mais, comme ils étaient dans leur droit, aux termes
du traité, le roi termina le différend en payant les rançons ;
de cette façon tout le monde fut content.

Aucun obstacle n'allait plus désormais retarder la marche vers
Reims. Le roi était encore à Troyes, lorsque des députés vinrent
lui présenter les clefs de la ville de Châlons, avec promesse
d'humble obéissance. A Châlons, il reçut une députation de la
ville de Reims, où l'on se préparait à l'accueillir comme le Seigneur légitime de la cité. De Châlons, il alla coucher à Sept-
Saulx, dans un château appartenant à l'archevêché, et le lendemain, dans la soirée, il faisait son entrée dans la ville, ayant la
Pucelle à ses côtés.

La cérémonie du Sacre eut lieu le jour suivant (dimanche,
17 juillet). Elle se fit avec grand apparat, malgré l'absence de
la plupart des pairs qui auraient dû y figurer ; des six pairs
ecclésiastiques, les seuls présents étaient l'archevêque de Reims
et l'évêque de Châlons ; les évêques de Séez, d'Orléans, de Laon
et de Troyes remplacèrent les absents. Le duc d'Alençon, les
comtes de Clermont et de Vendôme, les deux seigneurs de Laval
et le sire de La Trémoille remplirent les fonctions de pairs
laïques. Tous étaient vêtus d'habits somptueux.

Dès trois heures du matin, le roi vint à la basilique, y resta
longtemps en prière, puis se fit armer chevalier par le duc
d'Alençon. Un peu après, quatre gentilshommes, armés de pied
en cap et portant chacun sa bannière, se rendirent à l'abbaye de
Saint-Remi, pour en escorter l'abbé, auquel revenait l'honneur
d'apporter la sainte ampoule. Ils entrèrent, avec lui, à cheval,
dans la basilique, et le cortège s'avança ainsi jusqu'à la grille
du chœur.

A neuf heures, les portes de l'église s'ouvrirent ; le peuple
s'y précipita et les immenses nefs se remplirent aussitôt d'une
foule joyeuse. La cérémonie se déroula avec une majestueuse
lenteur jusqu'à trois heures du soir, au milieu d'un enthousiasme

indescriptible. Au moment où l'archevêque posait la couronne sur la tête du roi, les cris, de « Noël, Noël », éclatèrent avec tant de force qu'il semblait que les voûtes de l'édifice allaient s'effondrer.

Durant toute la cérémonie, la Pucelle se tint près du roi, son étendard à la main. Quand tout fut terminé, elle se jeta à genoux devant le monarque, qu'elle venait de faire couronner, lui baisa humblement les pieds, puis, embrassant ses jambes, lui dit en versant de grosses larmes : « *Gentil roi, maintenant est exécuté le plaisir de Dieu, qui voulait que vinssiez à Reims recevoir votre digne Sacre, en montrant que vous êtes le vrai roi et celui auquel le royaume doit appartenir.* » En voyant ainsi heureusement accomplie cette importante partie de sa mission, son cœur déborde de joie, au souvenir des bontés de Dieu, qui l'a conduite, comme par la main, jusqu'à ce grand jour, à travers tant de contradictions, et son émotion s'épanche en larmes de bonheur.

Elle eut aussi, ce jour-là, la joie de revoir et d'embrasser son père. Il était venu assister au Sacre, en compagnie de l'oncle Laxart, et fut témoin des honneurs rendus à sa fille. Lorsqu'il la vit aux côtés du roi, vêtue d'habits éclatants, traitée avec distinction par les plus grands seigneurs, admirée de tout le peuple, se rappelait-il que, quelques mois auparavant, il aurait voulu la « nayer », pour l'empêcher d'aller avec les hommes d'armes? Quoi qu'il en soit, il ne paraît pas s'être ennuyé à Reims ; car il y prolongea son séjour durant plus de six semaines. Quand il partit, la ville paya vingt-quatre livres parisis pour ses dépenses à l'hôtel de l' « Ane rayé » et lui fit cadeau d'un cheval. Le roi lui avait fait remettre soixante livres tournois par les mains de sa fille.

Jeanne n'a jamais rien demandé, ni pour elle, ni pour les siens ; mais son bon cœur la porta à intercéder en faveur de ses compatriotes de Domremy et de Greux, comme en témoigne l'extrait suivant des lettres patentes, envoyées par le roi (31 juillet) au bailli de Chaumont : « Savoir vous faisons que, en faveur et à la requête de notre bien-aimée Jehanne la Pucelle et pour les grands, notables et profitables services, qu'elle nous a faits et fait chaque jour au recouvrement de notre seigneurie, Nous avons octroyé et octroyons, de grâce spéciale, par ces présentes, aux manants et habitants de Greux et de Domremy, dont la dite Jehanne est native, qu'ils soient dorénavant quittes et exempts de toutes tailles, aides, subsides et subventions, mises et à mettre au dit bailliage. »

Le couronnement de Charles VII marque une des dates principales de la vie de Jeanne d'Arc ; elle est alors à l'apogée de sa gloire. Trois mois se sont à peine écoulés depuis qu'elle est entrée en campagne et ce court espace de temps lui a suffi pour délivrer Orléans, chasser les Anglais des bords de la Loire et conduire le roi à Reims, à travers un pays hostile. Elle a constamment marché de succès en succès, sans éprouver le plus léger revers. Aussi, son nom est dans toutes les bouches, son amour dans tous les cœurs vraiment français. Sa renommée a franchi les frontières du royaume ; on exalte ses exploits en Italie, en Allemagne, dans les Pays-Bas.

Le secrétaire de Charles VII, Alain Chartier, n'était que l'interprète du sentiment public, quand, au lendemain du Sacre, il écrivait à un prince italien : « Elle ne semble pas venir de la terre, mais être descendue du ciel, pour soutenir, de la tête et des épaules, la France croulante. C'est elle qui a ramené au port et au rivage le roi perdu dans un immense océan, ballotté par les vents et les tempêtes. En abattant l'insolence anglaise, elle a rendu sa hardiesse au courage français, arrêté la ruine de la France, éteint l'incendie, qui dévorait le royaume. O Vierge sans pareille, digne de toute gloire et de toute louange, digne des honneurs divins ! Vous êtes la splendeur du royaume, l'éclat du lis, la lumière et la gloire, non pas seulement de la France, mais de la chrétienté entière. »

La célèbre Christine de Pisan, qu'on appelait la sœur des Muses, sortant de la retraite où l'avaient confinée les malheurs de la France, composa un long poème en l'honneur de la Pucelle, lorsque

> « L'an mil quatre cent vingt-neuf,
> Le soleil se reprit à luire. »

Après avoir chanté le « miracle » du relèvement de la France et de « l'état royal », elle adresse ses félicitations au roi :

> « Et toi, Charles, vois ton renom
> Haut élevé par la Pucelle,
> Qui a soumis sous ton pennon
> Tes ennemis. Chose est nouvelle ! »

A la même époque, un noble vénitien écrivait de Bruges : « Qu'une fillette ait conquis tant de pays en quelques mois, c'est un signe que Dieu agit » ; et, dans une autre lettre : « On attribue toutes ces conquêtes à la Pucelle, ainsi que mille autres merveilles. Voilà, de nos jours, de grands prodiges. »

Grands prodiges ! en effet, et on était fondé à en espérer d'autres encore. Car la mission de Jeanne n'était pas terminée. Dès sa première entrevue avec le roi, la jeune paysanne lui avait déclaré qu'elle était envoyée, non seulement pour délivrer Orléans et conduire le dauphin à Reims, mais aussi pour chasser les Anglais du royaume et rendre la liberté au duc d'Orléans. Sous les murs de Troyes, elle répétait au prince indolent que, s'il voulait aller virilement de l'avant, elle lui ferait recouvrer tout son royaume. Enfin, à Reims, après le Sacre, elle lui promettait à nouveau de le faire entrer dans Paris. Après avoir mené à bien la première partie de sa tâche, elle ne demandait donc qu'à remplir la seconde et elle y aurait sûrement réussi si le roi et ses ministres, au lieu de seconder ses entreprises, n'avaient pas travaillé, sous main, à les faire échouer.

A partir de la délivrance d'Orléans, jusqu'au Sacre, Jeanne a toujours fini par avoir raison des oppositions et elle a fait prévaloir sa volonté dans le conseil royal. Mais, cette dernière

campagne, qui vient de se terminer avec tant d'éclat, ferme
la série de ses grands triomphes. Si Dieu lui ménage encore

Christine de Pisan.

quelques menus succès, elle n'en verra pas moins ses desseins
entravés et elle-même mise peu à peu de côté. Les services qu'elle
a rendus, la gloire qu'elle s'est acquise, offusquent trop l'orgueil
de certains personnages haut placés ; ils ne lui pardonneront
jamais de les avoir relégués au second plan. « Elle avait, remarque
un contemporain, l'honneur de tout ce qui se faisait ; ce dont

quelques seigneurs et capitaines conçurent grande haine et envie contre elle. »

Parmi ces seigneurs haineux, il faut mettre, en première ligne, les deux plus puissants personnages du royaume, le sire de La Trémoille et son bras droit, l'archevêque-chancelier, Regnault de Chartres. Nous avons vu précédemment qu'ils ne s'étaient résignés à mettre Jeanne à l'essai que parce qu'ils voyaient la situation désespérée. Mais, une fois le roi couronné et l'état consolidé par ses victoires, ils jugèrent le moment venu de la tenir à l'écart ; sans rien brusquer toutefois, pour ne pas trop mécontenter le peuple et l'armée, dont elle était l'idole. Désormais, tout en la traitant extérieurement avec les mêmes égards on ne tiendra pas compte de sa volonté, on lui cachera les résolutions prises en conseil, on s'arrangera même de façon à lui ménager des échecs, en vue de nuire à sa réputation.

Tel paraît bien avoir été le complot machiné contre elle par La Trémoille et Regnault de Chartres, avec la connivence, avouée ou secrète, de certains capitaines, jaloux de sa gloire. Pendant qu'elle combattra vaillamment, ces politiques dénués de scrupules se livreront à de louches négociations et concluront avec l'ennemi des trêves désastreuses, dont le résultat le plus clair sera de la réduire à l'impuissance.

Voilà pourquoi la Pucelle, malgré son héroïque dévouement, ne put mener à bien la dernière partie de sa tâche. Pour expliquer les échecs, qui vont marquer la fin de sa carrière, quelques-uns ont prétendu que sa mission se bornait à délivrer Orléans et à faire sacrer le roi. Cette opinion ne peut se soutenir ; elle est démentie et par les déclarations précédentes et par la conduite subséquente de Jeanne. Après le Sacre, comme avant, elle fera campagne pour « bouter » les Anglais hors de France, et, plus tard, elle dira à ses juges : « *Je n'ai rien fait que par ordre de Dieu.* » Elle regardait si peu sa mission comme terminée, que, prisonnière, elle conservera, jusqu'à la fin, l'espérance d'être délivrée et de reprendre son service auprès du roi.

L'opinion contraire s'appuie sur cette déclaration de Dunois :
« Quand elle (Jeanne) parlait sérieusement de son fait, de sa
mission, elle affirmait seulement ceci : « Qu'elle était envoyée
pour faire lever le siège d'Orléans, secourir le malheureux peuple
de cette ville et des pays circonvoisins, et conduire le roi à Reims
pour y être sacré. » Le vaillant capitaine, qui rendit d'ailleurs
pleine justice à l'héroïne, laisse donc supposer que sa mission
se terminait à Reims. Ainsi le voulait sans doute l'esprit qui
dominait à la cour, lors du procès de réhabilitation. Évidemment
ceux dont les intrigues avaient paralysé l'action de la Pucelle,
ne pouvaient pas avouer qu'ils s'étaient opposés à l'envoyée
de Dieu ; ils avaient donc tout intérêt à faire croire que, sa
mission divine ayant produit tout ce qu'on était en droit d'en
attendre, son autorité avait dû cesser par le fait même.

Le jour même du Sacre, Jeanne adressa au duc de Bourgogne
une lettre (1), dans laquelle, sous l'écorce rugueuse d'un style

---

(1) Voici le texte de cette lettre :

† JHÉSUS MARIA

Haut et redouté prince, duc de Bourgogne, Jehanne la Pucelle vous
requiert, de par le roi du ciel, son droiturier et souverain Seigneur, que le
roi de France et vous fassiez bonne paix ferme, qui dure longuement. Par-
donnez de bon cœur l'un à l'autre entièrement, ainsi que doivent faire loyaux
chrétiens, et s'il vous plaît guerroyer, allez contre les Sarrazins.

Prince de Bourgogne, je vous prie, supplie et requiers, tant humblement
que réquérir vous puis, que vous ne guerroyiez plus au saint royaume de
France, et faites retirer incontinent vos gens qui sont en aucunes places et
forteresses du dit saint royaume. De la part du gentil roi de France, il est
tout prêt de faire la paix avec vous, sauf son honneur ; cela ne tient qu'à vous.

Et je vous fais savoir, de par le roi du ciel, mon droiturier et souverain
Seigneur, pour votre bien et pour votre honneur et sur vos vies, que vous ne
gagnerez point bataille à l'encontre des loyaux Français et que tous ceux qui
font la guerre au dit saint royaume de France, font la guerre au roi Jhésus,
roi du ciel et de tout le monde, mon droiturier et souverain Seigneur. Et je
vous prie et vous requiers, à jointes mains, que vous ne fassiez nulle bataille,

8

un peu fruste, on sent palpiter un grand cœur, tout plein d'un amour religieux pour « *le saint royaume de France* » et d'une confiance inébranlable dans le succès final : quel que soit le nombre des ennemis, « *ils n'y gagneront rien* », parce que « *tous ceux qui font la guerre au dit saint royaume, font la guerre au roi Jhésus* ». Elle « *requiert, de par le roi du ciel, le haut et redouté prince*, de faire « *bonne paix ferme ; le gentil roi de France est prêt* à la faire, « *sauf son honneur* ». Que les deux princes se pardonnent « *de bon cœur l'un à l'autre, ainsi que doivent faire loyaux chrétiens.* »

Rien, dans cette lettre, ne rappelle le ton impérieux, qu'elle avait pris vis-à-vis des Anglais, lorsqu'elle les sommait de s'en retourner dans leur pays. Au contraire, elle s'y fait aussi humble que possible : « *elle prie, supplie, requiert, les mains jointes, et aussi humblement qu'elle peut, au nom de Dieu, son Seigneur.* » C'est qu'il y avait une grande différence entre les envahisseurs, qui devaient être « boutés » dehors, et un prince français, qu'il s'agissait seulement d'amener à une réconciliation avec le roi.

Est-il besoin d'ajouter que cette touchante supplique resta sans réponse? La haine et l'ambition parlaient trop haut au cœur du duc de Bourgogne pour qu'il pût entendre ce langage. Il était alors à Paris, auprès du duc de Bedford, son beau-frère, et s'employait de son mieux à raviver les vieilles rancunes des

---

ni ne guerroyiez contre nous, vous, vos gens ou sujets, et croyez sûrement que, quelque nombre de gens que vous amèniez contre nous, ils n'y gagneront rien, et ce sera gran pitié de la gran bataille et du sang, qui y sera répandu, de ceux qui viendront contre nous.

Et il y a trois semaines que je vous avais écrit et envoyé bonnes lettres par un héraut que vous fussiez au Sacre du roi, qui, aujourd'hui dimanche, XVIIe jour de ce présent mois de Juillet, se fait en la cité de Reims, dont je n'ai point eu de réponse, ni ouï oncques depuis nouvelles du dit héraut.

A Dieu vous recommande et qu'il soit garde de vous, s'il lui plaît, et prie Dieu qu'il y mette bonne paix.

Écrit au dit lieu de Reims, le dit XVIIe jour de juillet.

Parisiens contre le parti français. Cela ne l'avait pourtant pas empêché d'envoyer des ambassadeurs à Reims, sous prétexte de négocier, mais, en réalité, pour détourner l'attention de la cour par de vaines démonstrations et donner ainsi à une armée, qui venait de débarquer à Calais, le temps d'arriver à Paris. Cette armée forte de quatre à cinq mille hommes, avait été levée en Angleterre, aux frais du Pape, pour une croisade contre les Hussites, qui ravageaient alors la Bohême. Bedfort n'hésita pas à l'arrêter au passage et à s'en servir contre le roi de France. Le Pape protesta contre cet acte malhonnête, mais le régent anglais n'en tint aucun compte.

CHAPITRE VI

Campagne de l'Ile-de-France (21 juillet-13 septembre).

Heureux début. — Sottes négociations. — Lettre de Jeanne aux
Rémois. — Français et Anglais a Montespilloy. — La Pucelle
a Saint-Denis. — Nouvelles trêves. — Échec sous les murs de
Paris. — Récit d'un témoin. — Étrange conduite du roi. —
Retraite et dislocation de l'armée.

Après avoir perdu trois jours à Reims en vaines négociations
avec les ambassadeurs bourguignons, Charles VII eût volontiers
regagné les bords de la Loire, pour s'y « musser » dans ses châteaux, remettant à plus tard la conquête de l'Ile-de-France.
Il céda pourtant aux instances des capitaines et l'armée se mit en
marche le 21 juillet. Paris est l'objectif de cette nouvelle campagne. Les pays qu'on aura à traverser, avant d'arriver sous ses
murs, sont tous au pouvoir des ennemis. Les débuts furent
marqués par une suite ininterrompue de succès. Partout, sur le
passage du roi, les villes s'empressaient de lui ouvrir leurs portes.
Laon, Soissons, Provins, Coulommiers, Crécy, Château-Thierry,
Montmirail, se rendirent de bonne grâce, lui jurèrent obéissance
et reçurent des gouverneurs de son choix.

Comme il était à Provins, le 2 août, il apprit que le duc de
Bedford s'avançait à sa rencontre, avec une puissante armée.
Cette nouvelle fut accueillie avec une grande joie par les troupes
françaises, qui ne demandaient qu'à se mesurer avec l'adversaire ; elles allèrent se ranger, en ordre de bataille, près du château de la Mothe-Nangis. La Pucelle était là, aux premiers rangs,
animant les soldats de la voix et du geste, « et c'était gentille
chose de voir son maintien et les diligences qu'elle faisait ».
Ce fut d'ailleurs en pure perte : Bedford ne jugea pas à propos
d'engager le combat et s'en retourna à Paris, sans coup férir.

Cette retraite honteuse eût dû encourager le roi à poursuivre avec vigueur le cours de ses conquêtes. Il avait avec lui une armée nombreuse, que la présence de la Pucelle enthousiasmait. D'un autre côté, les villes de l'Ile-de-France et de la Picardie étaient fatiguées de la domination anglaise et l'auraient reçu avec bonheur. « En vérité, dit l'historien bourguignon Monstrelet, si, avec son armée, il fût venu devant Saint-Quentin, Corbie, Amiens, Abbeville, etc., la plupart de leurs habitants étaient tout prêts à le recevoir comme leur Seigneur et ne désiraient autre chose au monde (1). »

Au lieu de profiter de ces excellentes dispositions pour achever la conquête de la Picardie et de l'Ile-de-France, le conseil royal, désireux d'avoir un prétexte pour abandonner la campagne, se mit à écouter les propositions fallacieuses du duc de Bourgogne. Philippe le Bon, alarmé des progrès de l'armée française, demandait une trêve, en prenant l'engagement de faire la paix et de

---

(1) Le fait suivant, dûment authentiqué par un acte officiel de l'administration anglaise, est une preuve, sans réplique, des sentiments dont ils étaient animés : Un jour, à Abbeville, dans un groupe formé sur la place publique, on s'entretenait des hauts faits de la Pucelle. Deux individus, Petit et Colin, crurent devoir protester et se permirent de dire : « Bren, bren, quelque chose qu'ait dit et fait cette femme, ce n'est qu'abusion ; on ne doit pas y ajouter foi et ceux qui ont créance en elle sont fols et sentent la persinée ; et il y en a plusieurs dans cette ville qui sentent la persinée », voulant dire par là qu'ils mériteraient d'être mis à mort, le persil étant une plante funéraire. Malheureusement pour eux, le maire et les échevins eurent connaissance de ces propos et, comme ils étaient de ces fous qui avaient créance en la Pucelle, ils firent saisir ses deux blasphémateurs et les tinrent « longuement en dures et étroites prisons », d'abord « à Abbeville, où ils furent un certain espace de temps en grande rigueur par le fait des dits maire et échevins », puis à Amiens, où ils étaient encore incarcérés un an après. Non seulement cela se passait en des villes soumises à la domination anglaise, mais, chose non moins étrange ! tous les détails, qu'on vient de lire, sont consignés dans les « lettres de rémission », qui furent délivrées au nom du roi d'Angleterre.

Combat de la Bastide-Saint-Loup. (*D'après un manuscrit de la Bibliothèque Nationale, daté de 1484.*)

rendre Paris au roi dans un mois. Le conseil crut ou feignit de croire à la parole du maître fourbe, et la trêve fut conclue. C'était vraiment pousser bien loin la naïveté.

En conséquence, la retraite fut décidée, à la grande satisfaction du roi et de son entourage civil ; l'armée, qui était alors à Provins, devait aller passer la Seine à Bray, où il avait un pont ; les habitants avaient promis le passage. Mais un événement imprévu vint déranger ce plan. Lorsque l'avant-garde se présenta le matin, elle fut repoussée par une troupe anglaise, qui avait occupé la ville pendant la nuit. On renonça à forcer le passage et on reprit le chemin de Paris, à la grande joie de la Pucelle et de toute l'armée.

Cependant la nouvelle de la trêve, conclue avec le duc de Bourgogne, avait jeté l'alarme à Reims. Les habitants, effrayés des conséquences fâcheuses, qui ne manqueraient pas d'en résulter pour eux, envoyaient message sur message au roi, au chancelier et à Jeanne.

Celle-ci, dans sa réponse (1), rassure de son mieux, ses « *chers*

---

(1) Voici la teneur de la lettre :

Mes chers et bons amis, les bons et loyaux Français de la cité de Reims, Jehanne la Pucelle vous fait savoir de ses nouvelles et vous prie et vous requiert que vous ne faites nul doute en la bonne querelle qu'elle mène pour le sang royal, et je vous promets et certifie que je ne vous abandonnerai pas, tant que je vivrai.

Et est vrai que le roi a fait trèves au duc de Bourgogne, quinze jours par devant, par ainsi qu'il doit lui rendre la ville de Paris au chef de quinze jours. Cependant ne vous donnez nulle merveille si je n'y entre si brièvement. Combien que des trèves, qui ainsi sont faites, je ne sois point contente et ne sais si je les tiendrai. Mais, si je les tiens ce sera seulement pour garder l'honneur royal. Combien aussi que ils ne rabuseront point le sang royal ; car je tiendrai et maintiendrai ensemble l'armée du roi, pour être toute prête au dit chef des dits quinze jours, s'ils ne font la paix.

Pour ce, mes très chers et parfaits amis, je vous prie que vous ne vous en donniez pas malaise, comme je vivrai, mais vous requiers que vous faites et bons amis, les bons et loyaux Français de la cité de Reims, leur promettant de ne pas les abandonner, tant qu'elle vivra, mais leur recommandant aussi de bien *garder la bonne cité du roi.* Elle leur confirme l'existence de la trêve, qui a été conclue quinze jours auparavant et qui doit se terminer quinze jours après, par la reddition de Paris ; mais qu'ils ne s'étonnent pas trop si elle n'y *entre pas si tôt.* Elle déclare n'être pas *contente de cette trêve et ne sait pas si elle l'observera ;* mais, *si elle l'observe ce sera uniquement pour sauvegarder l'honneur du roi.* Afin d'empêcher qu'on n'abuse, une fois encore, de la bonne foi de ce prince, *elle maintiendra l'armée rassemblée,* de manière à ce qu'elle soit prête, si les Bourguignons ne font pas la paix au terme fixé. »

En attendant, comme les Anglais n'étaient pas compris dans la trêve, elle fit grande diligence pour leur reprendre les places qu'ils occupaient dans la Brie et l'Ile-de-France ; Château-Thierry, la Ferté-Milon, Crépy, Lagny, etc., se rendirent de bonne grâce. Les populations accouraient en foule au devant du roi, avec de grandes démonstrations de joie, chantant des *Te Deum* et faisant retentir les airs de *Noël, Noël,* mille fois répétés.

« *Que voilà un bon peuple!* dit Jeanne, qui chevauchait entre l'archevêque de Reims et le bâtard d'Orléans. *Je n'en ai pas vu de pareil à témoigner tant de joie pour la venue d'un si noble roi. Plût à Dieu, quand je finirai mes jours, que j'eusse le bonheur d'être inhumée dans cette terre!* » — « Jeanne, répliqua l'archevêque, en quel lieu avez-vous espérance de mourir? » — « *Je n'en sais rien ; car, pour ce qui est du temps et du lieu, je n'en sais pas*

---

bon guet et gardez la bonne ville du roi et me faites savoir s'il y a aucuns triteurs qui vous veuille grever, et, au plus brief que je pourrai je les en ôterai et me faites savoir de vos nouvelles.

A Dieu vous recommande pour qu'il soit garde de vous.

Écrit ce vendredi, cinquième jour d'août, près d'un logis aux champs, sur le chemin de Paris.

plus que vous n'en savez vous-même. Combien je désirerais que ce fût le bon plaisir de Dieu, mon créateur, de me permettre de me retirer et de quitter les armes ! J'irais servir mon père et ma mère, en gardant leurs brebis, avec mes frères et ma sœur, qui auraient grande joie de me voir. »

Cependant le duc de Bedford ne restait pas inactif. Après avoir renforcé frauduleusement son armée, avec les troupes levées par le Pape pour faire la guerre aux Hussites, il se mit en campagne à la tête de dix mille combattants. Avant de quitter Paris, il avait adressé un insultant défi à Charles VII. Il l'accusait d'usurper le titre de roi, de faire aux Anglais une guerre injuste et surtout de séduire le peuple par des moyens abominables, en « se faisant aider par une femme désordonnée, qui porte vêtement d'homme, et de conduite dissolue ». Puis, après avoir rappelé, en termes violents, le meurtre du duc de Bourgogne, il prenait Dieu et les hommes à témoins de son bon droit, et finissait en proposant de régler la querelle, soit à l'amiable, « soit par journée de bataille, puisque autrement ne se peut faire entre puissants princes ».

Cette journée de bataille, que le régent anglais semblait appeler de ses vœux, il n'allait tenir qu'à lui de l'avoir. En effet, le 11 août, son armée prit contact avec celle du roi, dans le voisinage de Senlis. Les Anglais avaient assis leur camp, à Montespilloy, dans une position très avantageuse ; leurs derrières étaient protégés par une rivière et leurs flancs par de fortes haies d'épines. Des Français étant venus le soir reconnaître la position, quelques Anglais s'avancèrent à leur rencontre et il y eut des tués et des blessés dans cette escarmouche, qui prit fin à la nuit.

Tout le monde s'attendait à une bataille pour le lendemain, et chacun prit soin de mettre ordre aux affaires de sa conscience. Le matin, la Pucelle entendit la messe et communia, en compagnie des ducs d'Alençon et de Clermont ; puis on monta à cheval et on se dirigea vers l'ennemi. Son front découvert avait été sérieusement fortifié pendant la nuit ; des fossés profonds, des barricades, construites avec de lourds chariots, des pieux aiguisés, solidement fichés en terre devant la ligne des archers, autant d'obstacles contre lesquels les Anglais comptaient que viendrait se briser la fougue des Français, comme l'année précédente, à la fameuse « *journée des harengs* ».

Mais, les chefs, instruits par une cruelle expérience, surent contenir leur ardeur ; ils se contentèrent de faire quelques escarmouches, sans jamais s'engager à fond. Ces escarmouches ou vaillantises n'étaient pourtant pas de simples parades, mais des sortes de duels, souvent meurtriers ; deux ou trois cents combattants y perdirent la vie ; des deux côtés, l'animosité était si grande qu'on ne faisait aucun quartier.

Donner l'assaut, dans des conditions si désavantageuses, eût été aller au devant d'un échec certain ; on résolut donc sagement de s'abstenir. Le duc d'Alençon n'en désirait pas moins combattre, mais à chances égales. C'est pourquoi il fit dire aux Anglais que, s'ils voulaient sortir de leur parc, ses gens se reculeraient et les laisseraient se mettre en ordre de bataille. Sur leur refus, les Français regagnèrent leur camp et l'armée ennemie, au lieu d'aller les y attaquer, reprit pendant la nuit le chemin de Paris.

Beauvais ouvrit alors ses portes aux gens du roi, malgré son évêque, Pierre Cauchon, qui s'enfuit chez les Anglais, la rage dans le cœur.

Quelques jours après la vaine démonstration de Bedford, les bourgeois de Compiègne envoyèrent au roi les clefs de la ville et ceux de Senlis lui ouvrirent les portes de la leur.

Cependant la trêve était expirée et le duc de Bourgogne ne parlait ni de rendre Paris, ni de faire la paix. La Cour n'en continuait pas moins, quoique toujours en pure perte, à négocier avec le vassal rebelle ; une ambassade vint le relancer à Arras. L'archevêque-chancelier eut beau humilier devant lui la majesté royale, en lui offrant des réparations, qui blessaient gravement l'honneur du souverain ; tout fut inutile. Le duc reçut ses avances avec une hauteur dédaigneuse et congédia les ambassadeurs, en leur faisant dire qu'il enverrait plus tard sa réponse. Sur ce, ils rejoignirent Charles VII à Compiègne, dont la population lui avait fait un chaleureux accueil.

Il s'y trouvait si bien qu'il ne demandait qu'à y prolonger son séjour, au grand déplaisir de la Pucelle et des capitaines : « Il semblait, à sa manière, dit Perceval de Cagny, qu'à cette heure il fût content de la grâce que Dieu lui avait faite, sans vouloir entreprendre autre chose. » Au bout de huit jours d'inaction, la Pucelle se décida à prendre les devants, espérant, cette fois encore, l'entraîner à sa suite, comme elle l'avait fait à Gien. Elle « appela le duc d'Alençon et lui dit : « *Mon beau duc, faites apprêter vos gens et ceux des autres capitaines; je veux aller voir Paris de plus près que je ne l'ai vu.* » Partis de Compiègne le 23 août, ils arrivèrent à Saint-Denis le 26. « Quand le roi sut qu'ils étaient logés à Saint-Denis, il vint, à son grand regret, dans la ville de Senlis. Il semblait, ajoute P. de Cagny, qu'il fût conseillé dans le sens contraire au vouloir de la Pucelle, du duc d'Alençon et de ceux de leur compagnie. » Il en était ainsi, en effet ; cette opposition allait même beaucoup plus loin qu'on ne pouvait l'imaginer et les bons Français, qui soutenaient avec tant d'ardeur la cause royale, auraient été justement indignés, s'ils avaient eu connaissance de ce qui se tramait dans le cabinet des ministres.

Ceux-ci après avoir été cent fois bernés par le duc de Bourgogne, avaient renoué avec lui des négociations qui aboutirent (28 août) à une nouvelle trêve ; elle devait durer jusqu'à Noël et fut plus tard prorogée jusqu'au 21 mars de l'année suivante. Les conditions, acceptées par le conseil royal, étaient telles que les clauses du traité durent rester secrètes, sous peine de provoquer l'indignation générale. En voici une : « Durant le temps de cette présente trêve, aucune des parties ne pourra prendre, acquérir, conquérir l'une sur l'autre aucune des villes, places ou forteresses, qui y sont comprises ; on n'admettra l'obéissance d'aucune, au cas où ces villes, places ou forteresses voudraient se rendre à l'obéissance d'une des parties. » Une autre, concernant spécialement Paris, était ainsi libellée, au nom du roi de France : « Si bon lui semble, notre dit cousin de Bourgogne pourra, durant la dite trêve, s'employer, lui et ses gens, à la défense de la ville de Paris et résister à ceux qui voudraient faire la guerre ou porter dommage à cette ville. »

Ce traité n'était pas uniquement l'œuvre de La Trémoille et du chancelier ; il est même assez déconcertant d'y voir coopérer le duc de Bar, les comtes de Clermont et de Vendôme, le bâtard d'Orléans, les sires d'Albret et de Trèves, etc. Quels qu'aient été les motifs qui ont fait agir de la sorte tant d'illustres personnages, il est clair que le traité mettait fin officiellement à la glorieuse chevauchée, qui avait conduit le roi de Gien à Reims et de Reims à Compiègne, à travers des provinces reconquises sans coup férir. Charles VII va jusqu'à prendre l'engagement de ne pas recevoir la soumission des villes bourguignonnes, qui, de leur plein gré, voudraient se donner à lui ! Mieux encore ; il permet au duc de Bourgogne de défendre Paris, au moment même où ses troupes se préparent à attaquer cette ville !

Aussi, ne se hâtait-il pas de les rejoindre ; la Pucelle avait beau lui envoyer message sur message pour le presser de venir, il n'en faisait rien. Le duc d'Alençon alla lui-même le relancer à Senlis et finit par lui arracher la promesse qu'il partirait le lendemain ; mais on l'attendit vainement. Ce fut seulement le 5 septembre que, sur une nouvelle et plus pressante démarche du duc, il se décida à se mettre en route. Il fit son entrée à Saint-Denis le surlendemain, à la grande joie de l'armée, que ces retards commençaient à énerver. On allait donc enfin pouvoir, sous la conduite de la Pucelle, livrer à Paris un assaut victorieux. Car, « il n'y avait personne, dit Perceval de Cagny, de quelque état qu'il fût, qui ne dît : « Elle mettra le roi dans Paris, si à lui ne tient. »

Le duc d'Alençon, de concert avec la Pucelle, avait tout préparé pour l'assaut ; il disposait d'une nombreuse artillerie et avait, toutes prêtes, une quantité considérable de voitures, remplies de gros fagots, destinés à combler les fossés, de claies pour les recouvrir, sept cents échelles pour l'escalade. De plus, un pont, jeté par ses ordres, sur la Seine, en amont de la ville, permettait de porter des troupes sur la rive gauche.

Bedford avait quitté Paris quelques jours avant l'arrivée des Français, emmenant avec lui, en Normandie, la majeure partie de ses forces. La garnison, composée de Bourguignons et d'une poignée d'Anglais, n'était pas bien nombreuse ; mais elle avait un solide point d'appui dans la population, qui détestait les Armagnacs. Il y avait bien, dans la ville, un fort parti de bons Français, fidèles au roi ; mais ils n'osaient se montrer. Quelques-uns entretenaient pourtant des intelligences avec les chefs de l'armée royale et l'on comptait un peu sur eux pour exciter une émeute, au moment de l'assaut.

L'attaque eut lieu (8 septembre) le lendemain de l'arrivée du roi. Elle commença fort tard et fut dirigée sur un seul point, entre les portes Saint-Honoré et Saint-Denis. Avant d'arriver au pied des murailles, les assaillants avaient à traverser deux fossés, séparés par un dos d'âne ; le premier était à sec, mais le second, qui avait une grande profondeur, était plein d'eau. Arrivée au dos d'âne, la Pucelle cria aux soldats qui gardaient le mur : « *Rendez la ville au roi de France.* » En même temps, elle faisait jeter des fagots dans le second fossé et animait de la voix et du geste, les gens du duc d'Alençon, qui étaient à ses côtés. Pas n'est besoin de dire qu'elle avait la volonté bien arrêtée de prendre la ville et qu'elle s'y employa de toutes ses forces. Malheureusement les chefs, qui venaient de signer la dernière trêve, étaient dans de tout autres dispositions. Au lieu d'une attaque à fond, ils étaient décidés à faire une simple démonstration, pour donner un semblant de satisfaction à l'ardeur belliqueuse des troupes. C'est pourquoi l'attaque commença tard, fut poussée mollement et ne consista guère qu'en un duel d'artillerie : « *Les gentilshommes*, dira plus tard la Pucelle, *désiraient faire une escarmouche ou vaillance; mais j'étais bien décidée à aller plus outre et à passer le fossé.* »

Le récit suivant, dû à la plume d'un témoin oculaire, Clément de Fauquembergue, clerc du Parlement de Paris, montre bien quel fut le caractère véritable de cette vaine tentative : « Le jeudi, 8 septembre, les gens d'armes de Messire Charles de Valois, assemblés en grand nombre, près les murs de Paris, à la porte Saint-Honoré, espérant grever et endommager la ville et les habitants de Paris, par commotion du peuple, plus que par puissance ou force d'armes, environ deux heures après midi, commencèrent de faire semblant de vouloir assaillir la dite ville. Et, hâtivement, plusieurs d'entre eux étant sur la Place aux Pourceaux, près de la dite porte, portant de longues bourrées et fagots, descendirent et se boutèrent ès premiers fossés, èsquels point n'avait d'eau, et jetèrent les dites bourrées et fagots dans l'autre fossé, proche des murs, èsquel avait grande eau.

« Et, à cette heure, y eut, dedans Paris, gens effrayés ou corrompus, qui élevèrent une voix en toutes les parties de la ville, criant que tout était perdu et que les ennemis étaient entrés dedans Paris, et que chacun fît diligence de se sauver. Là dessus se départirent des églises toutes les gens étant lors ès sermons, et furent moult épouvantés et se retirèrent en leurs maisons et fermèrent leurs portes. Mais il n'y eut aucune autre agitation.

« Et demeurèrent à la garde des portes et des murs de la ville ceux qui y étaient députés et à leur aide survinrent plusieurs autres habitants, qui firent très bonne et forte résistance aux hommes de Charles de Valois, qui se tinrent dedans le dit premier fossé, jusqu'à dix ou onze heures de nuit qu'ils se départirent à leur dommage. Et d'eux il y en eut plusieurs morts ou blessés, de traits et de canons. Et entre autres fut blessée, d'un trait à la jambe, une femme, que l'on appelait la Pucelle. »

Jeanne fut, en effet, blessée à la cuisse, pendant qu'elle sondait le fossé du bout de sa lance ; mais, elle n'en continuait pas moins d'encourager les hommes d'armes et de faire jeter des fascines. Depuis longtemps, la retraite était sonnée et la nuit venue ; elle s'obstinait toujours à garder son poste de combat. Il fallut qu'on vînt l'en arracher ; le sire de Gaucourt la mit à cheval, malgré sa résistance, et l'entraîna à la Chapelle. Durant le trajet, on l'entendait répéter : « *La place aurait été prise, la place aurait été prise.* » Certes, il ne tint pas à elle qu'elle le fût en effet. Aussi, ce n'était pas elle, mais le roi, que l'armée rendait responsable de cet échec. « L'on disait que par lâcheté de courage, il n'avait jamais voulu prendre Paris d'assaut. »

Que ce fût lâcheté ou raison politique, il ressort clairement de la manière dont l'affaire fut conduite, qu'il n'entrait pas dans ses plans de forcer la ville. Autrement, l'attaque aurait commencé dès le matin ; elle n'aurait pas été portée sur un seul point ; et au lieu de laisser, comme on le fit, le gros de l'armée dans l'inaction, on en aurait jeté une partie sur la rive gauche pour opérer une diversion. Du reste, la conduite de Charles VII, les jours suivants, montre assez quelles étaient ses intentions.

Le lendemain, la Pucelle, malgré sa blessure, se leva de grand matin et demanda au duc l'Alençon de donner le signal pour retourner devant Paris. Il l'eût fait volontiers, mais certains capitaines refusaient de marcher. Pendant ces pourparlers, on vit arriver le baron de Montmorency, qui avait été jusque-là du parti opposé au roi ; il venait de Paris, avec une soixantaine de gentilshommes, se mettre sous les ordres de la Pucelle. Elle se disposait donc à partir, lorsqu'un ordre formel du roi la rappela à Saint-Denis, elle et le duc d'Alençon. Le jour suivant, comme ils manifestaient l'intention de se porter sur la rive gauche, on leur apprit que le pont n'existait plus ; le roi l'avait fait démolir pendant la nuit. Il avait hâte de rentrer dans ses châteaux d'au delà de la Loire.

La retraite ayant donc été décidée, au grand regret de la Pucelle, elle voulut, avant de partir, aller déposer son armure dans l'église, en hommage à Notre-Dame et à saint Denis ; tel était l'usage des chevaliers, quand ils avaient été blessés. — « Ainsi, dit Perceval de Cagny, fut rompu le vouloir de la Pucelle et fut aussi rompue l'armée du roi. »

Le 13 septembre, les troupes françaises quittèrent la ville de Saint-Denis, qui retomba quelques jours après aux mains des Anglo-Bourguignons et en fut fort maltraitée. La retraite s'effectua en grande hâte et souvent en désordre. L'armée fut licenciée à Gien.

Le départ du duc d'Alençon causa beaucoup de peine à la Pucelle ; depuis leur première entrevue à Chinon, elle l'avait toujours eu en grande affection et « faisait pour lui, dit Perceval de Cagny, ce qu'elle n'eût fait pour nul autre ». De son côté, le jeune prince lui était tout dévoué, l'avait toujours secondée de son mieux et appréciait hautement ses services. Aussi, peu de temps après leur séparation, comme il était en train de lever une armée pour reconquérir son duché, il pria le roi de la lui envoyer, parce que, disait-il « sa présence seule lui amènerait des gens, qui ne bougeraient pas, si elle ne se mettait elle-même en campagne ». La Trémoille et de Gaucourt, qui gouvernaient alors la personne du roi, répondirent par un refus. Elle ne devait plus revoir son « beau duc ».

CHAPITRE VII

Dernières campagnes.

Une fois l'armée disloquée, le roi, libre enfin de suivre ses
goûts, reprit aussitôt ses anciennes habitudes de nonchalance
et de désœuvrement, promenant son incurable ennui de châteaux en châteaux. Gien, Sully, Amboise, Selles en Berry,
Meung, le virent passer tour à tour, avant qu'il se rendît à
Bourges, auprès de la reine. Jeanne le suivait dans ces dépla-
cements, toujours traitée par lui avec de grands égards, mais
aussi toujours en butte à l'hostilité sourde des ministres.

Après six semaines de ce repos mouvementé, elle se remit
en campagne, à la requête du conseil royal. Le sire d'Albret,
frère de La Trémoille, avait le commandement de l'expédition
contre Saint-Pierre-le-Moûtier. La place avait une garnison
nombreuse, qui se défendit vaillamment. La première tentative
d'assaut n'ayant pas réussi, les assaillants découragés lâchèrent
pied, de sorte que la Pucelle restait presque seule au pied des
remparts, avec quelques hommes seulement de sa maison.
Son majordome lui-même, d'Aulon, ayant été blessé, s'était
éloigné. Mais bientôt, s'apercevant du danger auquel elle s'ex-
posait, en pure perte, croyait-il, il monta à cheval, courut la
rejoindre et lui demanda pourquoi elle ne s'était pas retirée

comme les autres et ce qu'elle prétendait faire toute seule. Elle répondit qu'elle n'était pas seule, qu'elle avait avec elle cinquante mille de ses gens et qu'elle ne partirait pas avant d'avoir pris la ville.

D'Aulon, qui ne voyait, à ses côtés, que quatre ou cinq hommes, insistait pour la faire partir ; mais, elle, sans s'émouvoir : « *Faites plutôt*, lui dit-elle, *apporter des fagots et des claies pour faire un pont sur les fossés.* » Puis, elle cria de toutes ses forces : « *Tout le monde aux fagots et aux claies.* » Son appel fut entendu ; les fuyards revinrent, animés d'un nouveau courage, et la ville fut prise ; ce dont le bon d'Aulon déclare avoir été « tout émerveillé ». Les vainqueurs voulaient s'emparer des objets que les habitants avaient déposés dans l'église. Jeanne s'y opposa, par respect pour la maison de Dieu, et rien ne fut enlevé.

Après cette expédition, elle se rendit à Moulins, d'où elle adressa une demande de secours aux habitants de Riom et de Clermont (1).

---

(1) Voici le texte de la lettre envoyée à Riom :

Chers et bons amis, vous savez bien comme la ville de Saint-Pierre-le-Moustier a été prise d'assaut, et, à l'aide de Dieu, ai intention de faire vider les autres places, qui sont contraires au roi ; mais, pour ce que grant dépenses de poudres, traits et autres habillements de guerre a été faite devant la dite ville, et que petitement les Seigneurs, qui sont en cette ville, et moi en sommes pourvus pour aller mettre le siège devant la Charité, où nous allons présentement, je vous prie, sur tant que vous aimez le bien et l'honneur du roi et aussi de tous les autres de par ça, que veuillez incontinent envoyer et aider de poudres, salpêtre, soufre, arbalestres fortes et d'autres habillements de guerre. Et, en ce, faites tant, que, par faute des dites poudres et autres habillements de guerre, la chose ne soit longue et que on ne vous puisse dire en ce être négligents et refusants.

Chers et bons amis, Notre Sire soit garde de vous. Écrit à Molins, le neuvième jour de Novembre.

JEHANNE.

L'original de cette lettre est conservé à la mairie de Riom ; elle est la première en date qui soit signée.

Prise de la Bastille des Augustins.

Avant de suivre la Pucelle au siège de la Charité, nous devons mentionner un incident, auquel elle avait été mêlée et qu'elle à elle-même raconté avec de plaisants détails. Une aventurière, nommée Catherine de la Rochelle, prétendait avoir des visions et son directeur, le trop fameux frère Richard, que nous avons déjà rencontré à Troyes, la patronnait à la Cour. Jeanne avait eu l'occasion de la voir à Montfaucon en Berry et ses confidences l'avaient intriguée ; elle flairait une grossière supercherie et résolut de la démasquer. Elle va nous dire elle-même comment elle s'y prit :

« *Elle me disait que venait à elle une dame blanche, qui lui disait d'aller par les bonnes villes, de se faire donner par le roi des hérauts et des trompettes pour faire crier que quiconque avait or, argent ou trésor caché, eût à les apporter tout de suite, qu'elle (Catherine) connaîtrait bien ceux qui ne le feraient pas et qui tiendraient leurs trésors cachés, qu'elle saurait bien trouver ces trésors, et qu'ils serviraient à payer mes hommes d'armes. Je lui répondis de retourner à son mari, faire son ménage et élever ses enfants.*

« *Pour avoir la certitude de son fait, j'en parlai à sainte Catherine et à sainte Marguerite ; elles me dirent que le fait de cette Catherine n'était que folie et néant. J'écrivis à mon roi que je lui dirais ce qu'il devait faire et, quand je fus près de lui, je lui dis que tout était folie et néant chez cette femme. Cependant frère Richard voulait qu'on la mît à l'œuvre et tous les deux, frère Richard et Catherine, furent très mécontents.*

« *La dite Catherine ne me conseillait pas d'aller à la Charité ; il faisait trop froid et elle n'y irait pas. Elle voulait aller vers le duc de Bourgogne pour faire la paix. Je lui dis qu'il me semblait qu'on n'y trouverait point la paix, si ce n'est au bout de la lance. ·*

« *Je demandai à cette Catherine si la dame blanche venait toutes les nuits et lui dis que je coucherais avec elle. J'y couchai ; je veillai jusqu'à minuit et ne vis rien ; je m'endormis ensuite. Le matin arrivé, je demandai si la dame était venue. Elle me répondit qu'elle était venue, que je dormais lors de sa visite et qu'elle n'avait pu m'éveiller. Je lui demandai alors si elle ne viendrait pas le lendemain et la dite Catherine me répondit que oui. Cela fut cause que je dormis de jour, afin de pouvoir veiller la nuit. Je couchai donc la nuit suivante avec la dite Catherine et je veillai toute la nuit; mais je ne vis rien, encore que souvent je lui demandasse: « Ne viendra-t-elle point », et que la dite Catherine me répondit: « Oui, bientôt. »*

Jeanne se peint, dans ce naïf récit, avec son bon sens impeccable et sa finesse.

Le siège de la Charité, auquel la Pucelle se disposait à prendre part, avait été décidé en dehors d'elle. « *J'allai devant la Charité*, dit-elle, *à la requête de mon roi et ce ne fut ni contre ni par le commandement de mes Voix.* » On touchait à la fin de novembre, saison peu favorable pour commencer un siège ; d'un autre côté, l'armée, d'ailleurs mal pourvue du matériel nécessaire, se composait surtout de mercenaires étrangers et l'argent manquait pour les payer. Le résultat fut ce qu'il devait être dans de pareilles conditions. Les chroniques du temps se contentent d'enregistrer l'échec final, sans donner de détails sur la conduite des opérations. Après trois ou quatre semaines de dures souffrances et d'efforts infructueux, les assiégeants se retirèrent, laissant leur artillerie aux mains de l'ennemi. Pour la seconde fois, le dévouement de la Pucelle avait été inutile.

Ce fut quelques jours seulement après cet échec, et sans doute en vue d'adoucir un peu la peine qu'elle en ressentait, que le roi donna à Jeanne un témoignage solennel de sa reconnaissance et de son affection. En décembre 1429, il délivrait des lettres de noblesse, pour elle et pour sa famille. Elles débutent ainsi : « Afin d'exalter l'effusion des grâces si éclatantes, que la divine Majesté nous a départies par le ministère de notre chère et bien aimée Jeanne Darc..., et celles que nous en attendons encore, nous croyons convenable et opportun que ce ne soit pas seulement la Pucelle, mais toute sa parenté... qui soit élevée et

exaltée par de dignes marques d'honneur de notre Royale
Majesté... Attendu donc ce qui vient d'être exposé, et en considération des louables, gracieux et utiles services, rendus à nous
et à notre royaume, de bien des manières, par Jeanne la Pucelle,
et de ceux que nous en espérons à l'avenir,... nous avons anobli
la sus-dite Pucelle, et, en son honneur et considération, son père,
sa mère, ses frères et toute sa parenté, née et à naître en légitime mariage,... nonobstant que peut-être ils soient de condition
autre que la condition libre. » En outre, il était stipulé que la
noblesse se transmettrait dans la famille, non seulement par les
hommes mais aussi par les femmes.

Jeanne ne se prévalut point de cet anoblissement ; mais ses
frères, devenus gentilshommes, prirent un nouveau nom,
« du Lys », en rapport avec leur blason : « *Mon roi*, dit-elle,
*donna des armes à mes frères, à savoir: un écu d'azur, avec deux
fleurs de lis d'or et une épée dans le milieu. Le tout fut donné par
mon roi à mes frères, pour leur faire plaisir et sans requête de ma
part.* »

Après l'expédition avortée de la Charité, les hostilités furent
suspendues, tant à cause de la rigueur de la saison que par
l'effet des trêves, qui devaient durer jusqu'à Pâques ; de sorte
que la Pucelle passa l'hiver dans un repos forcé (Noël 1429-
Pâques 1430). On aimerait à savoir ce qu'elle fit durant ces
trois mois ; mais, faute de documents, on ne peut que risquer
des conjectures ou formuler des hypothèses. M. le comte de
Maleyssie, qui se fait gloire de descendre de la famille du Lys,
en a tout récemment émis une, qui ne doit pas être passée sous
silence, puisqu'elle a obtenu l'adhésion de publicistes éminents
et que l'Académie française a couronné l'ouvrage, où elle est
exposée avec un talent incontestable. L'auteur s'est efforcé
de démontrer que la Pucelle a mis à profit ses loisirs d'hiver
pour apprendre à lire et à écrire. (Voir à la fin du volume, l'Ap-
pendice Nº 2.)

Vers la fin de mars, elle chargea son chapelain, Pasquerel,

de rédiger et d'adresser, en son nom, une lettre aux Hussites, qui ravageaient alors la Bohême. Les bandes forcenées de ces hérétiques y promenaient partout le fer et le feu, pillaient et brûlaient les églises et les couvents, massacraient les prêtres, les religieux et les fidèles qui refusaient d'embrasser leur hérésie. Pasquerel rédigea donc une lettre à leur intention. Après avoir insisté longuement sur leurs méfaits, il les apostrophait en termes véhéments et finissait par des menaces : s'ils ne s'amendent pas, la Pucelle ira elle-même les visiter, « avec d'immenses forces divines et humaines » et leur fera « subir le sort », qu'ils ont fait « subir aux autres ». Évidemment ce chef-d'œuvre de fausse rhétorique ne dut pas produire sur ses destinataires, l'effet qu'en attendait son auteur.

Deux lettres, que la Pucelle adressa, à la même époque, aux habitants de Reims, et qu'elle avait elle-même dictées, ont une allure bien autrement française. La première (1) a pour but de les rassurer, à propos de la crainte, qu'ils lui manifestaient, d'être assiégés par les Bourguignons, à l'expiration de la trêve : qu'ils soient « *toujours bons et loyaux* », qu'ils ferment bien leurs portes ; si les ennemis se présentent, elle accourra aussitôt et leur fera « *chausser les éperons si en hâte qu'ils ne sauront par où les prendre* ».

----

(1) *Très chers et bien aimés et bien désirés à voir, Jehanne la Pucelle, ai reçu vos lettres faisant mention que vous vous doutiez d'avoir le siège. Veuillez savoir que vous ne l'aurez point, si je puis les rencontrer. Et si ainsi était que je ne les rencontrasse, et qu'ils vinssent devers vous, fermez bien vos portes ; car je serai bien brief vers vous, et si eux y sont, je leur ferai chausser les éperons si en hâte qu'ils ne sauront par où les prendre.*

Autre chose ne vous écris pour le présent, mais que vous soyez toujours bons et loyaux. Je prie Dieu qu'il vous ait en sa garde.

Écrit à Sully, le XVIe jour de mars.

Je vous manderais encore quelques nouvelles, dont vous seriez bien contents, mais je craindrais que les lettres ne fussent prises en chemin et que l'on ne vît les dites nouvelles.   JEHANNE.

Reims renfermait des traîtres, qui complotèrent d'introduire les Bourguignons dans la ville ; ils furent découverts et punis. Mais des rapports, venus à la Cour, avaient singulièrement grossi le nombre de ces mauvais Français. La municipalité écrivit au roi, pour rétablir les faits et protester à nouveau de sa fidélité. Elle envoya aussi une lettre à la Pucelle, sur le même sujet. Celle-ci, dans sa réponse (1), laisse entendre que les faux rapports ont fait une fâcheuse impression ; mais maintenant le roi, mieux informé, est « très content » de ses fidèles Rémois, ils sont « bien en sa grâce » ; et, si « les traîtres Bourguignons » vont les assiéger, il les « en délivrera le plus tôt que faire se pourra ». Elle termine par une bonne nouvelle. « Le duc de Bretagne va envoyer trois mille combattants, payés pour deux mois. »

Les négociations, engagées avec le duc de Bourgogne pour l'amener à faire la paix, s'étaient poursuivies tout l'hiver, sans donner aucun résultat, quoique les indignes ministres de Char-

---

(1) *Très chers et bons amis, plaise vous savoir que j'ai reçu vos lettres, lesquelles font mention comment on a rapporté au roi que, dedans la bonne cité de Reims, il en avait moult de mauvais. Ainsi, veuillez savoir que c'est bien vrai qu'on lui a rapporté vraiment qu'il y en avait beaucoup qui devaient trahir la ville et mettre les Bourguignons dedans.*

· Et depuis le roi a bien su le contraire, parce que vous lui en avez envoyé la certaineté, dont il est très content de vous ; et croyez que vous êtes bien en sa grâce ; et, si vous aviez à besogner au regard du siège, il vous secourrait, et connaît bien que vous avez moult à souffrir pour la dureté que vous font ces traîtres Bourguignons adversaires : aussi, vous en délivrera au plaisir Dieu, bien brief, c'est-à-dire à savoir le plus tôt que faire se pourra. Si, vous prie et vous requiers, très chers amis, que vous gardiez bien la dite bonne cité pour le roi et que vous fassiez bon guet.

Vous ouïrez bientôt de mes nouvelles plus à plein. Autre chose, à présent ne vous écris fors que toute Bretagne est française et doit le duc envoyer au roi III mille combattants, payés pour deux mois.

A Dieu vous recommande, qui soit garde de vous. Écrit à Sully le XXVIIIe jour de Mars.

JEHANNE.

les VII eussent consenti à ses demandes les plus exorbitantes, sacrifiant au vassal révolté, non seulement l'honneur de leur maître, mais les intérêts de ses plus fidèles sujets. La place de Compiègne, principal boulevard de la France du Nord, dressait ses remparts entre les États du duc de Bourgogne et l'Ile-de-France, occupée par ses bons alliés, les Anglais. Philippe le Bon désirait naturellement faire disparaître cette fâcheuse barrière et il eut l'impudence de demander qu'on lui confiât la garde de la ville jusqu'à la paix. Chose à peine croyable ! les négociateurs y consentirent, au nom du roi. Heureusement les habitants de Compiègne comprirent mieux leur devoir ; ils déclarèrent fièrement qu'ils voulaient rester Français, coûte que coûte, et qu'ils n'ouvriraient point les portes de la ville au nouveau maître, qu'on prétendait leur imposer contre leur gré. C'est pourquoi celui-ci se disposa à les assiéger.

Cependant la Pucelle fatiguée de sa longue inaction et d'ailleurs « fort malcontente » de pareilles négociations, quitta brusquement la Cour, sans prendre congé du roi. Sortie sans bruit, comme pour aller à la promenade, elle se dirigea du côté de Lagny, « parce que ceux de la place faisaient bonne guerre aux Anglais de Paris et d'ailleurs ». Son passage dans cette ville fut signalé par deux événements notables.

Le premier, que les habitants crurent miraculeux, fut le retour à la vie d'un enfant qui paraissait mort-né. Elle y contribua par ses prières et le peuple ne manqua pas de lui en attribuer la gloire. Entendons-la raconter elle-même ce fait extraordinaire : « *Il y avait trois jours, ainsi qu'on le disait, qu'il n'avait pas apparu de vie dans l'enfant. Il fut apporté à Notre-Dame. L'on me dit que les pucelles de la ville étaient devant Notre-Dame et que je voulusse y aller pour prier Dieu et Notre-Dame de vouloir bien lui donner la vie. J'y allai et je priai avec les autres. L'enfant était noir comme ma cotte. Finalement, la vie apparut en lui ; il bailla trois fois, et, quand il eut baillé, la couleur commença à lui revenir. Il fut baptisé, ne tarda pas à mourir et fut inhumé en terre sainte. J'étais à genoux devant Notre-Dame, avec les autres, à faire ma prière.* » — A cette question, qui lui fut posée au procès de Rouen : « Ne fut-il pas dit, par la ville, que c'était vous qui aviez fait cette résurrection? » elle répond simplement : « *Je ne m'en enquérai point.* » — Elle a fait comme les autres, elle a prié *avec les autres.* Rien de plus, et, si l'on dit que c'est elle qui a fait cette résurrection, elle n'en sait rien et n'en veut rien savoir. Voilà bien le langage de l'humilité.

Pendant que Jeanne était à Lagny, un aventurier au service des Bourguignons, Franquet d'Arras, dont la scélératesse égalait la bravoure, vint ravager les environs de la ville, avec une bande de trois à quatre cents Anglais. Elle se porta à sa rencontre, avec un nombre à peu près égal de Français. Le choc fut rude et la victoire longtemps indécise ; les Français furent deux fois repoussés ; ils finirent cependant par l'emporter et tous les ennemis furent tués ou faits prisonniers. Parmi ces derniers se trouvait Franquet d'Arras. La Pucelle se le fit remettre, dans l'intention de l'échanger contre un bourgeois de Paris, propriétaire de l'hôtel de l'Ours, qui s'était trouvé compromis dans un complot et avait été jeté en prison. Mais, ayant appris que le seigneur de l'Ours avait été mis à mort, elle livra son prisonnier au bailli de Senlis, qui le réclamait et le condamna à mort pour ses crimes.

On lui fit, à Rouen, un gros grief de l'exécution de ce brigand ; elle n'eut pas de peine à s'en justifier. — « Prendre un homme à rançon et le faire mourir, n'est-ce pas un péché mortel? » — « *Aussi ne l'ai-je pas fait.* » — « Et Franquet d'Arras, que l'on fit mourir à Lagny? » — « *Pour ce qui regarde Franquet d'Arras, je consentis à ce qu'on le fit mourir, s'il l'avait mérité. Je voulus avoir ce Franquet d'Arras pour un homme de Paris, seigneur de l'Ours. Quand je sus que ce seigneur était mort et que le bailli m'eut dit que je faisais grand tort à la justice, en délivrant ce Franquet, je dis au bailli : « Puisque mon homme, celui que je voulais avoir, est mort, faites de celui-ci ce que vous en devez faire, par justice. » Son procès dura quinze jours, il confessa être larron, meurtrier et traître. Le juge fut le bailli de Senlis et les hommes de justice de Lagny. »*

La victoire de Lagny clôt la série des succès militaires de la Pucelle. Les mêmes Voix, qui lui avaient prédit ses triomphes, lui donnèrent peu après de lugubres avertissements, pour la préparer aux douloureuses épreuves, qu'elle aura bientôt à subir. Ainsi avertie, elle se résigna à la volonté de Dieu, malgré les répugnances de la nature, mais — on le conçoit sans peine — moins joyeusement que lorsqu'il s'était agi d'aller au secours de son roi. Elle s'en est expliquée en ces termes : « *En la semaine de Pâques, comme j'étais sur les fossés de Melun, il me fut dit par mes Voix, à savoir, par sainte Catherine et sainte Marguerite, que je serais prise avant la Saint Jean, qu'il fallait que ce fût ainsi ; de ne pas m'ébahir et prendre tout en gré et que Dieu m'aiderait. Depuis, cela m'a été dit par plusieurs fois et quasi tous les jours. Je réquérais de mes Voix que, quand je serais prise, je mourusse promptement, sans long tourment de prison. Elles me répondaient de prendre tout en gré, qu'ainsi il fallait faire. Mais elles ne me dirent pas l'heure, et, si je l'eusse sue, je n'y fusse point allée. Toutefois, à la fin, j'eusse fait leur commandement, quelque chose qui dût en advenir. Depuis que j'eus révélation que je serais prise, je m'en rapportai le plus souvent à la volonté des capitaines pour le fait de la guerre, mais sans leur dire que j'avais révélation que je serais prise. »*

Cet acquiescement douloureux aux décrets divins, malgré les répugnances de la nature, ne rappelle-t-il pas celui du divin Maître : « Que ce calice s'éloigne de moi, s'il se peut ; mais que votre volonté soit faite, non la mienne. »

Le 24 avril, Jeanne se présenta aux portes de Senlis, avec un millier de chevaux ; la ville, mal pourvue de fourrage et de grain, refusa de recevoir une troupe si nombreuse. Elle arriva à Compiègne, deux semaines plus tard et y reçut un chaleureux accueil. De là, elle se rendit à Pont-l'Évêque, avec deux mille combat-

tants, pour en déloger les Anglais. Il y eut de rudes escarmouches ; mais la place ne fut pas prise.

A peine rentrée à Compiègne, la Pucelle repartait aussitôt
pour Soissons. Le gouverneur, à qui le roi en avait confié la
garde, était un traître. Il avait vendu la ville aux Bourguignons
et était à la veille de la leur livrer. C'est pourquoi il ameuta
la population et fit refuser l'entrée. Les troupes, obligées d'aller
coucher aux champs, se dispersèrent, pour se procurer des
vivres.

Cependant le duc de Bourgogne se disposait à mettre le siège
devant Compiègne ; or la ville n'avait qu'un nombre insuffisant
de défenseurs. A la demande du gouverneur, Guillaume de
Flavy, Jeanne se chargea volontiers d'aller en recruter ; car elle
avait beaucoup d'affection pour les habitants de cette ville,
dont les sentiments patriotiques répondaient si bien aux siens.
Elle se rendit aussitôt dans le pays voisin et réussit à enrôler,
trois ou quatre cents combattants. Avant de quitter Crépy-en-
Valois, elle apprit que l'armée bourguignonne campait déjà
devant Compiègne ; comme on lui représentait qu'il serait
téméraire de tenter de passer à travers les ennemis, avec sa
faible troupe : « *Nous sommes assez*, dit-elle ; *je veux aller voir
mes bons amis de Compiègne.* » Une marche de nuit l'amena,
sans coup férir, aux portes de la ville, où elle entra, de grand
matin, avec ses recrues. Ce fut sa dernière joie ; le soir, elle était
prisonnière (23 mai 1430).

*
* *

L'année précédente, au moment d'entrer en campagne,
Jeanne avait dit à Charles VII : « *Je durerai un an, guère plus.* »
Or, l'année était révolue depuis quelques semaines. La guerrière disparaît donc, au temps précis, qu'elle avait fixé, d'après
ses révélations. Si elle n'a pas réalisé tout son programme, si
l'Anglais n'est pas encore « bouté » hors de France, on sait

que ce ne fut pas sa faute. Elle n'en a pas moins sauvé la France d'une ruine imminente, malgré les obstacles, semés sous ses pas par ceux-là mêmes qui avaient le plus d'intérêt à la seconder. Son rôle actif et personnel est désormais fini ; mais l'impulsion qu'elle a donnée, continuera de s'exercer et amènera dans un avenir prochain, la libération complète du pays : elle laisse le moral des adversaires en présence radicalement changé : chez les Français, la pusillanimité d'autrefois a fait place à une généreuse ardeur, tandis qu'un profond découragement ne cessera plus de paralyser les Anglais, naguère si présomptueux. Tel fut l'effet durable des victoires de la Pucelle.

CHAPITRE VIII

Qualités militaires et vertus chrétiennes.

La personne physique de la Pucelle. — Courage et génie militaire de la guerrière. — Vertus de la Sainte : Obéissance. — Désintéressement. — Chasteté. — Humilité. — Piété. — Charité.

Avant de suivre la Pucelle sur la voie douloureuse, qui la conduira au bûcher de Rouen, arrêtons-nous un instant pour embrasser, d'un regard d'ensemble, les qualités guerrières et les vertus chrétiennes, par lesquelles elle s'est distinguée durant l'année qu'elle a passée au milieu des hommes d'armes.

Il n'existe aucun portrait authentique de Jeanne d'Arc ; de sorte que nous en sommes à regretter la perte d'une ébauche, bien grossière sans doute, qu'elle a elle-même signalée : « *A Arras, je vis, en la main d'un Écossais, une peinture à ma ressemblance. J'étais peinte tout armée, un genou en terre, présentant une lettre à mon roi. Jamais je ne vis d'autre image à ma ressemblance ni n'en fis faire.* »

Si, pour concevoir quelque idée de ce qu'elle était physiquement, on fait appel au témoignage de ceux qui l'ont le mieux connue, on se heurte à un laconisme désespérant ; il semble que l'éclat des brillantes qualités de son âme les ait empêchés de voir les traits marquants de sa physionomie, tant ils sont réservés à cet égard. L'un d'eux, de Boulainvilliers, se contente de dire qu' « elle avait la beauté qui convenait, quelque chose de viril dans son allure, avec un timbre de voix bien féminin ». Un autre, d'Aulon, qui a toujours vécu en sa compagnie, du commencement à la fin de sa vie guerrière, constate qu' « elle était belle et bien conformée ». Même note chez Cousinot : « Elle était bien compassée de membres et forte. » Le duc d'Alençon déclare qu' « elle était bien faite et de visage agréable ». Nous savons, par ailleurs, qu'elle portait le même costume que ses compagnons d'armes, « tunique courte, braies et chaussures, avec foison d'aiguillettes, cheveux coupés en rond, tombant du sommet de la tête aux oreilles ». Voilà, à peu près tout ce que nous apprennent les contemporains sur l'extérieur de la jeune héroïne.

En revanche, tous célèbrent à l'envi sa prodigieuse force d'endurance. On la voyait, dans les marches, chevaucher des journées entières, couverte, des pieds à la tête, de la pesante armure, que portaient les chevaliers. Souvent, du milieu de la colonne, où elle se tenait habituellement en compagnie du roi, elle se portait tantôt à l'avant, tantôt à l'arrière, pour encourager les hommes d'armes. Arrivée à l'étape, elle se contentait de la plus légère réfection ; il lui est arrivé souvent, après des chevauchées fatigantes, de prendre seulement quelques bouchées de pain, trempées dans du vin mêlé d'eau. Aux champs, elle couchait à la paillade, tout habillée et parfois même sans quitter son armure. Ses compagnons d'armes, étonnés de voir tant de vigueur chez une fille si jeune, lui firent, sous ce rapport, une réputation qui dépasse les limites de la vraisemblance. Ainsi, Perceval de Boulainvilliers, chambellan de Charles VII, écrivait au duc de Milan, avant la campagne du Sacre : « Jamais on ne vit pareille force à supporter la fatigue. Elle peut rester six jours et six nuits, sous le poids des armes, sans détacher une seule pièce de son armure. »

Dans les nombreux combats auxquels elle prit part, la Pucelle fit preuve d'un *courage héroïque :* à Orléans, à Jargeau, sous les murs de Paris, à Saint-Pierre-le-Moutier, son intrépidité provoquait l'admiration. A la voir ainsi se porter aux endroits les plus périlleux, sans aucun souci du danger, certains se demandaient si elle n'avait pas reçu de ses Voix l'assurance qu'elle n'y trouverait pas la mort. La question lui ayant été un jour directement posée, elle répondit : *« Je n'en ai pas plus d'assurance que tout autre combattant. »*

Au courage du soldat, elle joignait *l'activité, le coup d'œil, le savoir-faire du chef le plus habile.* Ses compagnons d'armes les plus qualifiés sont unanimes à vanter ses talents militaires. Pour éviter des répétitions fastidieuses, nous n'en citerons que deux : « S'agissait-il, dit de Thermes, de conduire et de disposer l'armée, de préparer les batailles, d'animer le soldat, elle se conduisait comme le plus sagace capitaine, qui aurait passé toute sa vie au métier des armes. » — Le duc d'Alençon est encore plus explicite : « En dehors du métier des armes, dit-il, Jeanne était une jeune fille bien simple ; mais, au fait de la guerre, elle se montrait très experte ; aussi habile à manier la lance qu'à ranger l'armée, à préparer la bataille, et surtout à disposer l'artillerie, en quoi elle excellait et causait l'admiration de tous. Un général, qui se serait exercé, durant vingt ou trente ans, au métier des armes, n'aurait pas mieux fait. » Dunois tient le même langage.

Il y a eu, de nos jours, des généraux, Français et étrangers, qui ont étudié les campagnes de Jeanne d'Arc, en hommes du métier. Chose remarquable, leurs appréciations, basées sur une science plus éclairée, enchérissent, s'il est possible, sur l'admiration de ses contemporains. Ils reconnaissent, dans sa stratégie, l'application des principes qui ont toujours dirigé les grands capitaines dans leurs opérations militaires : se concentrer rapidement, frapper vite, frapper fort, frapper aux points vitaux ; enfin, ne pas perdre son temps et dépenser ses efforts en vaines escarmouches, mais combattre sans relâche, avec une indomptable ténacité, jusqu'au succès final.

Ces qualités de la guerrière, force extraordinaire d'endurance, courage intrépide, génie militaire surtout, dépassent évidemment les capacités naturelles d'une jeune paysanne ; elles ne pouvaient donc venir que d'une assistance spéciale de Dieu, qui se plaît à opérer de grandes choses par les plus faibles instruments. À une nature, déjà riche de son propre fonds, il avait surajouté des dons gratuits, en rapport avec la mission qu'il confiait à la fille de Jacques d'Arc. Aussi la regardait-on comme « chose toute divine ». L'un de ceux qui ont vécu le plus longtemps dan son intimité, Perceval de Cagny, déclare que « ses paroles et ses faits semblaient miraculeux à ceux de sa compagnie ». Elle-même n'en jugeait pas autrement, quand elle disait : « *Sans la grâce de Dieu, je ne saurais rien faire ; mon fait est un ministère,* c'est-à-dire une charge imposée, avec garanties à l'appui. Elle n'avait accepté ce ministère qu'avec une grande répugnance ; mais, une fois entrée dans la carrière, forte de sa confiance dans le secours promis, qui d'ailleurs ne lui fit jamais défaut, elle ne vit plus que le but à atteindre et s'y dépensa sans compter. Dieu fit le reste, en suppléant à ce qui lui manquait.

Amis et ennemis s'accordent à dire que la Pucelle était regardée comme une sainte par les Français : « Elle était pleine de toutes les vertus », déclare son chapelain, Pasquerel. Le chroniqueur Chastelain, bourguignon fanatique, constate avec dépit qu' « il y avait toutes sortes de gens du parti français, qui étaient persuadés que cette femme était une sainte créature, une chose divine et miraculeuse, envoyée pour le relèvement du roi de France ». L'Église catholique a, de nos jours, confirmé ce jugement, en accordant à Jeanne d'Arc les honneurs de la canonisation, après avoir reconnu qu'elle a pratiqué les vertus chrétiennes, dans un degré héroïque. Parmi ces vertus, celles qui brillent en elle d'un plus vif éclat, sont l'obéissance, le dévouement désintéressé, la chasteté, l'humilité, la piété et la charité. Nous allons les passer brièvement en revue.

L'Écriture nous dit que « l'homme obéissant aura des victoires à raconter ». Jamais, peut-être, cette parole ne s'est mieux vérifiée qu'en la personne de notre jeune sainte. Elle a certes remporté des victoires éclatantes ; mais aussi, quel acte

Prise des Tourelles.

héroïque d'obéissance elle eut à faire, pour entrer dans la carrière, où Dieu l'appelait ! Qu'on se figure quel dut être l'effroi de cette villageoise de dix-sept ans, élevée dans une famille pauvre, sans autres relations que d'humbles paysans, lorsqu'elle reçut l'ordre de quitter son pays, ses compagnes, ses parents, d'aller trouver le roi bien loin, pour guerroyer, seule parmi les hommes d'armes ! Elle hésita d'abord ; mais, lorsqu'elle eut bien compris que telle était la volonté de Dieu, elle imposa silence à ses répugnances, accepta, de tout son cœur, la lourde mission que le ciel lui confiait et fit preuve d'un joyeux entrain, qui ne la quittera plus. « *Je ne pouvais plus*, a-t-elle déclaré, *m'endurer où j'étais... Puisque Dieu commandait, quand j'aurais eu cent pères et cent mères, quand j'eusse été fille de roi, je serais partie.* »

Désormais elle ne s'appartiendra plus et sera tout entière, corps et âme, à sa mission. Elle l'a acceptée par obéissance ; l'obéissance la lui fera continuer jusqu'au bout, sans récriminations et sans un seul moment de défaillance, malgré tous les obstacles. La première et la plus grande difficulté, dont elle eut tout d'abord à triompher, fut de faire partager aux autres la foi qu'elle avait en cette mission. Nous avons vu avec quel zèle, quelle éloquence et quel succès elle s'y employa. A Vaucouleurs, à Chinon, à Poitiers, à Orléans, partout elle va répétant : « *Je suis envoyée de Dieu.* » A Rouen, devant ses juges, elle reproduira la même affirmation et, quand ils lui demanderont si ceux de son parti croient qu'elle est envoyée de Dieu, elle répondra modestement : « *Je n'en sais rien ; je m'en rapporte à leur cœur ; s'ils ne le croient pas, je n'en suis pas moins envoyée de par Dieu ; et, s'ils le croient, ils ne sont pas abusés en cela.* »

Il serait inutile, après ce qui a déjà été dit, d'insister sur le dévouement, que la Pucelle a montré dans l'accomplissement de sa mission ; mais il n'est pas hors de propos d'attirer l'attention sur son absolu désintéressement. « *J'ai demandé*, a-t-elle dit, *trois choses à mes Voix: la première, le succès de mon entre-*

prise ; la seconde, que Dieu vienne en aide aux Français et qu'il garde les villes de leur obédience ; la troisième, le salut de mon âme. » Ainsi, rien pour elle, sinon le salut de son âme, dont elle ne pouvait se désintéresser sans péché.

Même désintéressement dans les requêtes qu'elle adresse au roi : « *Je ne demandais rien à mon roi, si ce n'est de bonnes armes, de bons chevaux et de l'argent pour payer les gens de mon hôtel.* »

L'anoblissement que Charles VII lui conféra, sans aucune démarche de sa part, semble l'avoir laissée fort indifférente. Les hochets de la vanité n'avaient pas prise sur une âme qui vivait dans la familiarité des saints du ciel.

Au XVe siècle, on appelait communément *pucelles* les jeunes filles qui avaient conservé la fleur de leur intégrité virginale. Notre jeune sainte s'appropria ce nom, dès le début de son entreprise, sans doute par un sentiment d'humilité, mais sûrement aussi pour en faire un rempart à son innocence. Tantôt elle l'ajoutait, tantôt elle le substituait à son nom de baptême : « *J'ai nom Jehanne la Pucelle* », disait-elle en se présentant au roi, dans sa première entrevue. On lit, dans sa lettre aux Anglais : « *Rendez à la Pucelle ;... attendez des nouvelles de la Pucelle ;... la Pucelle vous prie, etc.* » Ce nom était, dès lors, si bien devenu le sien que les registres de la ville d'Orléans renferment des mentions de ce genre : « Donné à Jehan du Lys, frère de là Pucelle », et même « à Jehan de la Pucelle ». Cette fleur de candeur virginale, dont elle aimait à se parer, elle l'a jalousement gardée jusqu'à la fin. Quand ses juges lui demanderont si elle est vierge, elle leur répondra avec une tranquille assurance : « *Je puis affirmer que je suis telle.* » Le matin même du jour, où elle sera livrée au bourreau, on l'entendra répéter que son « *corps, net en entier, ne fut jamais corrompu* ».

Notre Pucelle n'ignorait pas que la chasteté est une vertu délicate ; aussi ne négligeait-elle aucune précaution pour la mettre à l'abri. Afin de ne pas attirer les regards, elle avait adopté le costume des hommes d'armes et rien ne l'en distinguait extérieurement. La nuit, elle couchait toujours avec une jeune fille, quand elle se trouvait dans des lieux habités ; aux champs, elle prenait son repos toute vêtue, parfois même tout armée. D'ailleurs, sa réserve pudique, jointe au prestige que lui donnait sa mission inspirait le respect à tous ceux qui l'approchaient : « J'affirme, dit Dunois, que, ni moi, ni aucun autre, n'avons eu de désirs impurs en sa compagnie ; ce qui, à mon avis, est chose quasi divine. » On comprend après cela, que ceux qui l'ont connue l'aient vénérée comme une sainte.

Si la pureté de Jeanne n'a jamais été effleurée par le plus léger soupçon, au moins dans le parti français, il n'en fut pas de même de son humilité ; plusieurs la taxèrent d'orgueil, à tort assurément, mais d'après certaines apparences, qui expliquent, sans le justifier, ce jugement injuste. En effet, les devoirs et les droits qui découlaient, pour elle, de sa mission divine, ne pouvaient manquer de la mettre plus d'une fois, surtout au début, en opposition avec les conseillers du roi et les chefs de l'armée, qui prétendaient bien ne rien céder de leur autorité. Ils lui reprochaient donc de ne pas tenir compte de leurs avis, d'aller contre leurs ordres et d'imposer sa volonté. Ils s'obstinaient à ne pas voir qu'en agissant de la sorte elle accomplissait simplement son devoir, puisqu'elle obéissait à Dieu, qui lui dictait sa conduite, par le ministère de ses Voix. Leur orgueil s'en trouvait donc froissé. De là, à l'accuser d'être elle-même orgueilleuse, il n'y avait qu'un pas, qui fut vite franchi.

Plusieurs, sans doute, modifièrent cette première impression, quand ils eurent vu sa mission confirmée par des succès prodigieux ; mais d'autres ne lui pardonnèrent pas de les avoir humiliés. De ce nombre fut l'archevêque-chancelier, Regnault de Chartres. La lettre qu'il écrivit aux habitants de Reims, pour leur annoncer la prise de la Pucelle, en fournit une preuve sans réplique. Loin de s'apitoyer sur le sort de l'héroïne, il semble plutôt se féliciter d'être enfin débarrassé de sa personne. « Elle

avait, disait-il, mérité ce malheur, parce qu'elle avait une confiance excessive en ses forces et en son propre sens, qu'elle ne
voulait croire conseil, mais faisait tout à son plaisir. » Elle est
d'ailleurs déjà remplacée par « un pastour du Gévaudan »,
qui vient d'arriver à la cour. Ce berger dit qu'il fera « ni plus ni
moins ce qu'avait fait Jehanne la Pucelle ; qu'il a commandement
de Dieu d'aller avec les gens du roi, et que, sans faute, les Anglais
et les Bourguignons seront déconfits (1). Il dit aussi que Dieu
avait souffert que Jeanne fût prise parce qu'elle s'était consti-
tuée en orgueil et pour les riches habits qu'elle avait pris, et
qu'elle n'avait pas fait ce que Dieu lui avait commandé, mais
avait fait sa volonté. » L'accusation est grave ; nous allons
l'examiner en détail.

D'abord, que la Pucelle n'ait pas voulu prendre conseil de la
Trémoille et de son agent, le chancelier, qu'elle ait plus d'une
fois contrarié leurs projets, le fait est certain et nous n'avons
pas à l'en justifier ; en ce faisant, elle obéissait à ses Voix et
remplissait sa mission. — Quant au second grief, savoir : « qu'elle
n'a pas fait ce que Dieu lui commandait », l'accusation du berger,
contresignée par l'archevêque, est purement gratuite, puisqu'elle était seule à connaître les ordres que Dieu lui donnait.
De plus, elle est absolument fausse ; Jeanne l'a déclaré elle-
même en termes formels, sous la foi du serment : « *Tout ce que
j'ai fait, c'est sur l'ordre de Dieu ; et tout ce que j'ai fait sur le
commandement de Dieu, je pense l'avoir bien fait.* »

Reste un troisième grief : « elle avait pris de riches habits. »
Le fait est vrai : après la délivrance d'Orléans, le trésorier du
duc, en reconnaissance de ce service signalé, lui fit cadeau de
vêtements somptueux, aux couleurs de la maison ducale, savoir :
une robe en drap cramoisi superfin de Bruxelles et une huque

---

(1) Le « pastour » tomba bientôt aux mains des Anglais; après l'avoir
traîné ignominieusement à Paris, ils le noyèrent dans la Seine; enfermé
dans un sac.

— sorte de casaque, sans manches, qui se portait sur l'armure —
en drap vert sombre, doublées l'une et l'autre de fines étoffes.
Ce cadeau, venant d'un prince prisonnier des Anglais et pour
lequel elle avait toujours montré une vive sympathie, ne pouvait que lui être très agréable. Elle se para donc de ces riches
habits, non pour « se constituer en orgueil », mais parce qu'ils
convenaient à la grandeur de son rôle et étaient de nature à lui
faciliter sa tâche. « Si elle n'eût pas été habillée somptueusement,
remarque Quicherat, on ne l'eût pas réputée « chef de guerre »
et elle n'aurait pas pris l'ascendant, qu'elle exerça sur les troupes. » — Vraiment, un prélat, qui portait des chapes en drap
d'or et des mitres précieuses, ornées de pierreries, n'aurait
pas dû s'offusquer de voir la messagère de Dieu revêtue d'un
costume en rapport avec sa dignité. Le scandale est ici purement
pharisaïque.

La vérité est que Jeanne est restée humble de cœur, dans
une situation, qui n'eut jamais sa pareille ; les merveilles,
dont elle fut l'instrument, ne lui firent jamais oublier son
propre néant : « *Sans la grâce de Dieu*, disait-elle, *je ne saurais
rien faire.* Elle garda toujours, au milieu de ses triomphes, une
simplicité d'enfant. L'admiration, dont elle était l'objet, et les
hommages qu'on lui rendait, la faisaient souffrir et elle s'en
défendait de son mieux. Elle-même s'en est expliquée en ces
termes : « *Si quelques personnes ont baisé mes mains ou mes vêtements, ce n'est pas par ma volonté. Je m'en faisais garder et je
l'empêchais de tout mon pouvoir.* » Elle était la première à se
moquer de la crédulité superstitieuse de certaines gens, qui
attribuaient à son contact une sorte de vertu surnaturelle ;
témoin la scène plaisante, racontée par la femme du trésorier
général, chez qui elle résidait à Bourges : des femmes venaient
présenter à Jeanne des objets de piété en la priant de les toucher.
Elle riait de leur naïveté et, se tournant vers son hôtesse :
« *Touchez-les, vous*, disait-elle ; *ils seront aussi bons de votre
toucher que du mien.* »

Mais s'agissait-il de ce qui était du ressort de sa mission, alors sa parole devenait grave, imposante et parfois impérieuse. Dans ses lettres aux Anglais, au duc de Bourgogne, aux habitants de Troyes, elle exhorte, commande, menace, d'un ton autoritaire, qui surprend de la part d'une jeune fille de sa condition ; tout d'abord, on serait tenté d'y voir de l'arrogance. Il n'en est rien pourtant ; car, dans ce cas, nous n'avons pas affaire avec la fille de Jacques d'Arc, mais avec la mandataire de Dieu, qui parle et agit comme telle, en vertu de l'autorité que lui donne son mandat. Elle avait d'ailleurs pleine conscience et de la grandeur de sa mission et de son insuffisance personnelle. Ce double sentiment se fait jour dans sa réponse aux juges, qui lui demandaient pourquoi Dieu l'avait choisie plutôt qu'un autre : « *Il a plu à Dieu ainsi faire, par une simple pucelle, pour rebouter les ennemis du roi.* » Ainsi, à ses yeux, c'est Dieu et Dieu seul, qui a tout fait ; elle n'a été que son instrument. Voilà bien le langage de l'humilité vraie.

La vie des camps n'a jamais passé pour être favorable à la piété. Elle l'était peut-être moins encore, qu'en d'autres temps, dans la période troublée où vécut la Pucelle. Les grossiers soudards, parmi lesquels elle se trouve brusquement transplantée, au sortir de son village, ne ressemblaient guère aux bons habitants de Domremy. C'était un ramas d'aventuriers de tout pays et de tout acabit, gens de sac et de corde, pour la plupart sans foi ni loi. La vue de leur misère morale donna un nouvel élan à sa piété, en lui faisant éprouver le besoin de se tenir en communication plus intime avec Dieu ; sa prière en devint plus fervente et sa pratique des sacrements plus fréquente.

Elle se confessait souvent, avec de grands sentiments de componction, assistait tous les jours au saint sacrifice de la messe et y communiait deux ou trois fois par semaine. On voyait souvent de grosses larmes rouler sur ses joues, lorsque le prêtre lui présentait le corps de Notre-Seigneur. Son bonheur était de le recevoir, en compagnie des petits enfants, qu'on élevait dans les monastères, et elle avait soin de s'informer du jour où ils devaient communier.

En campagne, elle réunissait devant sa bannière, matin et soir, les hommes d'armes qui s'étaient confessés, et chantait avec eux des antiennes et des hymnes à la Sainte Vierge. Lorsqu'elle arrivait dans une ville ou une bourgade, son premier soin était d'aller à l'église adorer le Saint Sacrement. La nuit, elle interrompait souvent son sommeil, se mettait à genoux et adressait à Dieu de ferventes prières. Cette piété était, chez elle, le fruit de la crainte et surtout de l'amour de Dieu : « *J'aimerais mieux mourir*, disait-elle, *que de faire ce que je saurais être un péché, en opposition avec le commandement de Dieu. Je l'aime de tout mon cœur.* »

La vraie piété n'est pas égoïste ; elle aime à rayonner, à s'épanouir en œuvres de miséricorde, pour subvenir aux besoins spirituels ou corporels du prochain. Telle fut la piété de la Pucelle. Jean de Metz, son trésorier, déclare qu'elle aimait à faire l'aumône, qu'elle lui demandait souvent des pièces de monnaie, pour les distribuer aux pauvres. Les miséreux trouvaient facilement accès près d'elle : « *Ils venaient volontiers vers moi*, dit-elle, *parce que je ne leur faisais pas de déplaisir et que je les aidais selon mon pouvoir.* » Du reste, elle se montrait bonne et accueillante à tout le monde, même aux ennemis. Un jour, apercevant un prisonnier anglais, qui venait d'être dangereusement blessé, elle s'arrête, descend de cheval, lui pose la tête sur ses genoux et ne le quitte qu'après l'avoir confié aux bons soins d'un prêtre. En divers endroits, pour faire plaisir aux parents, elle accepta d'être marraine de leurs enfants : « *Volontiers*, dit-elle, *je donnais aux garçons le nom de Charles, en l'honneur de mon roi, et aux filles, celui de Jeanne ; quelquefois aussi, je donnais le nom qui agréait aux mères.* »

C'étaient pourtant les besoins spirituels du prochain, qui étaient le principal objet de son zèle, et elle eut bien souvent l'occasion d'exercer sa charité à cet égard. En effet, nous l'avons déjà dit, ses compagnons d'armes étaient loin d'être des saints : la luxure, le blasphème et le vol étaient passés, chez la plupart d'entre eux, à l'état d'habitudes invétérées. Faire disparaître ces vices était humainement impossible. Elle l'entreprit cependant dès son entrée en campagne, et, avec l'aide de Dieu, elle y réussit dans une large mesure, tant était grand l'ascendant qu'elle exerçait autour d'elle.

Avant son arrivée, le libertinage le plus effronté s'étalait au grand jour dans l'armée. Son premier soin fut de le réprimer impitoyablement. Elle obligea les hommes d'armes à renvoyer les femmes, qu'ils menaient avec eux, ou à les épouser. Jamais elle ne se relâcha, ni dans sa vigilance à guetter les désordres de ce genre, ni dans son énergie à les réprimer ; quand les exhortations, les ordres et les menaces ne suffisaient pas, elle n'hésitait pas à employer la violence : « Je l'ai vue à Saint-Denis, dit le duc d'Alençon, poursuivre une fille, surprise dans l'armée, et la frapper avec tant de vigueur qu'elle en brisa son épée. »

Les blasphèmes, que proféraient continuellement les hommes d'armes et leurs chefs, lui inspiraient une sainte horreur. Elle les réprimait sur-le-champ, quel que fût le rang de celui qui s'en rendait coupable. Le duc d'Alençon lui-même n'était pas épargné. Il tenait d'ailleurs grand compte des reproches, qu'elle ne lui ménageait pas plus qu'aux autres. « Sa vue seule, déclare-t-il, suffisait pour me réfréner et faire expirer les jurements sur mes lèvres. » Un jour, à Orléans, sur une place publique, entendant un grand seigneur proférer un horrible juron — « jarnidié », je renie Dieu — elle s'approche, indignée, et, mettant la main au collet du blasphémateur : « *Osez-vous bien*, s'écrie-t-elle, *renier Notre-Seigneur et notre maître? En nom Dieu, vous vous en dédirez avant que je parte d'ici.* » Le coupable exprima publiquement son repentir et promit de se corriger. Le vaillant capitaine La Hire avait souvent le même juron sur les lèvres et prétendait, comme beaucoup d'autres, n'y pas voir de mal, parce qu'il le proférait sans mauvaise intention : « *Eh bien!* disait la Pucelle, *au lieu de renier Dieu, dites jarni bâton.* »

Non contente d'avoir ramené la décence dans le camp en réprimant par voie d'autorité le libertinage, le blasphème, et aussi, comme il a été dit, la maraude, au moins dans les limites du possible, elle se fit apôtre auprès des hommes d'armes, s'appliquant avec une sainte obstination à réveiller leurs consciences endormies et à les détacher du péché. A Orléan.., avant l'assaut des Tourelles, elle fit publier qu'elle ne voulait avoir avec elle que ceux qui auraient purifié leur conscience par une bonne confession, parce que le péché fait perdre les batailles. Spectacle merveilleux ! soldats et capitaines, subjugués par l'ascendant que lui donnaient l'éclat de ses vertus et l'auréole de sa mission divine, obéissaient comme des enfants à cette jouvencelle de dix-sept ans. Ces conversions, fruit de son apostolat parmi ses compagnons d'armes, sont-elles moins admirables que ses victoires sur les Anglais?

LIVRE III

La Martyre.

CHAPITRE PREMIER

Jeanne prisonnière.

PRISE DE LA PUCELLE. — ANGLO-BOURGUIGNONS TRIOMPHANTS ; FRANÇAIS CONSTERNÉS. — JEANNE A BEAUREVOIR. — VENDUE AUX ANGLAIS. — TENTATIVE D'ÉVASION. — DE BEAUREVOIR A ROUEN. — L'UNIVERSITÉ CONTRE LA PUCELLE. — PRISONNIÈRE AU CHATEAU DE ROUEN.

Nous avons vu précédemment que la Pucelle était entrée de grand matin à Compiègne, avec des renforts qu'elle amenait de Crépy. Elle n'eut rien de plus pressé que de se rendre à l'église pour y faire ses dévotions ; elle se confessa, entendit la messe et communia.

Le soir de ce même jour (23 mai 1430), elle voulut, malgré la fatigue de sa chevauchée nocturne, aller déloger les Bourguignons, qui occupaient Margny, gros bourg situé en face de Compiègne, sur la rive opposée de l'Oise. Vers quatre ou cinq heures, elle sortit donc de la ville, montée sur un superbe cheval gris pommelé et portant, sur son armure, une riche huque en drap d'or vermeil. Cinq à six cents hommes l'accompagnaient,

11

les uns à cheval, les autres à pied. Les Bourguignons, qui ne s'attendaient pas à être attaqués, avaient presque tous quitté leurs armures ; ils se mirent cependant en défense et la mêlée commença par de grands cris, de part et d'autre.

Des seigneurs bourguignons, qui venaient rendre visite au commandant de Margny, ayant entendu cette clameur, se hâtèrent de rebrousser chemin et d'aller informer de ce qui se passait les postes voisins et le duc de Bourgogne, qui se trouvait à une lieue de là. L'ennemi reçut bientôt des renforts considérables et les Français, qui s'étaient d'abord flattés de remporter un succès facile, se virent obligés de reculer.

La Pucelle, plus vaillante que jamais, continuait de faire face à l'ennemi et de protéger la retraite des siens avec une poignée de braves ; de sorte qu'à la fin, elle se trouva presque seule, en compagnie de son majordome. Un archer la saisit de côté par sa huque et la fit tomber de cheval, « plus heureux, dit un chroniqueur bourguignon, que s'il eût eu un roi entre les mains ». Sommée de se rendre, elle répondit fièrement : « *J'ai baillé ma foi à un autre que vous et je lui tiendrai mon serment.* » Avec elle fut pris d'Aulon et quelques autres, en très petit nombre.

Le gouverneur de Compiègne, Guillaume de Flavy, avait fait fermer la porte de la ville après la rentrée des fuyards, pendant que Jeanne luttait encore courageusement. C'est pourquoi il fut soupçonné d'avoir joué, en cette affaire, le rôle d'un traître. On disait qu'il avait reçu « plusieurs lingots d'or », pour fermer la porte, afin de faire tomber la Pucelle aux mains des Bourguignons. Il n'était d'ailleurs pas homme à reculer devant un crime, lorsque son intérêt était en jeu : débauché, voleur, meurtrier, parricide — il fit mourir ses beaux-parents pour s'emparer de leurs biens — sa vie fut celle d'un des monstres féodaux les plus complets de cette époque, où il y en eut tant. Mais, pour charger sa mémoire de ce nouveau forfait, il faudrait des preuves et on n'en a pas.

Jeanne réunissait autour de cette bannière les prêtres
et les plus pieux des soldats.

En effet, du récit que la Pucelle a fait de cette funeste sortie, il semble bien ressortir qu'elle fut victime, non de la trahison, mais de son propre courage, qui l'avait entraînée trop loin des siens. « *J'allai, dit-elle, avec la compagnie des gens de mon parti sur les gens de Monseigneur de Luxembourg et, par deux fois, je les repoussai jusqu'aux logis des Bourguignons, et, à la troisième fois, jusqu'à mi-chemin. Alors, les Anglais, qui étaient là, coupèrent, à moi et à mes gens, le chemin de la retraite ; et moi, en me retirant par les champs, devers la Picardie, je fus prise près du boulevard ; il n'y avait entre le lieu où je fus prise et Compiègne que la rivière, le boulevard et le fossé du dit boulevard.* »

« Le duc de Bourgogne, dit Monstrelet, alla la voir au lieu où elle était et lui adressa quelques paroles, dont je n'ai pas souvenance. » Ce manque de mémoire, chez le chroniqueur attitré du parti bourguignon, paraît bien extraordinaire ; car l'entrevue ne dut pas être banale ; mais peut-être ne tourna-t-elle pas à l'avantage du prince ; car nous savons que Jeanne parlait fort bien et qu'elle ne craignait pas de dire de dures vérités aux grands. C'est sans doute pour cela que Monstrelet aura jugé à propos de ne pas s'en souvenir, quand il écrivit sa chronique : le courtisan aura imposé silence à l'historien.

Jeanne étant tombée aux mains du comte Jean de Luxembourg, elle devenait la prisonnière de ce seigneur. D'Aulon partagea sa captivité, au château de Beaulieu d'abord, puis à celui de Beaurevoir.

La prise de Jeanne causa des transports de joie parmi les Anglo-Bourguignons. « Ils en furent très joyeux, dit Monstrelet ; plus que d'avoir pris cinq cents combattants ; car ils ne craignaient et ne redoutaient aucun capitaine, aucun chef de guerre, autant que, jusqu'à ce jour, ils avaient redouté cette Pucelle. » Le jour même, malgré l'heure avancée, le duc de Bourgogne expédiait des lettres à Saint-Quentin et à Gand, pour annoncer le grand événement : « Notre bénoît créateur, y disait-il, nous a fait la grâce que... la Pucelle a été prise... De cette prise seront grandes nouvelles partout. » Partout, en effet, ce fut un long cri de triomphe, dans le parti anglo-bourguignon.

Mais, nulle part, il n'éclata plus joyeux et en même temps plus haineux qu'à Paris. Le lendemain du jour où l'on y avait appris la grande nouvelle, le greffier de l'Université adressait sommation au duc de Bourgogne de remettre la prisonnière à l'inquisiteur, pour être jugée, selon « bon conseil, faveur et aide des bons docteurs et maîtres de l'Université ». Ces bons docteurs, bourguignons fanatiques, n'oubliaient pas qu'ils avaient là une occasion inespérée de venger une injure personnelle. En soutenant la cause royale, condamnée par eux, cette paysanne ignorante n'avait-elle pas eu l'audace de ne tenir aucun compte des arrêts de leur docte compagnie? Dès lors, et sans plus ample examen, l'envoyée de Dieu ne pouvait être, à leurs yeux, qu'un suppôt du démon et devait être punie en conséquence. Aussi les verrons-nous poursuivre leur vengeance sans relâche, jusqu'à ce qu'ils aient conduit leur victime au bûcher de Rouen.

Dans le parti français, chose triste à dire ! il y en eut qui virent disparaître la Pucelle, non seulement sans regret, mais avec satisfaction ; tels, La Trémoille, Regnault de Chartres, et aussi, disait-on, certains capitaines jaloux de sa gloire. Mais l'armée et le peuple furent consternés. L'archevêque d'Embrun, Gélu, n'eut pas plutôt appris la fatale nouvelle qu'il écrivit à Charles VII. Après lui avoir rappelé les grâces dont Dieu l'avait comblé par le moyen de la Pucelle et les victoires prodigieuses qu'il devait à son intervention, il lui recommande de ne rien négliger pour la délivrance de la prisonnière, de « n'épargner pour cela ni démarches, ni argent, ni quelque dépense que ce soit, s'il ne veut encourir le blâme ineffaçable d'une très reprochable ingratitude. Il lui demande, en outre, de faire ordonner partout des prières pour la délivrance de la captive. »

Ces prières furent, en effet, ordonnées ; ce sont, entre autres, trois oraisons, collecte, secrète et postcommunion que les prêtres récitaient à la messe (1). En beaucoup d'endroits, il y eut, à cette occasion, de grandes démonstrations religieuses. A Tours, on fit une procession générale, à laquelle prirent part, pieds nus, les chanoines et tout le clergé, tant séculier que régulier. Le peuple comprenait la grandeur de la perte que la nation venait de faire et donnait partout des témoignages de sa douleur.

Les ministres, qui dirigeaient alors les affaires de l'État et disposaient de la volonté du roi, étaient loin, nous l'avons vu, de partager ces sentiments. Malgré la recommandation pressante de Gélu, rien ne laisse supposer qu'ils aient tenté quoi que ce soit pour sauver la captive. Le moyen le plus simple, d'usage courant à cette époque, eût été de l'acheter à Jean de

---

(1) Voici la traduction de ces oraisons :

Collecte. — Dieu tout-puissant et éternel, qui, dans votre sainte et ineffable miséricorde et dans votre admirable puissance, avez ordonné à la Pucelle de venir relever et sauver le royaume de France, repousser, confondre et détruire ses ennemis, et qui avez permis que, alors qu'elle vaquait aux œuvres saintes, commandées par vous, elle soit tombée entre les mains et dans les fers de ces mêmes ennemis, nous vous en supplions, par l'intercession de la bienheureuse Vierge Marie et de tous les saints, accordez-nous qu'elle soit délivrée de leur puissance et qu'elle accomplisse à la lettre ce que vous lui avez prescrit par un seul et même acte.

Secrète. — Père des vertus et Dieu tout-puissant, que votre sainte bénédiction descende sur cette oblation et que, par sa puissance miraculeuse, avec l'intercession de la Vierge Marie et de tous les Saints, elle garde de mal et délivre la Pucelle, retenue dans les prisons de nos ennemis, qu'elle lui accorde d'accomplir sa mission, jusqu'au bout, selon ce que vous lui avez commandé.

Postcommunion. — Dieu tout-puissant, exaucez les prières de votre peuple et, par les sacrements, que nous venons de recevoir, avec l'intercession de la bienheureuse Vierge Marie et de tous les Saints, brisez les fers de la Pucelle, qui, accomplissant les œuvres, que vous lui aviez commandées, est maintenant incarcérée par nos ennemis ; accordez-lui, au nom de votre très sainte bonté et miséricorde, de sortir saine et sauve, pour accomplir ce qui reste de sa mission.

Luxembourg ; celui-ci, cadet sans grande fortune, n'eût sûrement pas refusé de l'échanger contre une grosse somme, d'autant que sa femme et sa tante étaient très favorables à la Pucelle et à la cause française. Il eût évidemment fallu y mettre le prix, comme firent les Anglais, quelques mois plus tard. Les ministres jugèrent plus à propos de garder l'argent et de laisser ainsi leur maître endosser « le blâme ineffaçable d'une très reprochable ingratitude ».

De Clairvoix, où la Pucelle passa sa première nuit de captivité, Jean de Luxembourg la fit conduire au château de Beaulieu. Là, elle fit une tentative d'évasion, qui ne réussit pas. Au bout d'une douzaine de jours, on la transféra au château de Beaurevoir, où résidaient la femme et la tante de Jean de Luxembourg. Ces dames, attachées toutes les deux, de cœur, au parti français, accueillirent la prisonnière avec une grande bonté et eurent pour elle des attentions, dont elle garda toujours un souvenir reconnaissant ; nous en avons la preuve dans ce témoignage, qu'elle rendit au cours de son procès : « *Mademoiselle de Luxembourg et Madame de Beaurevoir m'offrirent un habit de femme ou du drap pour le faire. Je répondis que je n'en avais pas le congé de Notre-Seigneur, qu'il n'était pas encore temps. Si j'avais dû prendre habit de femme, je l'aurais plutôt fait à la requête de ces deux dames que d'autres dames qui soient en France, ma reine exceptée.* »

Elle reçut plusieurs fois, à Beaurevoir, la visite d'un jeune seigneur bourguignon, Aymond de Macy, qui fut, plus tard, interrogé au procès de réhabilitation ; sa déposition est toute à l'honneur de la Pucelle. Il raconte qu'une fois, il avait voulu, en badinant, porter la main à sa poitrine et qu'elle l'avait repoussé avec indignation ; ce qui lui avait fait concevoir une haute estime de sa vertu.

Cependant l'Université de Paris et le gouvernement anglais multipliaient les démarches pour se faire livrer la prisonnière. Jean de Luxembourg s'y refusa d'abord, parce que son honneur de chevalier ne lui permettait pas de livrer un prisonnier, et surtout une femme, à ses ennemis et contre son gré. Le 14 juillet, l'évêque de Beauvais, Cauchon, vint lui remettre, en présence de témoins, des lettres de l'Université, avec une requête, rédigée au nom du roi d'Angleterre et au sien. Le comte était officiellement sommé de livrer sa prisonnière à l'évêque, « afin, portait la requête, que son procès lui soit fait, parce qu'elle est soupçonnée d'avoir commis plusieurs crimes, comme sortilèges, idolâtries, invocations des démons ».

Pour arriver plus sûrement à ses fins, l'agent de l'Angleterre faisait appel à la cupidité du comte, lui rappelant que si de grands personnages sont pris à la guerre, « fût-ce le roi, le dauphin ou autres princes, le roi les pourrait avoir, s'il le voulait, en baillant au preneur dix mille livres ; c'est le droit, usage et coutume de France ». En conséquence, « le dit évêque somme et requiert, au nom du roi, que la dite Pucelle lui soit délivrée, en baillant sûreté de la dite somme de dix mille livres ». L'offre de cette royale rançon fit taire les derniers scrupules de Jean de Luxembourg et l'infâme marché fut conclu. Au mois d'août, les États de Normandie votèrent « dix mille livres tournois, pour le payement de l'achat de Jehanne la Pucelle », et cette somme fut levée en septembre sur « les aides d'Argentan et d'Exmes ».

L'odieuse négociation n'avait pas été tenue si secrète que le bruit n'en parvînt aux oreilles de Jeanne. Elle en fut vivement affectée ; car elle ne redoutait rien tant que de tomber aux mains des Anglais. Une autre rumeur vint encore redoubler ses angoisses : on lui disait que sa chère ville de Compiègne allait être prise et mise à feu et à sang par les Bourguignons. Elle résolut alors de sauter du haut de la tour, où elle était enfermée, et elle le fit, malgré la défense de ses Voix. Se précipita-t-elle dans le vide, comme ses réponses au procès semblent l'indiquer, ou bien se laissa-t-elle glisser le long d'un support trop fragile, comme l'affirme une chronique de l'époque — « ce par quoi elle s'avalait rompit »? — On ne sait. Mais il est certain qu'elle tomba de haut et se blessa grièvement.

Cette tentative d'évasion lui fut imputée à crime par ses juges, qui prétendaient y voir un acte de désespoir, un véritable suicide. « *Non*, leur dit-elle, *je ne voulais pas me tuer ; mais j'espérais, par ce moyen, éviter d'être livrée aux Anglais. Je ne le faisais pas dans une pensée de désespoir, mais dans l'espérance de sauver mon corps et de secourir de bonnes gens, qui étaient en nécessité. J'avais ouï dire que tous ceux de Compiègne, au-dessus de sept ans, seraient mis à feu et à sang. Je disais à sainte Catherine : « Comment ! Dieu laissera mourir ces bonnes gens de Compiègne, qui ont été et sont si loyaux à leur Seigneur ! »*

« *Sainte Catherine me disait, presque tous les jours, de ne pas saillir, que Dieu m'aiderait et à ceux de Compiègne. Je lui disais que, puisque Dieu les aiderait, je voulais y être. Ce fut une des causes qui me firent saillir. L'autre cause, c'est que je sus que j'étais vendue aux Anglais et j'aimais mieux mourir qu'être entre les mains de mes ennemis. Sainte Marguerite me disait : « Il faut que vous preniez tout en gré. Vous ne serez pas délivrée que vous n'ayez vu le roi des Anglais. » Je lui répondis : « Vraiment, je ne voudrais pas le voir. J'aimerais mieux mourir que d'être mise en la main des Anglais. Quand je sus qu'ils allaient venir, j'en fus moult courroucée. Mes voix me défendirent plusieurs fois de saillir ; mais, à la fin, par crainte des Anglais, n'y pouvant plus tenir, je saillis, en me recommandant à Dieu et à la bienheureuse Vierge Marie.*

« *Mes saintes me secoururent de la vie et me gardèrent de me tuer ; mais je fus grièvement blessée ; quelques-uns disaient que j'étais morte. Cette chute m'avait tellement brisée que je fus deux ou trois jours sans pouvoir manger ni boire. Toutefois, je fus réconfortée par sainte Catherine, qui me dit de prendre bon courage, que je guérirais et que, sans faute, ceux de Compiègne auraient secours, avant la Saint-Martin d'hiver. Elle me dit aussi de me confesser et de demander pardon à Dieu, pour avoir sailli. Alors, je me pris à revenir et commençai à manger, et je fus aussitôt guérie. »*

A cette demande, qui lui fut faite : « Croyez-vous avoir fait
un péché mortel, en vous précipitant? » elle répondit humblement : « *Je n'en sais rien, je m'en attends à Notre-Seigneur. Je
crois que ce n'était pas bien de faire ce saut ; ce fut mal fait. Je sais,
par la révélation de sainte Catherine, que j'en ai eu le pardon,
après que je m'en fus confessée.* » — « Avez-vous eu pour cela
grande pénitence? » — « *La plus grande partie fut le mal que je
me fis en tombant.* »

Dans le courant de septembre, Jeanne fut extraite du donjon
de Beaurevoir et conduite à Arras. Comme elle n'avait plus là
les bonnes dames de Luxembourg pour subvenir à ses besoins,
elle adressa aux fidèles habitants de Tournay une « requête
par lettre et message », demandant que, « en considération du
roi et des services qu'elle lui avait rendus, la dite ville voulût
lui envoyer vingt à trente écus d'or, pour employer en ses néces-
sités ; sur quoi fut, par délibération et ordonnance de Messieurs
les quatre consaulx, baillé à Jean Naviel, clerc, la somme de
vingt-deux couronnes d'or, pour porter à Jehanne la Pucelle,
prisonnière à la ville d'Arras. »

Au bout d'un mois environ, elle échangeait cette prison pour
celle du Crotoy, où Dieu lui ménagea de précieuses consola-
tions. Parmi les détenus se trouvait un prêtre éminent, Nicolas
de Queuville, chancelier de la cathédrale d'Amiens ; elle se confessait à lui et communiait à sa messe. Un jour, elle reçut la
visite d'un groupe de dames de qualité, de demoiselles et de
bourgeoises, venues tout exprès d'Abbeville, pour saluer « la
merveille de leur sexe ». Elles la félicitèrent de se montrer « si
constante et si résignée à la volonté de Notre-Seigneur et lui
souhaitèrent toutes sortes de faveurs du ciel. La Pucelle les
remercia cordialement de leur charitable visite, se recommanda
à leurs prières et, les baisant aimablement, leur dit adieu. Ces
vénérables personnes jetaient des larmes de tendresse, en prenant
congé d'elle. »

Saint Michel vint aussi la visiter, comme nous l'apprend

cette déclaration qu'elle fit à ses juges : « *La dernière fois que je vis saint Michel, c'était lorsque je quittais Le Crotoy.* » Il lui était apparu une première fois sept ans auparavant ; puis, le moment venu, il l'avait décidée à se dévouer au salut de la France, pour obéir aux ordres de Dieu. Maintenant, à la veille des terribles épreuves, qui attendent sa protégée, il était venu lui apporter les encouragements et le réconfort dont elle allait avoir tant besoin. Elle arriva à Rouen vers la fin de décembre.

Cependant, plus de six mois s'étaient écoulés depuis que la Pucelle était aux mains de ses ennemis. Jean de Luxembourg ayant touché, en belles pièces d'or, le prix de son odieux marché, avait livré sa prisonnière aux Anglais, et la question du procès, qu'on était bien résolu à lui faire, restait toujours en suspens. L'Université de Paris s'indignait de ces lenteurs. En attendant mieux, elle avait fait brûler une pauvre Bretonne, qui avait vécu quelque temps avec la Pucelle. Cette brave femme, la Pierronne, soutenait que « dame Jeanne, qui s'armait avec les Armagnacs, était bonne, que ce qu'elle faisait était bien fait et selon Dieu. Elle ne voulut jamais se rétracter et mourut en son dire », le 3 septembre. Si le seul fait d'affirmer la mission divine de la Pucelle était, aux yeux des maîtres de l'Université, un crime digne du feu, il est évident que son procès était jugé d'avance.

Réunis en assemblée générale, le 21 novembre, ils envoyèrent à l'évêque de Beauvais, Cauchon, qui était chargé de faire les démarches en vue du procès de la « femme vulgairement appelée la Pucelle », une longue lettre, pleine de récriminations peu respectueuses ; ils le sommaient d'avoir à en finir au plus tôt. « Si votre Paternité, disaient-ils, eût déployé plus de diligence et d'activité, la femme sus-dite serait en ce moment devant les tribunaux de l'Église... Veuillez vous employer pour qu'elle soit conduite dans cette ville de Paris, où abondent les docteurs et les savants. » Ils envoyèrent une autre lettre, le même jour et pour la même fin, mais d'un ton bien différent, à leur « très

Jeanne à Patay.

redouté et souverain Seigneur et père », le roi d'Angleterre, bambin de neuf ans, dont l'Université se proclamait la « très humble et dévote fille ». Le régent céda sans peine à de si vives instances, mais ne consentit pas à ce que le procès eût lieu à Paris ; il décida que le tribunal siégerait à Rouen.

Le 3 janvier 1431, parut l'ordonnance royale, qui en confiait la présidence à Cauchon. Ce choix n'avait pas été fait au hasard. Le régent connaissait bien les sentiments anglophiles du personnage et son animosité contre les Français, qui l'avaient chassé de son diocèse ; de plus, il le savait habile et assez dépourvu de scrupules pour conduire l'affaire à son gré. Néanmoins, pour plus de sûreté, il avait prévu le cas où l'accusée serait acquittée et pris ses précautions en conséquence : « Toutefois, portait l'ordonnance, c'est notre intention de ravoir et de reprendre par devers nous icelle Jeanne, si ainsi était qu'elle ne fût convaincue de cas touchant la foi. » De cette façon, s'il arrivait que la Pucelle ne fût pas condamnée par le tribunal ecclésiastique — hypothèse bien improbable, vu la composition de ce tribunal, tout à la dévotion des Anglais — elle n'échapperait pas pour cela au supplice.

A son arrivée à Rouen, la Pucelle avait été enfermée dans une tour du château. On lui avait ménagé un réduit, à l'étage du milieu, non loin des appartements du gouverneur, Warwick, dans une chambre assez vaste, mais obscure et mal aérée. Le château avait alors des hôtes de marque : le roi d'Angleterre, âgé de neuf ans ; son grand oncle, le cardinal de Winchester ; son oncle, le duc de Bedford, avec sa femme. Jeanne fut donc à même de voir le roi d'Angleterre, comme sainte Catherine le lui avait prédit. Car on ne peut guère douter que cet enfant, curieux, comme on l'est à cet âge, n'eut rien de plus pressé que d'aller contempler cette prisonnière fameuse, dont il avait entendu tant parler.

Elle inspirait encore une telle crainte qu'on avait pris la précaution de fabriquer une solide cage de fer pour l'enfermer ;

et un serrurier, Étienne Castille, témoigna en justice qu'il l'y avait vue, debout, avec des liens au cou, aux mains et aux pieds. Toutefois, il n'est guère probable qu'on l'ait maintenue bien longtemps ainsi ; en tout cas, la cage fut enlevée avant l'ouverture du procès. Mais la condition de la prisonnière n'en resta pas moins extrêmement pénible : durant le jour, elle était attachée à une longue chaîne de fer, fixée à une grosse pièce de bois et cadenassée à ses pieds ; la nuit, une autre chaîne, passée sur elle par le travers du lit, la maintenait dans une immobilité forcée.

Ces rigueurs s'expliquent, jusqu'à un certain point, par la crainte superstitieuse qu'elle continuait d'inspirer. Ainsi, le bruit courait, à Rouen, que les Anglais n'osaient pas aller assiéger Verneuil, parce que, tant qu'elle serait vivante, ils redoutaient de la voir s'échapper, grâce à ses sortilèges.

Mais, ce que rien ne peut excuser, ce sont les traitements indignes que lui faisaient subir ses geôliers. Deux d'entre eux montaient la garde à l'extérieur de la chambre ; trois autres se tenaient jour et nuit à l'intérieur. Du matin au soir, elle avait les oreilles remplies de leurs éclats de voix, de leurs propos grossiers et souvent orduriers. Ce n'est pas encore tout ; ces misérables prenaient plaisir à la poursuivre de leurs injures, de leurs sarcasmes haineux et à la maltraiter de mille manières. Un jour même, sans l'arrivée soudaine du gouverneur, attiré par ses cris, ils allaient lui faire subir les pires outrages. Ce fut sans doute après cette scène scandaleuse que la duchesse de Bedfort, ayant constaté elle-même, avec le concours de quelques dames, son intégrité virginale, fit donner des ordres, pour qu'on eût désormais à respecter au moins sa vertu.

Ces tortures physiques et morales étaient encore singulièrement aggravées par la privation de tout secours religieux : ni messe, ni confession, ni communion, durant les cinq mois qu'elle passa à Rouen avant son martyre. Elle eut beau réclamer, supplier à maintes reprises, Cauchon resta toujours inflexible. Mais le ciel ne l'abandonnait pas dans sa détresse ; sainte Catherine et sainte Marguerite venaient lui rendre visite et remonter son courage. « *Il n'est pas de jour,* dit-elle à ses juges, *que je n'entende les Voix et j'en ai bien besoin. Je serais morte, sans la révélation qui me réconforte.* » C'est sûrement à ce secours qu'elle dut de conserver, parmi tant d'angoisses, toutes ses qualités natives, courage indomptable, esprit lucide et fin, enjouement même, que nous aurons plus d'une fois l'occasion d'admirer dans ses réponses aux juges.

La scène suivante, racontée par un témoin oculaire, Aymond de Macy, nous montre que, prisonnière, elle était bien restée telle que nous l'avons connue guerrière. Ce jeune gentilhomme, qui avait déjà eu, comme il a été dit, l'occasion de s'entretenir avec elle à Beaurevoir, vint la visiter dans la prison de Rouen, en compagnie de Jean de Luxembourg, du chancelier d'Angleterre et des comtes de Warwick et de Stafford. « Jeanne, lui dit le comte de Luxembourg, je suis venu ici pour vous mettre à rançon, à condition que vous me promettiez de ne jamais vous armer contre nous. » — *En nom Dieu,* répliqua-t-elle vivement, *vous vous moquez de moi; car je sais bien que vous n'en avez ni le vouloir ni le pouvoir.* » Puis elle ajouta : « *Je sais bien que ces Anglais me feront mourir, parce qu'ils croient qu'après ma mort ils gagneront le royaume de France. Mais, quand ils seraient cent mille godons de plus qu'ils ne sont à présent, ils n'auront pas le royaume.* » A ces mots, le comte de Stafford mit la main sur sa dague, pour en percer l'héroïque enfant. Warwick, en arrêtant son bras, lui épargna un crime, qui eût désolé Bedford, Cauchon et les maîtres de l'Université. Ils étaient bien résolus à faire mourir la prisonnière ; mais leur haine ne pouvait être assouvie que si elle mourait déshonorée, à la suite d'une condamnation infamante.

CHAPITRE II

La Pucelle en face de ses juges.

Composition du tribunal. — Préliminaires du procès : enquête favorable a l'accusée ; refus d'une prison ecclésiastique ; l'inquisiteur promu juge malgré lui. — Vices essentiels de la procédure. — Odieux guet-apens. — La Pucelle a l'audience.

Le principal artisan du procès de la Pucelle, Cauchon, évêque de Beauvais, avait des titres particuliers à la confiance du gouvernement anglais. C'était un habile homme, versé dans la théologie et le droit canon, mais ambitieux et vindicatif. Il avait pris part aux négociations du traité de Troyes, qui livrait la France au roi d'Angleterre ; l'évêché de Beauvais avait été la récompense de ce service. Quelques années plus tard, l'Université de Paris se plaçait sous son haut patronage, en le nommant conservateur de ses privilèges. Pour l'attacher davantage à la cause anglaise, Bedford l'avait fait entrer au Grand Conseil et, à l'époque où nous sommes arrivés, il faisait miroiter à ses yeux l'archevêché de Rouen, qui était vacant. Il n'en fallait pas davantage pour faire de lui l'instrument des haines anglaises contre la Pucelle. Mais il avait, en outre, des motifs personnels de la haïr ; car elle était cause que ses diocésains l'avaient chassé et privé des revenus de son évêché. Aussi, dès qu'il avait su qu'elle était prisonnière, s'était-il empressé d'intriguer pour la faire livrer aux Anglais.

Il se considérait si bien comme son juge naturel, parce qu'elle avait été prise dans le diocèse de Beauvais, qu'il n'avait pas attendu l'ordonnance royale pour agir en cette qualité. Mais, comme sa juridiction expirait aux limites de son diocèse, il

avait demandé au chapitre métropolitain de Rouen l'autorisation de faire le procès dans cette ville.

Le 9 janvier, il présida une réunion de huit gradués de l'Université, parmi lesquels il désigna les officiers nécessaires à la
conduite du procès.

Le chanoine Jean d'Estivet, official de Beauvais, fut choisi
pour préparer et soutenir l'accusation, en qualité de *promoteur*.
Ce misérable, âme damnée de Cauchon, remplit son rôle en parfait scélérat ; nous aurons plus d'une fois l'occasion de le constater.

Le licencié Jean de la Fontaine, nommé *commissaire instruc-
teur*, était chargé de diriger les interrogatoires ; il le fit ; mais,
mécontent de la manière dont le procès était conduit, il s'esquiva
de Rouen, avant la fin, par crainte des Anglais.

Les deux *greffiers*, Guillaume Manchon et Boisguillaume,
étaient d'honnêtes gens, mais de caractère pusillanime ; et la
crainte de se compromettre leur fit faire plus d'une lâcheté.
Cauchon leur défendit, à plusieurs reprises, d'enregistrer certaines déclarations de l'accusée, trop favorables à sa défense,
et ils n'eurent pas le courage de passer outre. Manchon, qui a
rédigé le compte rendu détaillé du procès, dira plus tard, pour
excuser ces défaillances : « Je n'osais pas contredire de si grands
personnages. »

La charge d'*huissier* fut confiée à un jeune prêtre, Jean Massieu. Son rôle consistait à signifier à la prisonnière les ordres de
Cauchon, à la conduire à la salle d'audience et à la ramener
à la prison.

Le tribunal ainsi constitué, Cauchon réunit, le 23 janvier,
les officiers ci-dessus désignés, pour s'entendre avec eux sur la
marche à suivre. On y décida que l'évêque « pouvait et devait
procéder à l'information préparatoire sur les actes et les paroles
de la femme prisonnière ».

Le 13 février, nouvelle séance, à laquelle assistent six délégués
de l'Université de Paris.

Une dernière séance préparatoire eut lieu, le 19 février. A s'en rapporter au procès-verbal, Cauchon y aurait donné lecture des dépositions des témoins, qui avaient été interrogés, par ses ordres, à Domremy et ailleurs, sur la réputation de Jeanne, et les assesseurs en auraient « délibéré longuement et mûrement » ; après quoi, il déclara que « ces informations et d'autres motifs étaient une cause suffisante pour citer la dite femme en jugement sur la foi ». Or, chose étrange ! ces informations, sans lesquelles on ne pouvait pas ouvrir la procédure, ne figurent pas au procès-verbal. Mieux encore, plusieurs des assistants, Manchon, Thomas de Courcelles, interrogés dans la suite sur ces informations, sont obligés de déclarer qu'ils ne se rappellent pas en avoir eu connaissance.

L'enquête, ordonnée par Cauchon, avait pourtant été faite : le prévôt d'Andelot, Gérard Petit, avait interrogé une quinzaine d'habitants de Domremy et des environs et il était venu lui-même apporter à Rouen le procès-verbal des dépositions entendues. Cauchon, après en avoir pris connaissance, entra dans une violente colère, accabla de reproches le malheureux prévôt et finalement le congédia sans le payer, parce que son enquête ne pouvait lui servir. En effet, les dépositions avaient été très favorables à la Pucelle ; et le prévôt lui-même déclarait n'avoir trouvé, dans son enquête, rien qu'il n'eût voulu savoir sur sa propre sœur. Le juge prévaricateur, ne pouvant donc faire état de cette pièce, la garda sans rien dire par devers lui et passa outre ; n'avait-il pas d'ailleurs assez « d'autres motifs » d'engager le procès?

Tant qu'il ne fut pas ouvert, la détention de Jeanne, dans la prison du château, pouvait se justifier, parce qu'elle était prisonnière de guerre. Mais le procès entraînait, à son avantage, une situation légale toute différente. En effet, d'après les lois canoniques, en vigueur au XVe siècle, les prévenus, cités en matière de foi, devaient être renfermés dans des prisons ecclésiastiques et les femmes gardées par des personnes de leur sexe.

Cauchon, qui avait été professeur de droit canon, n'ignorait pas ces sages dispositions. Les assesseurs durent donc être bien surpris, quand il leur demanda lequel était le plus convenable de garder Jeanne aux prisons séculières ou aux prisons d'Église ; pareille question révélait déjà un parti pris évident. Il avait sans doute compté arracher ainsi à leur complaisance un avis conforme à ses vues et abriter sa forfaiture derrière l'autorité de ces docteurs ; mais son calcul fut déjoué. Les prescriptions du droit étaient trop formelles ; ils n'osèrent pas se prononcer contre, et, après en avoir délibéré, ils déclarèrent qu'il était plus décent de garder la jeune fille aux prisons ecclésiastiques qu'aux autres. Cauchon, déçu dans son attente, répliqua qu'il ne ferait pas cela, de peur de déplaire aux Anglais. C'est pourquoi la Pucelle continua de rester enfermée au château, pendant toute la durée du procès.

Un dernier point restait encore à régler : les évêques n'avaient pas le pouvoir de juger seuls les procès en matière de foi ; il leur fallait le concours de l'Inquisition. Celle-ci était représentée, à Rouen, par le dominicain Jean Lemaître ; Cauchon le requit donc de s'adjoindre à lui pour le procès. Le pauvre homme, effrayé de la responsabilité qu'il allait encourir, commença par se dérober, en alléguant qu'il n'avait pas de pouvoirs pour le diocèse de Beauvais. Mais l'inquisiteur général, sommé par Cauchon de venir siéger lui-même ou de se faire remplacer, envoya à Lemaître les pouvoirs nécessaires, avec ordre d'en user. Il s'y résigna, la mort dans l'âme, et vint prendre place à côté de Cauchon, trois semaines après l'ouverture du procès. Sa présence n'apporta d'ailleurs aucun changement et fut à peine remarquée, tant il prenait soin de s'effacer. La peur des Anglais lui faisait approuver tout ce que voulait son collègue. « Si l'on ne procède pas selon leur volonté, disait-il à l'huissier Massieu, c'est la mort qui nous menace. » Décidément, il n'avait point une âme de héros.

« Nous entendons faire un beau procès », avait dit Cauchon ;

ce qui, dans la bouche de l'ancien professeur de droit, voulait dire un procès si bien conduit, d'après toutes les règles de la procédure canonique, qu'il serait impossible au juriste le plus exercé d'y trouver rien à reprendre. Hélas ! ce beau procès était, d'avance, irrémédiablement vicié, pour de multiples raisons, dont voici les principales :

1º En l'entreprenant, on revenait sur une chose déjà jugée. En effet, Jeanne avait été minutieusement examinée, à Poitiers, sur sa foi, ses mœurs et sa mission, et le jugement, porté sur elle, était tout à sa louange. L'évêque de Beauvais n'avait pas le droit de réviser ce jugement, d'autant qu'il avait été confirmé par l'archevêque de Reims, son propre métropolitain.

2º L'enquête préparatoire n'avait rien fourni contre l'accusée ; au contraire, elle lui avait été très favorable ; or, pour introduire une cause en matière de foi, il fallait plus que des soupçons, une réputation notoirement mauvaise.

3º Ni Cauchon, parce qu'il était ennemi déclaré de l'accusée, ni le vice-inquisiteur, qui ne siégeait que contraint et toujours sous l'empire de la terreur, ne pouvaient être ses juges.

4º Les audiences allaient se tenir dans une forteresse, où juges et assesseurs avaient tout à craindre, s'ils ne procédaient pas au gré des Anglais, qui l'occupaient en force.

5º Enfin, Jeanne n'était pas seule en cause : à travers sa personne, c'était surtout le roi de France que Bedford voulait atteindre ; en la faisant condamner comme sorcière, il entendait bien infliger une flétrissure au prince qui avait accepté ses services. Charles VII aurait donc dû être invité à se faire représenter au procès pour y défendre son honneur.

Ces vices essentiels furent d'ailleurs signalés à Cauchon, au cours du procès, par un prêtre normand, Jean Lohier, qui lui déclara que sa procédure était radicalement nulle. Après avoir ainsi déchargé sa conscience, Lohier se hâta de quitter Rouen, où il n'eût plus été en sûreté. Le juge sentait bien la justesse de ces critiques ; il n'en était que plus âpre à les réprimer ; un des assesseurs, Nicolas de Houppeville, s'en étant aussi rendu coupable, il lui interdit de paraître à l'audience et, peu après, le fit jeter en prison.

Tout en prenant les dispositions que nous avons rapportées, Cauchon imagina, de concert avec le gouverneur du château, un stratagème, destiné à obtenir de la prisonnière des aveux compromettants. Les deux fourbes décidèrent d'introduire dans son cachot un traître, qui se présenterait à elle comme un bon Français, prisonnier pour son attachement au roi, et tâcherait de gagner ainsi sa confiance ; on écarterait les geôliers et, pendant qu'elle ferait ses confidences à ce faux ami, des greffiers, postés dans la chambre voisine, près d'une ouverture pratiquée dans la cloison, entendraient la conversation, sans qu'elle se doutât de leur présence.

Ainsi fut fait ; un misérable, le chanoine Loyseleur, consentit à jouer le rôle du traître, se présenta à la Pucelle sous un déguisement et lui dit qu'il était un pauvre cordonnier lorrain, emprisonné par les Anglais ; puis, quand il crut s'être suffisamment insinué dans sa confiance, il se mit à l'interroger discrètement. Les greffiers avaient écouté la conversation ; mais Cauchon ayant voulu leur faire enregistrer ce qu'ils avaient entendu, ils s'y refusèrent, parce que, dirent-ils, il n'était pas honnête de commencer le procès de cette manière.

Loyseleur n'avait point de pareils scrupules. Durant tout le temps du procès, il multiplia ses visites à la prison, de jour et de nuit, sous divers déguisements, et parvint enfin à faire croire à Jeanne qu'il était un prêtre lorrain, prisonnier des Anglais. Il se rendait près d'elle avant les audiences, pour lui suggérer des réponses de nature à la perdre ; il informait ensuite Cauchon des aveux qu'il avait pu lui surprendre. Il sut si bien cacher sa fourberie, sous les dehors d'un sincère intérêt, que la pauvre enfant s'y laissa prendre et accorda toute sa confiance à ce prêtre qui lui témoignait une si affectueuse sympathie. Manchon et de Courcelles rapportent même qu'il l'entendait

Cathédrale de Reims.

en confession. Quoi qu'il en soit, l'infâme conduite du traître était bien connue des membres du tribunal ; ils s'en indignaient tout bas, sans oser rien dire.

La première audience publique se tint dans la chapelle et les suivantes dans une. salle de château. Pour donner plus d'autorité au jugement à intervenir et se mettre lui-même à couvert, Cauchon .eut soin de s'entourer d'assesseurs aussi nombreux que distingués, docteurs en théologie et en droit canon, ou pourvus d'autres grades universitaires. Rarement il y en eut moins de trente, habituellement quarante-cinq à cinquante et quelquefois beaucoup plus. Tous étaient Français, un seul excepté ; mais la plupart avaient été entraînés par la passion politique dans le parti bourguignon et les Anglais avaient réussi à se les attacher en les comblant de faveurs ; double raison, qui explique, sans la justifier, fa conduite qu'ils tinrent au cours du procès.

Les plus acharnés contre la Pucelle furent naturellement les délégués de l'Université, qui estimaient avoir à venger sur elle une injure personnelle. Cauchon se reposait ordinairement sur eux du soin de surveiller les interrogatoires ; après l'audience, il les réunissait en conseil secret, pour examiner avec eux le parti qu'on pouvait tirer des réponses de l'accusée. A l'audience, leur animosité bien connue, leur grand crédit et, de plus, la présence de l'assesseur anglais, Hayton, suffisaient ordinairement à empêcher toute manifestation de sympathie en sa faveur. La crainte de déplaire aux Anglais paralysa la bonne volonté de quelques rares ecclésiastiques, bien intentionnés mais timides, qui furent mêlés au procès.

Les audiences étaient excessivement fatigantes pour l'accusée ; elles duraient deux, trois et parfois quatre heures ; certains jours, il y en eut deux, l'une le matin, l'autre le soir. Au début du procès, elle demanda en vain qu'on lui donnât quelqu'un pour la conseiller, parce qu'elle était trop ignorante pour répondre convenablement. Elle se trouvait donc seule, en face d'une meute de légistes retors, qu'elle savait acharnés à sa perte. Elle essaya de récuser ses juges : « *Pour ce qui est de vous*, dit-elle à Cauchon, *je ne veux pas me soumettre à votre jugement, parce que vous êtes mon ennemi mortel.* » Peine perdue ; le juge, ainsi pris à partie, se contenta de répondre : « Le roi m'a ordonné de faire votre procès, et je le ferai. »

On l'accablait de questions ; souvent elle n'avait pas même fini de répondre à un interrogateur qu'un autre commençait déjà à la harceler. Elle s'en plaignit à plusieurs reprises. Un jour, interpellée de plusieurs côtés à la fois, elle s'écria : « *Tout beau ! messeigneurs, faites l'un après l'autre.* » En d'autres circonstances, elle rappelait les interrogateurs à la question, en leur disant : « *Cela n'est pas de votre procès* » ; ou bien : « *Passez outre.* » A la suite de questions oiseuses ou saugrenues, qui n'avaient pour but, semble-t-il, que de l'énerver, on lui en posait d'autres, tellement subtiles et captieuses qu'un savant théologien aurait pu seul s'en tirer à son honneur. Bon nombre d'assesseurs en murmuraient tout bas ; quelques-uns même s'en plaignirent ouvertement ; leur protestation resta sans effet.

Dans ses visites à la prisonnière, Loyseleur lui conseillait fortement de ne pas se soumettre à l'Église ; il dut avoir d'autant moins de peine à la persuader que, de fait, dans le cas présent, l'Église ne pouvait être, à ses yeux, que le tribunal qui instruisait son procès. C'est pourquoi elle refusait de s'y soumettre. Le dominicain Isambart de la Pierre, voyant qu'elle ne comprenait pas le sens et la portée de ce refus, lui suggéra de se soumettre au Concile général, qui se réunissait à Bâle. Comme elle ne savait pas ce que c'était qu'un Concile général, il lui dit que, dans cette assemblée, il y avait autant de Français que d'Anglais : « *Oh bien !* dit-elle, *puisqu'il y a des gens de notre parti, je veux bien me soumettre au Concile de Bâle.* » — Cauchon, se retournant vers le religieux, s'écria, dans un paroxysme de fureur : « Taisez-vous, de par le diable ! » — Au greffier qui lui demandait s'il fallait enregistrer la déclaration de l'accusée, il répondit sèchement : « Non, ce n'est pas nécessaire. » — Sur quoi, celle-ci lui adressa cette plainte trop justifiée : « *Vous écrivez bien ce qui est contre moi, et vous ne voulez pas écrire ce qui est pour moi.* » — Une autre fois, s'étant aperçu des marques d'intérêt qu'Isambart lui donnait, l'évêque l'interpella brutalement, la menace à la bouche : « Pourquoi souffles-tu cette méchante femme, en lui faisant des signes? Par la morbleu, vilain, si je m'aperçois que tu te mettes en peine de l'aider, je te ferai jeter à la Seine (1). »

Il poussait l'effronterie jusqu'à commander aux greffiers de dénaturer le sens de certaines réponses qui dérangeaient ses plans. Manchon déclare avoir refusé de se prêter à cette falsification et nous pouvons l'en croire ; mais nous avons vu qu'il eut la faiblesse de supprimer, par ordre, d'autres déclarations trop gênantes.

Les procès-verbaux n'étaient pas toujours d'une exactitude parfaite. La Pucelle, à qui on les lisait, remarquait tout de suite les erreurs de la rédaction et les faisait corriger, séance tenante. Elle étonnait tout le monde par la sûreté de sa mémoire. Quand on lui adressait, pour la seconde ou la troisième fois, une question

---

(1) Il serait fastidieux de citer tous les faits de ce genre, rapportés par des témoins dignes de foi. En voici un, d'un caractère particulièrement odieux, que nous croyons pas devoir passer sous silence.

Privée des sacrements, qui avaient été jusque-là l'aliment de sa vie spirituelle et son grand réconfort, la sainte enfant aspirait de toute son âme vers le Dieu de l'eucharistie. Elle demanda donc un jour à l'huissier, qui la menait à l'audience, s'il n'y avait pas, sur le trajet, quelque chapelle où l'on gardait le corps de Notre-Seigneur. Massieu lui en indiqua une et lui permit de s'arrêter quelques instants à la porte pour prier. Cet acte de complaisance lui valut de vifs reproches : « Truand, lui dit le promoteur, qui te rend si hardi de laisser approcher cette excommuniée? Si tu recommences, je te ferai mettre dans une tour où tu ne verras ni lune ni soleil d'ici à un mois. » Cauchon l'avertit aussi de prendre garde à lui, ou qu'on le ferait boire plus que de raison.

qui avait déjà été posée, elle disait : « *J'en ai répondu tel jour et de telle manière.* »

En se reportant au registre, on trouvait que c'était parfaitement exact. Un jour, le second greffier, Boisguillaume, prétendant qu'elle se trompait : « *Cherchez dans votre livre* », lui dit-elle. Il le fit et dut reconnaître son erreur. « *Prenez garde*, ajouta-t-elle avec un fin sourire ; *si vous vous trompez encore, je vous tirerai les oreilles.* »

Ainsi, ni le danger où elle était et dont elle avait pleinement conscience, ni l'appareil imposant de la justice, ni l'hostilité, dont elle se sentait l'objet, rien ne fut capable de l'intimider. Ses Voix lui recommandaient de répondre hardiment ; elle répondait hardiment et savait même plaisanter, au besoin.

Maître Jacques de Touraine lui ayant demandé si elle s'était trouvée en des affaires où des Anglais avaient été tués : « *Oui, certes*, répondit-elle ; *pourquoi ne quittaient-ils pas la France et ne s'en retournaient-ils pas dans leur pays ?* » — En l'entendant, un lord anglais ne put retenir ce cri d'admiration : « La brave fille ! que n'est-elle anglaise ! »

Par la simplicité, l'à-propos, la finesse et, quelquefois, la profondeur de ses réponses, elle excitait l'admiration de ses ennemis eux-mêmes. Le greffier Manchon lui a rendu ce témoignage : « Elle répondait aussi bien qu'eût pu le faire le meilleur clerc et les assesseurs disaient n'avoir jamais vu femme qui leur eût donné tant d'embarras. » Puis, il ajoute : « Je crois que, dans une cause si difficile, elle était incapable, par elle-même, de se défendre contre de si grands docteurs, si elle n'avait pas été inspirée. »

CHAPITRE III

Procès préparatoire.

Les six premières séances, en présence d'un nombreux public.

Observations préliminaires. — 1º Les procès en matière criminelle, appelés devant nos Cours d'assises, s'ouvrent par la lecture de l'acte d'accusation, relatant les faits qui motivent la poursuite. Dans le procès de Jeanne d'Arc, au lieu de faits, préalablement certifiés par des témoignages et passés au crible d'une instruction sérieuse, le promoteur, qui remplit près des tribunaux ecclésiastiques à peu près les mêmes fonctions que nos procureurs, n'avait tout au plus à alléguer que des on-dit et de vagues soupçons, puisque l'enquête préalable n'avait rien révélé qui. ne fût favorable à l'accusée. Pour qu'il pût dresser l'acte d'accusation, il fallait que celle-ci lui en fournît tous les éléments par ses réponses ; car aucun témoin ne sera entendu. Il s'agissait donc, dans le procès préparatoire, de lui arracher des aveux compromettants. C'est à quoi vont s'employer, de tout leur pouvoir, Cauchon et ses complices, au cours des quinze séances qui eurent lieu du 21 février au 17 mars.

2º L'évêque de Beauvais et le sous-inquisiteur avaient seuls la qualité de juges ; les assesseurs n'étaient que de simples consulteurs. Aux deux greffiers, précédemment nommés, le vice-inquisiteur en adjoignit un troisième, Nicolas Taquel, lorsqu'il se résigna à siéger. Ces greffiers prenaient séparément leurs notes d'audience et les confrontaient ensuite pour rédiger le procès-verbal. Tous les trois ont prétendu l'avoir fait aussi exact que possible et on peut les en croire, quant à la fidélité générale de ce qu'ils ont enregistré. Mais nous savons par le témoignage d'Isambart et par les aveux mêmes de Manchon, qu'ils omirent, par ordre du juge, de reproduire des réponses de grande importance.

3º Le procès-verbal général, que nous suivrons dans notre compte rendu abrégé des audiences, fut rédigé d'abord en français par Manchon ; puis, après la mort de Jeanne, traduit en latin par Thomas de Courcelles. Assurément, ni Cauchon, qui l'a revu soigneusement, ni le traducteur, qui fut un des ennemis les plus acharnés de la Pucelle, ne seront soupçonnés d'avoir cherché à présenter leur victime sous un jour favorable. Néanmoins, tel qu'il est et malgré des lacunes regrettables, la figure de la sainte héroïne s'en dégage, rayonnante d'un éclat surhumain.

Première séance (21 février, 2me mardi de Carême). — Avant d'introduire l'accusée, l'huissier rendit compte au juge de la façon dont elle avait reçu la citation qu'il lui avait faite : elle avait déclaré être prête à comparaître, mais elle demandait deux choses, savoir : que des ecclésiastiques du parti français assistassent au procès, en nombre égal à ceux du parti anglais ; puis, elle suppliait humblement qu'il lui fût permis d'entendre la messe avant l'audience. Les deux demandes furent rejetées.

Cauchon ouvrit la séance en ordonnant à Jeanne de jurer, les mains sur les évangiles, qu'elle dirait la vérité sur tout ce qu'on lui demanderait. A quoi elle répondit prudemment : « *Je ne sais pas sur quoi vous voulez m'interroger. Vous pourriez me demander telle chose que je ne vous dirai pas. Pour ce qui est de mon père, de ma mère, de ce que j'ai fait, depuis que je me suis mise en chemin pour la France, je prêterai volontiers serment. Mais, pour ce qui est des révélations que je tiens de Dieu, je ne les ai jamais révélées qu'à celui qui est mon roi, au seul Charles. Je ne les révélerai pas, dût-on me couper la tête. Dans huit jours je saurai bien si je dois les révéler.* » — Cela dit, elle se mit à genoux et prêta serment, les mains posées sur un missel.

Après quelques interrogations, de pure forme, touchant son nom, son âge, etc., l'évêque lui dit de réciter le *Pater: Entendez-moi en confession*, répondit-elle, *et je le dirai volontiers, mais pas autrement.* — Avant de lever l'audience, il lui fit défense de chercher à s'évader, sous peine d'être déclarée convaincue d'hérésie. — « *Je n'accepte pas cette défense*, répliqua-t-elle; *si je m'évadais, personne n'aurait le droit de m'accuser d'avoir violé la foi donnée, car je n'engageai jamais ma foi à personne... Combien me font souffrir les chaînes et les liens de fer dont on charge mon corps et mes pieds! Il est vrai que j'ai voulu autrefois m'évader; je le voudrais encore, ainsi que tout prisonnier en a le droit.* »

Sur ce, Cauchon la fit reconduire à la prison, en recommandant aux geôliers de faire bonne garde.

Deuxième séance (22 février). — Le lendemain, à l'ordre qu'on lui donnait de prêter serment, Jeanne répondit : « *J'ai déjà prêté serment; cela doit suffire; vous me chargez trop.* » Elle obéit pourtant, mais avec les mêmes restrictions que la première fois ; puis elle ajouta · « *Si vous étiez bien informés de ce qui me concerne, vous devriez me vouloir hors de vos mains: car je n'ai rien fait que par révélation.* » — L'interrogatoire porta ensuite sur son enfance et sa jeunesse. Les réponses qu'elle fit sont reproduites au livre Ier.

Voici ce qu'elle dit ce jour-là de sa première entrevue avec Charles VII : « *J'allai vers mon roi sans obstacle. Arrivée à Sainte-Catherine-de-Fierbois, j'envoyai, pour la première fois, devers mon roi, au château de Chinon, où il était alors. J'arrivai à Chinon sur le midi, et je descendis dans une hôtellerie... Après le dîner, j'allai au château. Quand j'entrai dans la chambre de mon roi, je le connus au milieu de son entourage, sur l'indication de ma Voix qui me le révéla. Je lui dis que je voulais aller faire la guerre aux Anglais. Avant de me mettre à l'œuvre, il eut plusieurs belles révélations.* » — « *Lesquelles?* » — « *Je ne vous le dirai pas et vous n'aurez pas encore de réponse sur ce point. Envoyez vers lui et il vous le dira.* »

Nous avons vu (livre Ier, chap. III) que ces révélations étaient de telle nature qu'elles ne pouvaient être divulguées sans grand préjudice pour l'honneur du roi. Les juges auront beau revenir, nombre de fois, à la charge, pour lui arracher ce secret, ils n'y réussiront pas.

Vers la fin de l'audience, elle fit cette touchante déclaration : *Il n'est pas de jour que je n'entende la Voix, et j'en ai bien besoin. Je ne lui ai jamais demandé, comme récompense finale, que le salut de mon âme.* »

Troisième séance (24 février). — Ce jour-là, le juge somma l'accusée, à trois reprises, de prêter serment sans condition ; trois fois elle s'y refusa. Puis, regardant l'évêque en face, elle lui adressa cette superbe déclaration : « *Faites bien attention à ce que vous dites que vous êtes mon juge ; car vous prenez une grande charge et m'en imposez une trop lourde... Tout le clergé de Paris et de Rouen ne saurait me condamner, s'il n'a pas de droit sur moi. Je dirai volontiers la vérité sur ma venue en France, et encore pas tout : huit jours n'y suffiraient pas ; pour le reste, qu'on ne m'en parle plus. Je suis venue de la part de Dieu ; je n'ai rien à faire ici. Renvoyez-moi à Dieu, de la part de qui je suis venue.* »

Sur de nouvelles instances de l'évêque, accompagnées de menaces, elle finit par consentir à jurer de dire la vérité, mais seulement sur ce qui touchait au procès.

A certaines questions qui lui sont posées sur ses Voix, elle répond : « *J'ai entendu la Voix hier et aujourd'hui. Hier, je l'ai entendue trois fois, le matin, à l'heure des Vêpres et quand on sonnait l'Ave Maria. Ce matin, je dormais ; la Voix m'a éveillée sans me toucher. Cette voix me dit de répondre hardiment ; que Dieu m'aiderait.* » Puis, elle interpelle à nouveau l'évêque : « *Vous dites que vous êtes mon juge ; faites bien attention à ce que vous faites ; car, en vérité, je suis envoyée de par Dieu et vous vous mettez en grand danger.* »

On lui pose ensuite de nouvelles questions et elle demande

un délai pour y répondre ; puis, elle ajoute : « *Je crois fermement que cette Voix vient de Dieu et par son ordre. Je le crois aussi fermement que je crois la foi chrétienne, et que Notre-Seigneur nous a rachetés des peines de l'enfer. J'ai beaucoup plus de crainte de faillir, en disant quelque chose qui déplairait à ces Voix que je n'en ai de vous répondre... J'ai appris cette nuit bien des choses pour le bien de mon roi ; je voudrais bien qu'il les connût et, pour cela je consentirais à ne pas boire de vin jusqu'à Pâques. Il en serait plus gai à son dîner.* »

« Votre conseil vous a-t-il révélé que vous sortiriez de prison ? » — « *Je n'ai pas à vous le dire.* » Puis, elle ajouta : « *Il y a un proverbe que citent les petits enfants : « On est quelquefois pendu pour avoir dit la vérité.* »

« Savez-vous, reprend l'interrogateur, si vous êtes en état de grâce ? » Question perfide, à laquelle elle ne peut répondre ni oui, ni non, sans se condamner elle-même. Un murmure de désapprobation s'élève parmi les assistants et un des assesseurs **fait** observer qu'elle n'est pas tenue d'y répondre. Mais elle, sans se déconcerter : « *Si je n'y suis pas, que Dieu m'y mette ; si j'y suis, qu'il daigne m'y conserver. Il n'est rien au monde dont je fusse plus fâchée que de savoir ne pas être en la grâce de Dieu. Si j'étais dans le péché, je crois que la Voix ne viendrait pas vers moi. Je voudrais que tout le monde le comprît aussi bien que moi.* »

Interrogée ensuite sur les sentiments qu'elle éprouvait, dans son enfance, à l'égard des Bourguignons, elle répondit franchement, sans souci de froisser le juge et les assesseurs, qui étaient tous de ce parti : « *Je ne connaissais qu'un seul Bourguignon, à Domremy, et j'eusse bien voulu qu'il eût la tête coupée, si toutefois c'eût été le bon plaisir de Dieu. Depuis que j'ai compris que mes Voix étaient pour le roi de France, je n'ai pas aimé les Bourguignons. Ils auront la guerre, s'ils ne font pas leur devoir. La Voix me l'a dit.* »

Après lui avoir fait raconter ses occupations à Domremy et les joyeux ébats de la jeunesse du village sous l'arbre des fées, Jean Beaupère lui demanda si elle voulait avoir un habit de femme. « *Donnez-m'en un ; je le prendrai et m'en irai. Je ne le prendrai pas à d'autre condition. Je suis contente de celui que j'ai, puisqu'il plaît à Notre-Seigneur que je le porte.* »

Quatrième séance (27 février). — Jean Beaupère commence par demander à l'accusée si elle a jeûné pendant le Carême : « *Oui vraiment*, répond-elle, *j'ai jeûné tout le carême.* » Elle avait déjà dit à l'audience précédente : « *Depuis hier après midi, je n'ai bu ni mangé.* »

L'interrogatoire roule ensuite sur la Voix : « L'avez-vous entendue depuis samedi? » — « *Oui vraiment, je l'ai entendue souvent.* » — « Dans cette salle? » — « *Ce n'est pas de votre procès... Oui, je l'ai entendue ; mais je ne la comprenais pas bien avant d'être rentrée dans ma chambre.* » — « Et quand vous avez été rentrée? » — « *Elle m'a dit de vous répondre hardiment. Je vous dirai volontiers ce que Notre-Seigneur m'a permis de dire ; mais pour ce qui est des révélations qui concernent le roi de France, je ne le dirai pas sans permission de ma Voix. Je lui ai demandé conseil sur certaines questions, qui m'étaient posées ; j'ai eu conseil sur quelques points. Si je répondais sans permission, je n'aurais pas mes Voix en garant ; mais, lorsque Notre-Seigneur m'aura donné permission, j'aurai bon garant.* »

« La Voix était-elle la voix d'un ange, d'un saint ou de Dieu? » — « *C'était la voix de sainte Catherine et de sainte Marguerite. Elles avaient, sur la tête, de belles couronnes, fort riches et de très grand prix. J'ai la permission de vous le dire. Si vous en doutez, envoyez à Poitiers, où j'ai été précédemment interrogée.* » — « Comment les distinguez-vous l'une de l'autre? » — « *Par la salutation qu'elles me font. Il y a bien sept ans qu'elles sont chargées de me gouverner. Je les connais encore parce qu'elles me disent leurs noms.* » On lui fait alors une série de questions sur les vêtements, l'âge, etc., des saintes et sur la figure de saint Michel. Elle refuse de répondre.

Mais, quand Beaupère lui demande si elle a vu l'ange et les

Reliquaire de la Sainte Ampoule.

saintes sous une forme corporelle, elle répond sans hésiter : « *Je les ai vus de mes yeux, des yeux de mon corps, aussi bien que je vous vois vous-même. Quand ils s'éloignaient, je pleurais, j'aurais bien voulu qu'ils m'eussent emportée avec eux.* » — « Que vous dit saint Michel à propos du roi? » — « *Vous n'aurez pas encore de réponse aujourd'hui. Mes Voix m'ont ordonné de répondre hardiment. J'ai bien dit une fois à mon roi tout ce qui m'a été révélé, parce que j'allais vers lui pour cela; mais je n'ai pas la permission de vous révéler ce que m'a dit saint Michel. Combien je voudrais que vous eussiez une copie du livre qui est à Poitiers! Si toutefois Dieu en était content.* » — Puis, à la suite de nouvelles questions sur les saintes : « *Je vous ai assez dit que ce sont sainte Catherine et sainte Marguerite. Croyez-moi si vous voulez. Je ne suis venue en France que sur le commandement de Dieu. J'aurais mieux aimé être tirée à quatre chevaux que de venir en France sans son congé.* »

« Est-ce Notre-Seigneur qui vous a dit de prendre le vêtement d'homme. » — « *Le vêtement est peu de chose; c'est un point de minime importance. Ce n'est sur le conseil d'aucun homme que j'ai pris le vêtement d'homme. Je n'ai pris le vêtement, je n'ai fait quoi que ce soit que sur le commandement de Dieu et des anges. S'il m'ordonnait de prendre un autre vêtement, je le prendrais. Tout ce que j'ai fait par le commandement de Dieu, je crois l'avoir bien fait. Voilà pourquoi j'en attends bonne garantie et bon secours.* »

« Quand vous avez vu votre roi la première fois, y avait-il un ange au-dessus de sa tête? » — « *Par la bienheureuse Vierge Marie, s'il y en avait un, je ne l'ai pas vu.* » — « Sur quoi votre roi ajouta-t-il foi à vos paroles? » — « *Il eut de bons signes et les clercs furent d'avis qu'il devait me croire.* » — « Quelles révélations lui fîtes-vous? » — « *Vous ne saurez pas cela de moi cette année. Pendant trois semaines, je fus interrogée par des ecclésiastiques à Chinon et à Poitiers, et mon roi, avant de se décider à me croire, eut de bons renseignements sur mon passé. Les clercs*

*de mon parti furent d'avis qu'il n'y avait rien que de bon dans
mon fait.* »

La séance continua par une série de questions concernant
son épée, son étendard et la part qu'elle avait prise à la délivrance d'Orléans. Heureuse, sans doute, de se trouver ainsi
amenée sur le terrain de ses premiers exploits, elle ne fit pas
difficulté de satisfaire amplement la curiosité du tribunal.
Son récit ayant été précédemment reproduit (livre II, ch. 1er),
nous nous contenterons d'en détacher ici les deux passages les
plus saillants.

« *J'aimais beaucoup mon épée, parce qu'elle avait été trouvée
dans l'église de sainte Catherine que j'aime beaucoup. Je la portais
continuellement jusqu'à l'assaut contre Paris. J'avais cette épée
à Lagny; mais, de Lagny jusqu'à Compiègne, je portai une épée
prise sur un Bourguignon, parce que c'était une bonne épée de
guerre, bonne pour donner de bonnes bouffes et de bons torchons.* »

« *J'aimais quarante fois plus mon étendard que mon épée. Dans
les combats, je portais cet étendard pour éviter de tuer quelqu'un.
Je n'ai jamais tué personne.* »

Cinquième séance (1er mars). — Au début de la séance, Jeanne
refusa énergiquement, pour la cinquième fois, de s'engager
par serment à dire la vérité sur tout ce qui lui serait demandé.
« *Je sais*, dit-elle, *bien des choses qui ne sont pas de ce procès
et qu'il n'est pas besoin de dire. Mais tout ce que je saurai touchant
le procès, je vous dirai la vérité, comme si j'étais devant le Pape
de Rome.* » — Celui-là était donc à ses yeux le vrai Pape ; car
il y en avait alors deux autres. Ce fut l'occasion de l'interroger
sur sa lettre au comte d'Armagnac. En effet, ce seigneur, excom-
munié par Martin V et ne sachant comment se tirer d'embarras,
avait écrit à la Pucelle pour lui demander conseil. Elle avait
fait une réponse évasive.

Lecture est donnée de la lettre du comte et de la réponse
de Jeanne. Celle-ci reconnaît avoir fait cette réponse, en partie
seulement ; le reste est le fait du clerc qui l'avait écrite. L'inter-

rogateur lui ayant demandé si elle ne savait pas auquel des trois Papes le comte devait obéir, elle répondit : « *Le comte voulait savoir à qui Dieu voulait qu'il obéît et je ne savais pas ce que, sur ce point, je devais lui mander. Mais, pour ce qui est de moi, je crois et je tiens que nous devons obéir au Pape, qui est à Rome. Je n'ai jamais écrit ni fait écrire sur les trois Papes. J'affirme, sous la foi du serment, que je n'ai jamais écrit, ni fait écrire à ce sujet.* »

On lut ensuite la lettre qu'elle avait adressée aux Anglais, avant d'entrer en campagne, et dans laquelle elle leur annonçait qu'ils seraient « boutés hors de France ». Elle reconnut l'exactitude de la copie, à trois mots près.

Après quoi, saisie tout à coup de l'esprit prophétique, elle s'écria : « *Avant sept ans, les Anglais perdront un gage plus grand qu'ils n'ont fait à Orléans... Ils perdront tout en France. Ils éprouveront une perte telle qu'ils n'en ont jamais éprouvé de pareille, et ce sera par une grande victoire que Dieu enverra aux Français. Je le sais par la révélation qui m'en a été faite. Je le sais d'une manière aussi certaine que je sais que vous êtes devant moi.* »

Cinq ans plus tard, Paris, « gage plus grand qu'Orléans », ouvrait ses portes à Charles VII ; et, finalement, « les Anglais perdaient tout en France », après la bataille de Châtillon, où leur armée fut anéantie. Il ne leur restait que Calais.

L'interrogatoire continue : « Quel jour avez-vous parlé à vos saintes? » — « *Hier et aujourd'hui ; il ne se passe pas de jour que je ne les entende. Je serais morte sans la révélation, qui me réconforte chaque jour. Je les vois toujours sous la même forme ; elles portent des couronnes d'une grande richesse.* » On veut lui faire donner des détails sur leur apparence, figure, bras et autres membres ; elle s'y refuse. Mais elle déclare « qu'elles ont un langage excellent, fort beau, et qu'elle les comprend bien. » « *La Voix est douce, modeste et c'est en français qu'elle s'exprime.* » — « Ainsi, elle ne parle pas anglais? » — « *Comment parlerait-elle anglais, puisqu'elle n'est pas du parti anglais?* » — Ques-

tionnée à propos de deux bagues qu'on lui a prises, elle répond :
« *Celle que vous avez, Monseigneur, est un cadeau de mon frère.
Je vous charge de la donner à l'église.* »

« Quelles promesses vous ont faites vos saintes? » — « *Cela
n'est nullement de votre procès... Elles m'ont dit que mon roi
recouvrerait son royaume, que ses ennemis le veuillent ou non.
Elles m'ont promis de me conduire en paradis; c'est ce que je leur
avais demandé. J'ai une autre promesse, je ne vous la dirai pas;
cela ne touche pas le procès. Avant trois mois, je vous dirai l'autre
promesse.* » — « Vous ont-elles dit que vous seriez délivrée? »
— « *Cela n'est pas de votre procès. J'ignore quand je serai délivrée,
vous m'en parlerez dans trois mois. Il faudra bien que je sois
délivrée un jour. Je veux avoir permission pour vous le dire, je
demande un délai... Ce que je sais bien, c'est que mon roi recouvrera
le royaume de France. Je le sais aussi certainement que je sais
que vous êtes devant moi dans cette salle d'audience.* »

Elle laissait ainsi clairement entendre que ses Voix lui avaient
dit qu'elle serait délivrée avant trois mois. Elle le fut, en effet,
par son martyre, qui fut consommé deux jours avant ce terme.
Mais, il est évident qu'elle rêvait d'un tout autre genre de délivrance.

« Quelle était la figure de saint Michel? » — « *Je ne lui ai pas
vu de couronne et je ne sais rien de ses vêtements.* » — « Était-il
nu? » — « *Pensez-vous que Dieu n'ait pas de quoi le vêtir?* » —
« Avait-il des cheveux ? » — « *Pourquoi les lui aurait-on coupés?
Je ne sais pas s'il a des cheveux. J'ai une grande joie, quand je
vois saint Michel; car, lorsque je le vois, il me semble que je ne suis
pas en péché mortel. Je ne sais pas si je fus jamais en péché mortel; je ne crois pas en avoir fait les œuvres. Plaise à Dieu que je ne
fasse jamais, que je n'aie jamais fait rien qui soit un poids pour
mon âme.* »

« Quel signe avez-vous donné à votre roi, que vous veniez
de la part de Dieu? » — « *Je vous ai toujours dit que vous ne le
tireriez pas de ma bouche. Allez le lui demander. De ce qui touche*

à mon roi, je ne vous parlerai pas. Ce que j'ai promis de tenir très secret, je ne vous le dirai pas ; je ne puis le dire sans être parjure. Je l'ai promis à sainte Catherine et à sainte Marguerite, sans en être requise par elles ; c'est de moi-même que je me suis imposé cette obligation, parce que trop de gens m'auraient sollicitée à ce sujet, si je n'avais pas fait cette promesse aux saintes. » '

Sixième séance (3 mars). — Cette séance débute par de nouvelles questions sur l'apparence extérieure de saint Michel et des saintes ; l'accusée refuse d'y répondre et ajoute : « *Je vous ai dit ce que je sais et je ne vous répondrai pas autre chose. J'ai vu saint Michel lui-même et les saintes, dont vous parlez. Je les ai vus de mes yeux et je crois que ce sont eux aussi fermement que je crois en Dieu.* »

« Savez-vous, par révélation, si vous échapperez? » — « *Cela ne regarde pas votre procès. Voulez-vous que je parle contre moi? Je m'en rapporte à Notre-Seigneur. Si tout cela vous regardait, je vous le dirais. Par ma foi, je ne sais ni le jour ni l'heure. Mes Voix m'ont dit, en général, que je serai délivrée. Elles m'ont dit aussi de faire hardiment bon visage.* »

Revient ensuite la question de l'habit viril : « Le roi, la reine et les docteurs de Poitiers vous ont-ils demandé si c'est par révélation que vous l'avez pris ? » — « *Je ne me rappelle pas si cela m'a été demandé; c'est écrit à Poitiers.* » — « Pensez-vous que vous auriez fait une faute, en prenant un habit de femme? » — « *Je fais mieux d'obéir à mon souverain Seigneur, à Dieu.* »

Puis, c'est une série de questions à propos des panonceaux que les compagnons de la Pucelle avaient faits sur le modèle de son étendard : quelle en était l'étoffe? Les renouvelait-on souvent? Les aspergeait-on d'eau bénite? etc., etc. L'accusée promettait-elle bon succès à ceux qui les portaient? — « *Je leur disais bien quelquefois: « Entrez hardiment parmi les Anglais, et j'y entrais moi-même.* »

On voit ensuite défiler pêle-mêle, dans le procès-verbal, Frère Richard et Catherine de la Rochelle, l'enfant ressuscité à Lagny, les bonnes femmes qui faisaient toucher leurs anneaux à celui de la Pucelle, son portrait, les messes qui furent dites à son intention, la haquenée de l'évêque de Senlis, qu'elle avait prise, et autres balivernes, jusqu'à des papillons, qu'on aurait cueillis sur son étendard.

Grave modification, décidée par Cauchon. — Après le départ de l'accusée, Cauchon fit part aux assistants d'une modification qu'il jugeait à propos d'apporter à la tenue des audiences. « Le procès, disait-il, serait continué sans interruption » ; des docteurs, désignés par lui, « seraient chargés d'extraire des aveux de Jeanne ce qu'il y aurait à en recueillir. Si, après cet extrait, il y avait des points, sur lesquels l'accusée dût être encore interrogée, elle le serait par quelques hommes, députés par lui à cet effet, sans qu'il fût nécessaire de causer du dérangement à tous ceux qui étaient ou avaient été présents. Tout serait rédigé par écrit, pour que, lorsque ce serait opportun, les susdits docteurs pussent en délibérer et formuler leur avis. »

« La résolution, énoncée ici par Cauchon, est, dirons-nous après le R. P. Ayroles, de toute importance. L'instruction avait été jusque-là très favorable à l'accusée. » En lisant ses réponses dans un procès-verbal décoloré et incomplet, on reste frappé d'admiration. « Que serait-ce si nous l'avions entendue, faisant face aux interrogateurs, parfaitement maîtresse d'elle-même, demandant délai pour répondre, écartant, comme un jurisconsulte, les questions étrangères au procès, jetant ses terribles prophéties, rappelant à Cauchon la responsabilité qu'il encourait... Jeanne était victorieuse ; l'opinion était pour elle. C'est ce qui a dû déterminer Cauchon à écarter tant de témoins de sa défaite et lui faire chercher les moyens de les tromper.

« Des interrogatoires, devant quelques rares témoins de son choix, lui permettraient de peser sur les greffiers, qui ne seraient plus soutenus par le témoignage que rendrait à leur fidélité une assistance nombreuse. L'on pourrait présenter, sous un aspect tout autre, les aveux de la sainte fille ; les absents seraient bien tenus de s'en rapporter à ce que l'on dirait avoir été confessé par elle. Système de noire iniquité, que le Caïphe devait poursuivre jusqu'à la fin. Il allège ou fait disparaître la responsabilité de beaucoup de ceux qui, dans la suite, sont intervenus comme consulteurs dans la sentence ; mais il charge d'autant la mémoire du grand prévaricateur. »

Les docteurs qu'il désigna se réunirent chez lui et consacrèrent six jours à éplucher les réponses de la Pucelle.

CHAPITRE IV

Procès préparatoire (Suite).

Les neuf dernières séances, en présence de rares témoins choisis par Cauchon.

Septième séance (10 mars). — Le 10 mars, Cauchon se présenta à la prison, accompagné seulement de trois docteurs et de deux témoins. L'interrogateur, maître Jean de la Fontaine, ouvrit la séance en demandant à l'accusée des détails sur la sortie de Compiègne, où elle avait été prise. Les réponses ont été reproduites dans notre récit. Puis, après quelques questions futiles sur son étendard, son écurie, son trésor de guerre, il arrive tout de suite à un sujet plus important, le signe qu'elle avait donné au roi, comme preuve de sa mission.

Dès la première séance, elle avait formellement déclaré qu'elle aimerait mieux avoir le cou coupé que de le révéler, et, de fait, dans les séances suivantes, malgré des instances réitérées, on n'avait pu lui arracher un mot sur ce sujet. Ce jour-là, pour donner une apparence de satisfaction à la curiosité des interrogateurs, sans d'ailleurs rien révéler de son secret, peut-être aussi dans l'espérance qu'ils cesseraient de la tourmenter à propos de ce signe, elle imagina de leur raconter une fiction, dans laquelle elle-même joue le rôle d'un ange, venant, de la part de Dieu, apporter au roi une riche couronne. L'archevêque Gélu ne l'avait-il pas appelée « l'ange du Dieu des armées »? Elle ne mentait pas, en disant : « *Un ange, de par Dieu et non pas de par un autre, bailla le signe à mon roi. Ce signe était beau, honorable et bien croyable. Les clercs de par delà, quand ils surent le dit signe, cessèrent de m'arguer.* » — Elle ne devait pas tarder à s'apercevoir que l'évêque de Beauvais et les clercs à sa dévotion étaient plus exigeants.

Huitième séance (12 mars). — « L'ange, qui apporta le signe au roi, parla-t-il? » — « *Oui, il dit au roi que l'on me mît à l'œuvre et que le pays serait soulagé.* » — « L'ange vous a fait défaut, quand vous avez été prise? » — « *Je crois, puisque cela plaît à notre Seigneur, que c'est le mieux que j'aie été prise.* » (Mot sublime de résignation et de parfait acquiescement à la volonté divine !) — « L'ange ne vous a-t-il pas failli aux biens de la grâce? » — « *Comment ne faillirait-il, quand il me conforte tous les jours? J'entends le confort que je reçois par le moyen de sainte Catherine et de sainte Marguerite. Souvent elles viennent sans être appelées. Si elles tardaient à venir, je réquerrais Notre-Seigneur. Je n'en eus jamais quelque peu besoin, sans qu'elles soient venues.* »

Les questions suivantes ont pour objet son vœu de virginité,, sa citation à Toul, en cause de mariage, le silence qu'elle a gardé sur ses visions vis-à-vis de ses parents et de son curé, enfin sa fuite de la maison paternelle. « En partant ainsi, ne pensiez-vous pas pécher? » — « *Puisque Dieu le commandait, il convenait de le faire. Quand j'aurais eu cent pères et cent mères, quand j'aurais été fille de roi, je serais partie.* » — « Vos Voix vous ont-elles appelée fille de Dieu, la fille au grand cœur? » — « *Avant la levée du siège d'Orléans et depuis, tous les jours, quand elles me parlent, elles m'ont appelée plusieurs fois Jeanne la Pucelle, fille de Dieu.* » — « Puisque vous vous dites fille de Dieu, pourquoi ne dites-vous pas volontiers le *Pater?* » — « *Je le dis volontiers et quand, autrefois, j'ai refusé, c'était dans l'intention que Mgr de Beauvais me confessât.* »

Neuvième séance (même jour, soir). — Les premières questions portent sur les songes de Jacques d'Arc à propos de sa fille, puis sur l'habit viril : « En prenant l'habit d'homme, pensiez-vous mal faire? » — « *Non, et encore à présent, si j'étais en l'autre parti et en habit d'homme, il me semble que ce serait*

*un grand bien pour la France, que je fisse comme je faisais devant
ma prise. »* — « Comment auriez-vous délivré le duc d'Orléans? »
— *« J'aurais fait de par de ça assez de prises d'Anglais pour le
ravoir, et si je n'en avais pas assez pris, j'eusse passé la mer,
pour l'aller quérir à puissance, en Angleterre. »* — « Dans l'espace
de trois ans? » — *« Oui, et je le dis à mon roi, et lui demandai
qu'il me laissât faire des prisonniers. Si j'avais duré trois ans,
sans empêchement, je l'eusse délivré. C'était un terme plus bref
que trois ans et plus long que le terme d'un an. »* — « Quel signe
avez-vous baillé à votre roi? » — *« J'en aurai conseil auprès
de sainte Catherine. »*

Dixième séance (13 mars). — Le sous-inquisiteur Lemaître
siégea, pour la première fois, à cette séance. Il avait amené avec
lui, comme consulteur, un autre dominicain, Isambart de la
Pierre, et un troisième greffier.

La question du signe donné au roi fut reprise. « Quel était
ce signe? » — *« Seriez-vous contents que je me parjurasse? J'ai
promis et juré de ne pas le dire. Le signe ce fut ce que l'ange certi-
fiait à mon roi en lui apportant la couronne. Il lui disait qu'il
aurait le royaume de France tout entier, à l'aide de Dieu et moyennant mon labeur; qu'il me mît en besogne, à savoir, qu'il me
baillât des gens d'armes, autrement il ne serait. pas couronné de
sitôt. »* — « Depuis hier, avez-vous parlé à sainte Catherine? »
— *« Oui, je l'ai ouïe, elle m'a dit plusieurs fois de répondre hardiment aux juges, sur ce qu'ils me demanderaient touchant le procès. »*

Nouvelles questions sur l'ange, qui apporta la couronne,
le lieu, le jour, l'heure, où elle fut remise, la matière dont elle
était faite. Jeanne répond en continuant toujours son allégorie :
« Elle était d'or fin, si riche que je ne saurais en nombrer la richesse. »
— « L'ange entra-t-il par la porte? Marchait-il par terre? » —
*« Il vint de haut; j'entends qu'il venait par le commandement de
Notre-Seigneur. Il entra par l'huis de la chambre, vint devant
le roi et fit la révérence au roi, en s'inclinant devant lui et en prononçant les paroles que j'ai dites du signe. Avec cela, il lui remettait*

*en mémoire la belle patience qu'il avait eue dans les tribulations,
qui lui étaient survenues... Depuis l'huis, il marchait par terre en
venant au roi.* »

« Est-ce à cause de votre mérite que Dieu envoya son ange? »
— « *Il venait pour grande chose; ce fut en espérance que le roi
crût le signe pour que l'on cessât de m'arguer.* » — « Pourquoi
avez-vous été choisie plutôt qu'un autre? » — « *Il a plu à Dieu
ainsi faire par une simple pucelle, pour rebouter les ennemis du
roi.* » — « Où l'ange avait-il pris cette couronne? » — « *Elle a
été apportée de par Dieu; il n'y a orfèvre au monde, qui la sût faire
si belle et si riche. Quant au lieu où il l'a prise, je m'en rapporte
à Dieu.* » — « Avait-elle bonne odeur? » — « *Je n'ai pas gardé
mémoire de cela; je m'en aviserai... Je me souviens; elle sent bon
et le sentira longtemps; mais qu'elle soit bien gardée ainsi qu'il
appartient. Elle était en manière de couronne, et la couronne
signifiait que le roi tiendrait le royaume de France.* » — « Y avait-il
des pierreries? » — « *Je vous ai dit ce que j'en sais.* » — « L'avez-
vous maniée, baisée? » — « *Non.* »

La conclusion, qui se dégage de ce minutieux interrogatoire,
est que la Pucelle n'avait nullement en vue un objet matériel.
Le mot *couronne*, dont elle se sert, est bien, comme elle l'explique
elle-même, un symbole : « la couronne signifiait que le roi
tiendrait le royaume. »

« Avez-vous eu révélation de vos Voix d'aller à Paris, à la
Charité, à Pont-l'Évêque? » — « *Non, j'y allai à la requête des
gens d'armes. Depuis qu'à Melun j'eus révélation que je serais
prise, je m'en rapportais le plus souvent aux capitaines pour le
fait de la guerre.* »

Onzième séance (14 mars). — L'audience commence par un
interrogatoire sur le saut de Beaurevoir (Livre III, chap. 1er) ;
puis J. de la Fontaine pose cette question : « Vos Voix deman-
dent-elles délai pour répondre? » — « *Sainte Marguerite me
répond aussitôt; mais quelquefois je manque de l'entendre, à cause
de la turbation des personnes et des noises des gardes. Quand je*

Cérémonie du sacre.

*fais requête aux saintes, elles font requête à Notre-Seigneur ; puis,
du commandement de Notre-Seigneur, elles me donnent réponse. »*
— « Quand les saintes viennent, y a-t-il de la lumière? » — « *Il
n'est pas de jour qu'elles ne viennent en ce château et elles n'y
viennent pas sans lumière... Si tant est que je sois menée à Paris,
faites que j'aie le double des interrogations et de mes réponses,
pour que je le baille à ceux de Paris et que je puisse leur dire :
« Voilà comment j'ai été interrogée à Rouen et ce que j'ai répondu »,
et que je ne sois plus travaillée de tant de demandes. »*

« Vous avez dit que Mgr de Beauvais se mettait en danger,
en vous mettant en cause, qu'est-ce que cela? » — « *Ce que
c'était et ce que c'est encore? C'est que dis à Mgr de Beauvais :
« Vous dites que vous êtes mon juge ; je ne sais pas, si vous l'êtes ;
mais avisez bien de ne pas mal juger ; vous vous mettriez en grand
danger. Je vous en avertis, afin que, si Notre-Seigneur vous châtie,
j'aie fait mon devoir de vous le dire. »* — « Quel est ce danger? »
La réponse ne figure pas au procès-verbal ; à la place, on est
tout étonné de trouver une révélation, énoncée par la Pucelle
en termes singulièrement expressifs :

« *Sainte Catherine m'a dit que j'aurais secours. Je ne sais pas
si ce sera pour être délivrée de la prison ; ou bien, quand je serai
en jugement, s'il surviendra quelque trouble, au moyen duquel
je pourrai être délivrée ; je pense que ce sera l'un ou l'autre. Le
plus souvent mes Voix me disent que je serai délivrée par grande
victoire et ensuite elles me disent : « Prends tout en gré ; ne te chaille .
pas de ton martyre ; tu t'en viendras enfin au royaume de Paradis. »
Et cela, les Voix me le disent simplement et absolument, c'est-à-dire
sans faillir. Et j'appelle cela martyre, pour la peine et adversité
que je souffre en la prison, et je ne sais pas si plus grand en souf-
frirai ; mais, je m'en attends à Notre-Seigneur. »*

On remarquera la distinction si nette, qu'elle établit entre
ce qu'elle tient pour certain et ce qu'elle donne comme conjec-
tural. Les saintes lui ont dit qu'elle aurait secours, qu'elle serait
délivrée par grande victoire et que finalement, après son martyre

elle irait en Paradis. De cela, elle est absolument certaine, parce que les Voix le disent « simplement, absolument, sans faillir ». Mais quelle sera cette grande victoire? De quel martyre est-il question? Comment sera-t-elle délivrée? Elle l'ignore et l'ignorera jusqu'à la fin. En attendant, elle continuera d'espérer qu'un événement quelconque lui permettra de briser ses chaînes et de reprendre sa mission interrompue. Douce illusion, dans laquelle les saintes la laissèrent. N'en avait-elle pas besoin pour soutenir son courage jusqu'au bout?

L'interrogateur lui demandant ensuite si elle se tient « pour assurée d'être sauvée », elle répond, sans la moindre hésitation : « *Je crois fermement ce que mes Voix m'ont dit, que je serai sauvée, aussi fermement que si j'étais en Paradis.* » — « Pareille réponse est d'un grand poids. » — « *Je la tiens pour un grand trésor.* » — « Croyez-vous ne pouvoir plus faire de péché mortel? » — « *Je n'en sais rien; mais je m'attends du tout à Notre-Seigneur.* »

Douzième séance (même jour, soir). — Au début de la séance, Jeanne revient d'elle-même sur ses dernières réponses, pour les expliquer : « *Quant à la certitude de mon salut, il faut ajouter: à condition que je tiendrai la promesse et le serment que j'ai faits à Notre-Seigneur, de garder ma virginité de corps et d'âme.* » Puis l'interrogateur reprend : « Est-il besoin de vous confesser, puisque vous croyez que vous serez sauvée? » — « *Je ne sais pas avoir péché mortellement; si j'étais en état de péché, sainte Catherine et sainte Marguerite me délaisseraient aussitôt. Et, pour répondre à votre interrogation, l'on ne saurait trop nettoyer sa conscience.* »

« Prendre un homme à rançon et puis le faire mourir, n'est-ce pas péché mortel? » — « *Aussi, je ne l'ai pas fait.* » — « Et Franquet d'Arras? » — « *Je consentis qu'on le fît mourir, s'il l'avait mérité; il confessa être meurtrier, larron et traître... Son procès dura quinze jours; il fut jugé par le bailli de Senlis.* »

« L'assaut de Paris, un jour de fête, le vol d'un cheval qui appartenait à l'évêque de Senlis, le saut, du haut de la tour de

Beaurevoir, le port de l'habit d'homme, ne sont-ce pas péchés mortels? »

« *Pour le premier reproche, l'assaut contre Paris, je ne pense pas être pour cela en péché mortel; c'est à Dien d'en connaître, et, en confession, à Dieu et au prêtre.*

« *Pour le second, le cheval de Senlis, je crois fermement n'en avoir pas de péché mortel; il fut estimé deux cents ,saluts d'or, dont le propriétaire reçut assignation. Toutefois, il fut renvoyé au seigneur de La Trémoille, pour être rendu à Mgr de Senlis. Le dit cheval ne valait rien pour moi. D'un côté, ce n'est pas moi qui l'avais pris à l'évêque; de l'autre, je n'étais pas contente de le retenir, parce que l'évêque était mécontent qu'on lui eût pris son cheval, et aussi parce qu'il ne valait rien pour hommes d'armes.*

« *Pour le troisième cas, le saut de Beaurevoir, ce fut mal fait. Je m'en confessai, sur le conseil de sainte·Catherine, et j'en ai eu pardon de Notre-Seigneur. Je ne sais pas si c'était un péché mortel; je m'en attends à Notre-Seigneur.*

« *Pour le quatrième cas, le port de l'habit, je réponds: Puisque je le fais par le commandement de Notre-Seigneur, je n'estime pas mal faire. Quand il lui plaira de le commander, l'habit sera déposé.* »

Les griefs qui viennent d'être allégués, sont tout ce que les ennemis de Jeanne ont pu trouver de plus délictueux dans sa vie ; elle les a tous mis à néant. D'ailleurs, eussent-ils été bien fondés, aucun n'intéresse la foi et le procès est uniquement en matière de foi. Pour avoir un motif, tant soit peu plausible, de condamnation, il fallait donc trouver autre chose. C'est à quoi vont désormais s'employer Cauchon et ses complices.

Treizième séance (15 mars). — Maître Jean de la Fontaine commence par exhorter la Pucelle à s'en rapporter à l'Église, au·cas où elle aurait fait quelque chose contre la foi. — « *Que mes réponses, dit-elle alors, soient vues et examinées par les clercs, et puis que l'on me dise s'il y a quelque chose contre la foi chrétienne. Je saurai bien dire, par mon conseil, ce qu'il en sera. S'il y a quelque chose de mal contre la foi chrétienne, que Notre-*

Seigneur a commandée, je ne le voudrais pas soutenir et je serais bien fâchée d'aller contre... Je ne vous en répondrai pas autre chose, pour le présent. »

L'interrogateur voulut ensuite lui expliquer la distinction qu'il faut faire, entre l'Église militante et l'Église triomphante. A quoi elle aurait répondu, d'après l'huissier Massieu : « *Vous me parlez de l'Église triomphante et militante ; je ne comprends pas ces mots. Je veux me soumettre à l'Église, comme le doit toute bonne chrétienne. »*

En réponse à une question sur sa tentative d'évasion, à Beaulieu, elle dit : « *Je ne fus jamais prisonnière quelque part que je ne me fusse volontiers évadée. Mais il ne plaisait pas à Dieu que je m'évadasse de cette fois ; il fallait que je visse le roi d'Angleterre, ainsi que mes Voix me l'avaient dit. »* — « Avez-vous congé, de Dieu ou de vos Voix, de partir? » — « *Je l'ai demandé plusieurs fois, je ne l'ai pas encore. »* — « A présent, partiriez-vous, si vous croyiez le pouvoir? » — « *Si je voyais la porte ouverte, mes gardes et les autres Anglais impuissants à résister, je m'en irais ; je croirais que c'est le congé. Mais, sans congé, je ne m'en irais pas, à moins que ce ne fût un essai de m'échapper pour savoir si Notre-Seigneur en serait content. Le proverbe dit : « Aide-toi, le ciel t'aidera. » Je dis cela pour que, si je m'en allais, on ne dise pas que je me suis en allée sans congé. »*

On lui propose ensuite de choisir entre deux partis, savoir : ou bien prendre un habit de femme, avec lequel elle pourra assister à la messe ; ou bien rester privée de ce bonheur, si elle ne veut pas quitter son costume. « *Certifiez-moi que je l'ouïrai, si je suis en habit de femme ; et, sur ce, je vous répondrai. »* — « Je vous le certifie. » — « *Alors, faites-moi faire une robe longue jusqu'à terre, sans queue ; baillez-la-moi pour aller à la messe ; et puis, au retour, je reprendrai l'habit que j'ai. Je vous le demande en l'honneur de Dieu et de Notre-Dame, que je puisse ouïr la messe en cette bonne ville. Baillez-moi un habit, comme en a une fille de bourgeois, c'est à savoir, une houppelande longue et aussi le cha-*

peron de femme et je les prendrai pour aller ouïr la messe. Mais je vous demande, le plus instamment que je puis, de me laisser ouïr la messe, sans quitter l'habit que je porte. »

L'interrogateur lui demande à nouveau si elle veut soumettre au jugement de l'Église ce qu'elle a dit et fait. On peut déjà prévoir que c'est sur ce terrain que se livrera la lutte suprême. Elle répond : « *Toutes mes œuvres sont en la main de Dieu ; je m'en attends à lui et vous certifie que je ne voudrais rien faire ou dire contre la foi chrétienne, et, si j'avais rien fait ou dit que les clercs pussent dire que c'est contre la foi chrétienne, je ne le voudrais soutenir, mais le bouterais dehors. Je ne vous en répondrai pas maintenant autre chose. Mais, samedi, envoyez-moi le clerc, si vous n'y voulez venir, et je lui répondrai sur cela, à l'aide de Dieu, et ce sera mis par écrit.* »

« Révérez-vous vos Voix, comme on fait pour les saints ? » — « *Oui ; et si quelquefois je ne l'ai pas fait, je leur en ai ensuite crié merci et pardon. Je ne fais point de différence entre sainte Catherine qui est au ciel et celle qui m'apparaît.* » — « Croyez-vous que ce soit un péché de leur désobéir ? » — « *Oui, je le crois ; mais je le sais amender. Le plus que les aie courroucées, à mon avis, ce fut au saut de Beaurevoir ; ce dont je leur ai crié merci.* »

On lui demande si elle « avouerait une faute, pour laquelle on dût la faire mourir ». Elle répond carrément : « *Non.* » (En effet, nul n'est tenu, en ce cas surtout, de témoigner contre soi.)

Quatorzième séance (17 mars). — L'interrogatoire débute ainsi : « Donnez-nous réponse sur la forme, la figure, le vêtement de saint Michel, quand il vient vers vous ? » — « *Il était en la forme d'un très vrai prudhomme. Quant à l'habit et aux autres choses, je n'en dirai plus rien. Pour ce qui est des anges, je les ai vus de mes yeux et vous n'aurez plus autre chose de moi à ce sujet. Je crois les dits et les faits de saint Michel, qui m'est apparu, aussi fermement que je crois que Notre-Seigneur Jésus-Christ souffrit mort et passion pour nous. Ce qui me meut à le croire, c'est le bon conseil, la bonne doctrine et le confort, qu'il m'a faits et donnés.* »

« Voulez-vous vous en rapporter, pour tous vos faits et dits, à la détermination de notre Mère Sainte Église? » — « *L'Église, je l'aime et je voudrais la soutenir de tout mon pouvoir, pour notre foi chrétienne; et ce n'est pas moi que l'on devrait détourner ou empêcher d'aller à l'église et d'entendre la messe. Quant aux bonnes œuvres que j'ai faites et à ma venue, il faut que je m'en rapporte au roi du ciel, qui m'a envoyée à Charles, fils de Charles, roi de France, qui sera roi de France. Vous verrez que les Français gagneront bientôt une grande besogne, que Dieu enverra aux Français. Presque tout le royaume de France en branlera. Je le dis, afin que, quand cela sera arrivé, on se souvienne que je l'ai dit.* »

La réconciliation du duc de Bourgogne avec Charles VII eut lieu quatre ans plus tard. Cette « grande besogne », si favorable à la France que « tout le royaume en branla », privait les Anglais d'un puissant allié, dont la perte compromettait irrémédiablement leur situation.

« Vous en rapportez-vous à la détermination de l'Église? » — « *Je m'en rapporte à Notre-Seigneur qui m'a envoyée, à Notre-Dame et à tous les bénoîts saints et saintes du paradis. Il m'est avis que c'est tout un, Notre-Seigneur et l'Église, et que l'on n'en peut pas faire difficulté. Pourquoi en faites-vous difficulté, vous, que ce soit tout un?* »

« Voulez-vous vous en rapporter à l'Église militante? » — « *Je suis venue au roi de France de par Dieu, de par la Vierge Marie et de par les bénoîts saints et saintes du paradis, de par l'Église victorieuse de là-haut. A cette Église-là, je soumets tout ce que j'ai fait et ai à faire. Quant à répondre si je me soumettrai à l'Église militante, je n'en répondrai pas maintenant autre chose.* »

Par conséquent, ni refus ni acceptation, mais réserve prudente. Les soi-disant représentants de l'Église militante, qui se sont constitués ses juges, sont les partisans acharnés de la faction à laquelle elle a infligé de si rudes défaites. Elle le sait et les a récusés comme ses ennemis mortels. Lui demander de se sou-

Jeanne portant son étendard au sacre.

mettre à leur jugement, elle, l'envoyée de Dieu, dont ils sont les indignes ministres, c'était exiger l'impossible.

L'interrogateur revenant alors à l'habit de femme qu'il lui a offert, elle répond : « *Je ne le prendrai pas   encore, tant qu'il plaira à Notre-Seigneur. Et, s'il en est ainsi qu'il faille me mener jusques en jugement et me dévêtir en jugement, je requiers des seigneurs de l'Église, qu'ils me fassent la grâce d'avoir une chemise de femme et un couvre-chef sur ma tête. J'aime mieux mourir que de révoquer ce que Notre-Seigneur m'a fait faire. Je crois fermement que Notre-Seigneur ne permettra pas que je tombe si bas, sans que j'aie bientôt secours de Dieu, et par miracle.* »

« Pourquoi demandez-vous une chemise de femme? » — « *Il me suffit qu'elle soit longue.* » — « Vous avez dit que vous prendriez l'habit de femme, si l'on vous laissait aller ? » — « *Si l'on me donnait congé en habit de femme, je me mettrais bientôt en habit d'homme et je ferais ce qui m'est commandé par Notre-Seigneur. C'est ce que j'ai répondu précédemment. Pour rien au monde je ne ferais le serment de ne me point armer et de ne pas me mettre en habit d'homme ; cela, pour faire le plaisir de Notre-Seigneur.* »

Ces réponses laissent voir qu'elle a le pressentiment du sort qui lui est réservé, puisqu'elle prend d'avance ses précautions pour sauvegarder sa pudeur, au dernier moment ; car tel est le sens de sa demande : si Dieu permet qu'elle « tombe si bas », qu'on lui donne au moins « une chemise longue ». Néanmoins, on sent que l'espérance vit toujours au fond de son cœur, puisqu'elle rêve encore de reprendre les armes.

« Savez-vous, continue l'interrogateur, si sainte Catherine et sainte Marguerite haïssent les Anglais? » — « *Elles aiment ce que Notre-Seigneur aime et haïssent ce qu'il hait.* » — « Dieu hait-il les Anglais? » — « *De l'amour ou de la haine que Dieu a pour les Anglais, je ne sais rien ; mais je sais bien qu'ils seront boutés hors de France, excepté ceux qui y mourront, et Dieu enverra victoire aux Français contre les Anglais.* »

« Dieu n'était-il pas favorable aux Anglais, quand ils étaient victorieux des Français? » — « *Je ne sais si Dieu haïssait les Français; mais, à mon avis, il voulait permettre qu'ils fussent punis, s'ils l'avaient offensé.* »

Quinzième séance (même jour, soir). — Interrogée sur son étendard, Jeanne répond qu'elle l'a fait faire sur le commandement de ses Voix. « Leur avez-vous demandé si vous auriez la victoire en vertu de cet étendard? » — « *Elles me dirent de le prendre hardiment et que Dieu m'aiderait.* » — « Qui aidait le plus à la victoire, de l'étendard ou de vous? » — « *La victoire de l'étendard ou de moi, tout était à Notre-Seigneur.* » — « L'espérance de la victoire était-elle fondée en l'étendard ou en vous? » — « *Elle était fondée en Notre-Seigneur et pas ailleurs.* »

« Si vous perdiez votre virginité, perdriez-vous votre bonheur? » — « *Cela ne m'a pas été révélé.* » — « Si vous étiez mariée, les Voix viendraient-elles à vous? » — « *Je n'en sais rien; je m'en attends à Notre-Seigneur.* »

« Pensez-vous que votre roi fit bien de tuer ou de faire tuer Mgr le duc de Bourgogne? » — « *Ce fut un grand dommage pour le royaume de France; mais, quelque chose qu'il y eût entre eux, Dieu m'a envoyée au secours du roi de France.* »

« Vous avez dit à Mgr de Beauvais que vous lui répondriez comme vous le feriez devant le Pape, et cependant vous n'avez pas voulu répondre à plusieurs questions. Ne vous semble-t-il pas que vous seriez tenue de répondre la vérité au Pape, touchant la foi et le fait de votre conscience? » — « *Je requiers d'être menée vers lui; je répondrai devant lui tout ce que je dois répondre.* »

Voilà un appel formel au Pape; ce ne sera pas le seul; mais Cauchon est bien décidé à n'en tenir aucun compte.

Après diverses questions sur les anneaux de la Pucelle, sur les hommages qu'elle rend à ses saintes, sur le sabbat, dont elle déclare ne rien savoir : « Pourquoi, dit l'interrogateur, votre étendard, en l'église de Reims, au Sacre, fut-il plus porté que ceux des autres capitaines? » — « *Il avait été à la peine; c'était bien raison qu'il fût à l'honneur.* »

Admirable réponse, jaillie spontanément du cœur de la Pucelle et enregistrée par ses ennemis eux-mêmes ! Elle clôt superbement cette longue série d'interrogatoires.

Intermède laborieux (17-27 mars). — Dans les quinze longues séances, consacrées à l'interrogatoire, la Pucelle avait dû étaler devant ses juges sa vie entière, le mobile de ses actes, ses sentiments les plus intimes. Elle l'avait fait de bonne foi, avec une sincérité parfaite, qui n'excluait pourtant pas la prudence. Cauchon n'avait plus maintenant qu'à tirer parti de ses aveux, pour y chercher des motifs plausibles de condamnation.

A cet effet, le lendemain de la dernière audience, dimanche de la Passion, il convoqua chez lui une douzaine d'assesseurs, dont trois seulement avaient suivi l'instruction tout entière. Le procès-verbal de ce conseil intime peut se résumer ainsi : chacun des assesseurs devra étudier le sujet et consulter de bons auteurs, afin d'être en mesure de donner, le jeudi suivant, son sentiment personnel sur un certain nombre d'assertions.

Le 22 mars, le sous-inquisiteur et vingt-deux assesseurs se rendirent à la maison de l'évêque. Là, plusieurs docteurs, « qui avaient étudié et approfondi la matière scientifiquement » — ce sont les termes mêmes du procès-verbal — « en firent un rapport ». On décida de résumer les extraits du compte rendu de l'instruction en un certain nombre d'articles, qui seraient remis à chaque docteur.

Remarquons que les extraits, qui avaient servi de base aux rapports des docteurs, avaient été faits sous l'œil de Cauchon ; que les articles sont l'œuvre de son âme damnée, le chanoine d'Estivet ; enfin, que les assesseurs, à l'exception de trois ou quatre des délégués de l'Université, n'avaient pas même assisté à la moitié des audiences et étaient, par conséquent, obligés de s'en rapporter aux pièces qu'on leur communiquait.

Le 24 mars, on tint à la prison une longue séance, dans laquelle

on lut à l'accusée le procès-verbal de l'instruction, en présence
de sept assesseurs seulement, dont cinq maîtres de l'Université.
Jeanne prêta serment de tenir pour vrai et avoué ce qu'elle ne
contredirait pas. La lecture achevée, elle « déclara, affirme le
procès verbal, qu'elle croyait bien avoir dit ce qui était écrit
et qu'on venait de lui lire ; elle ne démentit rien de ce qui était
contenu dans le registre ». En effet, le greffier Manchon était
assez prudent et honnête pour n'y avoir pas mis de faussetés.
Mais, il n'en avait pas moins failli à son devoir, en supprimant,
sur l'ordre de Cauchon, l'appel de Jeanne au concile et peut-être
encore d'autres choses de même gravité.

Le lendemain, dimanche des Rameaux, l'évêque se rendit
de nouveau à la prison, en compagnie de quatre assesseurs. Il
demanda à Jeanne si, au cas où on lui accorderait d'entendre
la messe, comme elle l'avait ardemment requis, à plusieurs
reprises et notamment la veille, elle consentirait à prendre un
habit de femme, « pareil à celui qu'elle portait dans son pays ».

Cette proposition était une sorte de guet-apens, dont elle ne
pouvait pas sortir indemne. Si elle acceptait ce travestissement,
elle devenait la risée de la Cour et de la valetaille du château ;
c'eût été, comme le remarque le R. P. Ayroles, « une sorte de
déchéance et de désaveu de sa mission divine ». Si, au contraire,
elle refusait, on l'accuserait de n'avoir pas voulu remplir le
devoir pascal. C'est, en effet, ce qui arriva et le promoteur se
fit donner acte de son refus.

CHAPITRE V

Procès proprement dit.

Trois séances en présence d'un public nombreux. — Les douze articles. — Jugements portés d'après eux. — Maladie de la Pucelle. — Les trois exhortations charitables.

Première séance (27 mars). — Le Mardi Saint, l'audience se tint dans une salle du château, en présence de trente-huit assesseurs, y compris trois médecins et deux prêtres anglais. Le promoteur, d'Estivet, déposa l'acte d'accusation, en soixante-dix articles, et prêta serment de non-calomnie, jurant que ni la faveur, ni le ressentiment, ni la crainte, ni la haine, mais le seul zèle de la foi chrétienne lui avait dicté son écrit. Jamais serment ne fut plus faux ; son écrit est, d'un bout à l'autre, un tissu de calomnies, dictées par une haine féroce et, sans doute, aussi par le désir de se ménager la faveur des Anglais.

Il y déclare se proposer de prouver que « Jeanne est sorcière, hérétique, schismatique, sacrilège, idolâtre, apostate, blasphématrice, cruellement altérée de sang humain », etc., etc. Où découvrira-t-il la preuve de tant de crimes? L'enquête préliminaire n'a pas fourni de renseignements défavorables à l'accusée ; aucun témoin n'a été entendu, au cours de l'instruction ; il n'a donc, pour appuyer ses odieuses accusations, que les aveux de la Pucelle. Nous les avons fidèlement reproduits, d'après le procès-verbal, et tout homme de bonne foi y verra la preuve manifeste de la parfaite innocence de l'accusée.

Cauchon adressa ensuite à celle-ci une allocution mielleuse : « Jeanne, tous ceux que vous voyez devant vous sont des ecclésiastiques d'une haute science, très versés dans le droit divin et

humain. Leur volonté est de procéder avec vous en toute béni-
gnité et douceur, comme ils l'ont toujours fait, sans esprit de
vengeance, sans poursuivre votre punition corporelle, mais pour
vous instruire et vous ramener dans la voie de la vérité, si vous
avez failli en quelque chose. Comme vous n'êtes ni assez instruite, ni assez habile dans ces difficiles matières, pour connaître
ce que vous avez à faire ou à répondre, nous vous offrons de
choisir un ou plusieurs des assistants, ou, si vous n'êtes pas en
état de faire ce choix, nous nommerons quelques-uns d'entre
nous pour vous conseiller. Personnellement vous n'avez qu'à
répondre sur les questions de fait et nous vous requérons de
jurer que, sur les questions de fait vous direz fidèlement la
vérité. »

Jeanne répondit : « *Premièrement, de ce que vous m'admonestez
de mon bien et de notre foi, je vous en remercie et toute la compagnie
aussi. Quant au conseil, que vous m'offrez, aussi je vous en remer-.
cie; mais je n'ai point l'intention de me départir du conseil de
Notre-Seigneur. Quant au serment que vous voulez que je fasse,
je suis prête à jurer de dire la vérité sur tout ce qui touche à votre
procès.* » — Et elle jura ainsi, les mains sur les évangiles.

Après ce préambule, commença la lecture des soixante-dix
articles, où d'Estivet avait déposé l'amas de calomnies, que la
haine lui avait inspirées contre la sainte enfant. Cette lecture
dut prendre un temps considérable, car le factum est d'une
longueur démesurée et, d'autre part, la Pucelle avait à faire
ses remarques sur chacun des articles. Très souvent, il est vrai,
elle se contente de répondre : « *Je m'en rapporte à ce que j'ai
déjà dit;* ou bien : « *Je nie l'article, je nie telle partie de l'article.* »
Mais aussi, d'autres fois, elle explique et précise, toujours avec
une lucidité parfaite et une pleine possession d'elle-même, sans
se laisser déconcerter par les abominables accusations, dont
sa vie si pure est l'objet.

Comme il serait aussi inutile que fastidieux de reproduire,
un à un, ces articles, qui seront d'ailleurs, plus tard, réduits

à douze, nous nous contenterons d'indiquer brièvement le contenu de ceux auxquels l'accusée jugea à propos de répondre d'une manière plus explicite.

Après la lecture du premier article, qui concerne la compétence des juges, elle fait la déclaration suivante : « *Je crois bien que Notre Saint Père le Pape de Rome, les évêques et autres gens d'Église sont pour garder la foi chrétienne et punir ceux qui défaillent. Mais, quant à moi, de mes faits je ne me soumettrai qu'à l'Église du Ciel, à savoir, Dieu, la Vierge Marie, les saints et les saintes du pàradis. Je crois fermement n'avoir pas défailli en notre foi chrétienne et n'y voudrais défaillir. Je requiers* »...

La plume du greffier s'est arrêtée sur ce dernier mot. Quelle pouvait bien être cette requête, et pourquoi n'a-t-elle pas été enregistrée? Ne serait-ce pas alors que ce serait produit l'incident, rapporté précédemment : Jeanne se déclarant, sur le conseil de Frère Isambart, prête à répondre de ses actes devant le concile de Bâle? D'où accès de fureur de Cauchon et défense faite aux greffiers d'enregistrer sa déclaration. Peut-être aussi demandait-elle, comme elle l'avait déjà fait pendant l'instruction, à être conduite devant le Pape.

Accusée (art. 2) d'avoir fait des sortilèges et de s'être laissée adorer, elle répond : « *Je nie avoir fait des sortilèges, m'être portée à des œuvres de superstition et de divination. Pour ce qui est des hommages à ma personne, si quelques-uns ont baisé mes mains ou mes vêtements, ce n'est pas de ma faute et par ma volonté. Je m'en faisais garder de tout mon pouvoir.* »

Au sujet de l'habit viril (art. 13-15), elle dit : « *Je ne laisserai point encore mon habit, pour quelque chose que ce soit, ni pour recevoir la communion, ni pour autre chose. Je ne fais pas de différence entre l'habit d'homme et l'habit de femme, et on ne doit pas me refuser de la recevoir à cause de cela. J'aime mieux mourir que de révoquer ce que j'ai fait, du commandement de Notre-Seigneur.* »

Au grief qu'on lui fait (art. 7) de dédaigner les œuvres de son sexe, elle répond : « *Quant aux œuvres de femme il y a assez de femmes pour les faire.* » — Elle n'ajoute pas : « Mais il n'y avait que moi pour faire ce que j'ai fait. » Elle en aurait pourtant bien eu le droit.

On lui reproche (art. 17, 18) les promesses qu'elle a faites au roi ; elle les avoue hautement · « *Je confesse que, de par Dieu, je portai à mon roi la nouvelle que Notre-Seigneur lui rendrait son royaume, le ferait couronner à Reims et mettrait hors ses adversaires. En cela, je fus messagère de par Dieu, et je lui dis de me mettre hardiment à l'œuvre et que je lèverais le siège d'Orléans. Je parlais de tout le royaume ; et que, si Mgr de Bourgogne et les autres sujets du royaume ne venaient pas à l'obéissance, le roi les y ferait venir par force. Pour ce qui est du duc de Bourgogne, je l'ai requis, par lettres et par ses ambassadeurs, qu'il y eût paix entre mon roi et le dit duc. Quant à ce qui est des Anglais, la paix qu'il y faut, c'est qu'ils s'en aillent dans leur pays, en Angleterre.* »

A propos de ses lettres aux Anglais, taxées (art. 21) de témérité et d'orgueil, elle dit : « *Je ne les ai pas faites par orgueil ou présomption, mais par le commandement de Notre-Seigneur. Si les Anglais avaient cru à ces lettres, ils n'auraient été que sages. Avant qu'il soit sept ans, ils s'en apercevront bien.* »

L'accusation lui reproche (art. 25) de s'être donnée comme envoyée de Dieu, pour des œuvres abominables, faire la guerre et verser le sang. Voici sa réponse : « *Je réquérais premièrement que l'on fît la paix ; et, au cas où l'on ne voudrait pas, j'étais toute prête à combattre.* »

Deuxième séance (28 mars). — Mêmes assesseurs que la veille, à l'exception de trois. L'un des manquants était Frère Isambart ; le gouverneur l'avait menacé de le faire jeter à la Seine, parce qu'il se montrait favorable à l'accusée. — La lecture des articles continue.

Les révélations et visions de Jeanne, si elles sont réelles, viennent des esprits de malice (art. 32). — « *Je nie cet article ;*

j'ai agi par révélation des saintes Catherine et Marguerite; je le soutiendrai jusqu'à la mort. » — C'est présomption à Jeanne de s'être vantée de connaître l'avenir et les choses cachées (art. 33). — *« C'est à Notre-Seigneur de faire ses révélations à qui il lui plaît; c'est par révélation que j'ai connu l'épée et les choses à venir. »*

L'accusée croit à ses révélations sans donner de preuves, sans avoir consulté (art. 48). — *« J'en ai répondu et m'en attends à ce qui est écrit. Quant aux signes, si ceux qui les demandent n'en sont pas dignes, je n'en puis mais. Plusieurs fois, j'ai prié, pour qu'il plût à Dieu de les révéler à quelques-uns de ce parti. Pour ce qui est de croire à mes révélations, je n'en demande point conseil à évêque, curé ou autre. J'ai cru que c'était saint Michel, pour la bonne doctrine qu'il me montrait. Aussi fermement que je crois que Notre-Seigneur est mort pour nous racheter des peines de l'enfer, aussi fermement je crois que ce sont saints Michel et Gabriel, sainte Catherine et sainte Marguerite, que Notre-Seigneur m'envoie pour me conforter et conseiller. Je les invoquerai tant que je vivrai. »*

« Comment les requérez-vous? » — *« Je prie Notre-Seigneur et Notre-Dame pour qu'ils m'envoient conseil et réconfort, et ils me les envoient. »* — « En quelle manière les requérez-vous? » — *« En cette manière: « Très doux Dieu, en l'honneur de votre sainte passion, je vous requiers, si vous m'aimez, que vous me révéliez ce que je dois répondre à ces gens d'Église. Je sais bien, quant à l'habit, comment je l'ai pris par votre commandement, mais je ne sais point de quelle manière je le dois laisser. Pour cela, plaise à vous l'enseigner à moi. »* — *Et aussitôt les saintes viennent. J'ai souvent des nouvelles de Mgr de Beauvais. »* — « Que vous disent-elles de moi? » — *« Je vous le dirai à part. Elles sont venues aujourd'hui trois fois. Sainte Catherine et sainte Marguerite m'ont dit la manière de répondre de cet habit. »*

On reprend ensuite la lecture des articles. — L'accusée a eu l'orgueil de se constituer chef d'une armée, dans laquelle on voyait des princes et des nobles (art. 53). — « *Si j'étais chef de guerre, c'était pour battre les Anglais.* »

Elle a vécu avec des hommes, refusant les services des femmes (art. 54). — « *J'avais des hommes à gouverner; mais, au logis et au gîte, le plus souvent, j'avais une femme avec moi; et lorsque j'étais en guerre, je couchais vêtue et armée, quand je ne pouvais pas avoir de femme.* »

Elle refuse de se soumettre à l'Église militante (art. 61). — « *Je voudrais lui porter honneur et révérence de tout mon pouvoir. Quant à ce qui est de me rapporter de mes faits à l'Église militante, il faut que je m'en rapporte à Notre-Seigneur, qui me les a fait faire.* »

Elle est l'objet de scandale et refuse de s'amender (art. 69). — « *Les délits, que le promoteur propose contre moi, je ne les ai pas commis. J'estime n'avoir rien fait contre la foi chrétienne, et, par surplus, je m'en rapporte à Notre-Seigneur.* »

Le soixante-dixième et dernier article est d'une rare impudence. D'Estivet y affirmait que « tous et chacun des faits articulés sont vrais et notoires » et que, « à plusieurs reprises, l'accusée les a reconnus et avoués ». C'était un mensonge effronté. Elle se contenta de répondre : « *Je nie l'article et m'en tiens à ce que j'ai avoué.* »

Troisième séance (31 mars). — Dans la dernière séance, Jeanne avait demandé délai, jusqu'au samedi, pour répondre au sujet de la soumission à l'Église. Ce jour-là, les deux juges se rendirent à la prison, avec les délégués de l'Université, un secrétaire du roi d'Angleterre et deux gardes. Par conséquent, elle n'a devant elle que des ennemis avérés, sauf peut-être le sous-inquisiteur, qui ne compte pas. Ils n'en ont pas moins la prétention de la juger, au nom de l'Église, dont ils sont les indignes ministres, et ils lui demandent si elle veut se soumettre à l'Église, c'est-à-dire, en fait, à eux et à eux seuls.

Elle répond, d'après le conseil de ses Voix, qu'elle a consultées : « *Je m'en rapporte à l'Église militante, pourvu qu'elle ne*

*me commande pas chose impossible à faire. Et voici ce que je répute
chose impossible: les faits, que j'ai accomplis et que j'ai exposés,
ce que j'ai dit de mes visions et de mes révélations, je ne le révoquerai
pas pour quelque chose que ce soit. Ce que Notre-Seigneur m'a fait
faire et commandé, ce qu'il me commandera, je ne le laisserai pas
à faire pour homme qui vive, et il me serait impossible de le révoquer. Au cas où l'Église voudrait me faire faire quelque chose de
contraire au commandement que Dieu m'a fait, je ne le ferai point,
pour quelque chose que ce soit. »*

« Si l'Église vous dit que vos révélations sont illusions ou
choses diaboliques, vous en rapporterez-vous à l'Église? » —
*« Je m'en rapporterai à Notre-Seigneur, dont je ferai le commande-
ment. Je sais bien que ce qui est contenu dans mon procès est venu
par le commandement de Dieu; il me serait impossible de dire
que je l'ai fait pour chose contraire. Et, au cas où l'Église militante me commanderait de dire que je l'ai fait pour chose contraire,
je ne m'en rapporterais à aucun homme, mais uniquement à Notre-
Seigneur, sans que rien m'empêchât de faire son bon commandement. »*

« Ne croyez-vous pas être sujette au Pape, aux évêques? » —
« Oui, Notre-Seigneur premier servi. » — « Vos Voix vous com-
mandent-elles de ne pas vous soumettre? » — *« Je ne réponds
point chose que je prenne dans ma tête. Ce que je réponds, c'est du
commandement de mes Voix. Elles ne me commandent pas de ne pas
obéir à l'Église, Notre-Seigneur premier servi. »*

Cette question de la soumission à l'Église, qui tient tant de
place dans les derniers interrogatoires, Cauchon n'avait d'autre
motif de la poser que le désir de trouver, dans les réponses de
l'accusée, un prétexte à condamnation. En effet, non seulement
elle n'avait jamais été diffamée de ce chef, mais les théologiens
de Poitiers, qui l'avaient examinée pendant trois semaines,
avaient rendu le meilleur témoignage de sa foi et de ses mœurs.
Vouloir, sous prétexte de soumission à l'Église, l'obliger à renier
sa mission, alors qu'elle était pleinement convaincue de ne

l'avoir entreprise et menée à bien que sur l'ordre et avec l'aide de Dieu, c'était exiger d'elle un mensonge, une sorte de parjure. Elle avait raison de refuser.

Les douze articles. — Le lundi de Pâques (2 avril), Cauchon réunit un conseil intime de docteurs et chargea quelques-uns d'entre eux de relire attentivement toute la suite du procès, puis d'en « extraire des assertions précises, réduites à douze articles, comprenant un sommaire et un abrégé des nombreuses affirmations de Jeanne sur elle-même. » Ce travail, chef-d'œuvre de mauvaise foi, fut achevé en trois jours par des docteurs anonymes. L'accusée n'en eut pas connaissance. Cauchon communiqua les douze articles à un grand nombre de théologiens, avec injonction d'avoir à les étudier et d'en donner leur avis. Ce document est d'une importance capitale, puisque c'est uniquement d'après lui que se sont prononcés les consulteurs, qui n'avaient pas suivi la procédure.

Art. premier. — Le premier article est le plus long et le plus venimeux. Il commence ainsi : « Une femme affirme », etc. On s'est bien gardé d'écrire : « Une jeune fille, une pucelle », quoique la virginité de la femme en question, hautement revendiquée par elle, eût été constatée, à Rouen, par la duchesse de Bedford. On ne le pouvait pas d'ailleurs, sans détruire l'accusation par la base ; car, dans les idées du temps, sorcellerie et virginité ne pouvaient jamais se rencontrer dans la même personne. Or, l'article a précisément pour but de laisser entendre que Jeanne est en relation avec les démons, soumise en tout à leur influence et n'agissant que d'après leurs ordres.

Pour cela, on insinue discrètement que ses Voix, étant donné la nature des actes qu'elles lui ont inspirés, ne peuvent être que des démons. Car 1º « Sainte Catherine et sainte Marguerite l'ont quelquefois entretenue auprès de l'arbre des fées. La dite femme les a plusieurs fois vénérées en cet endroit. » — On oublie de dire que ce ne fut pas là, mais dans le jardin attenant à l'église, qu'elle avait eu sa première vision.

Jeanne blessée devant Paris.

2° « Elles lui ont dit que, par ordre de Dieu, elle devait se rendre auprès d'un prince du siècle et lui promettre que, par son moyen, il recouvrerait par les armes un grand domaine temporel, beaucoup d'honneur dans le monde. » — Ce n'est pas du tout ainsi que la Pucelle avait compris et défini sa mission. Pour la lui faire accepter, l'ange lui avait dépeint la grande pitié, qui était au royaume de France. A ses yeux, il ne s'agissait pas de procurer « beaucoup d'honneur dans le monde à un prince séculier », mais de délivrer son pays du joug de l'étranger, de mettre fin à des guerres désastreuses et de replacer sur le trône de ses pères, dont il était injustement dépossédé, un roi vertueux, réduit à la dernière misère.

3° « Les mêmes saintes ont prescrit à la même femme, de la part de Dieu, de prendre et de porter l'habit viril. Elle dit préférer mourir que laisser semblable habit. Elle a préféré ne pas assister à la messe, être privée de la communion, plutôt que de reprendre l'habit de femme. » — Le fait, ainsi présenté, est faux. Elle avait demandé, pour assister à la messe, une robe longue, comme celle dès bourgeoises.

4° « Les saintes ont connivé avec la dite femme, alors qu'à l'âge de dix-sept ans, à l'insçu et contre la volonté de ses parents, elle a quitté la maison paternelle, pour aller vivre au milieu d'une multitude d'hommes d'armes, sans avoir jamais avec elle ou n'ayant que rarement la compagnie d'une femme. »

En lisant ce passage, les théologiens, qui n'avaient pas d'autres renseignements, devaient être fatalement amenés à croire que les esprits, qui avaient « connivé » à pareille conduite ne pouvaient être que des esprits malfaisants. Mais, ils auraient sans doute changé d'avis, si on leur avait dit que cette jeune fille imposait le respect à tous ceux qui l'approchaient, que ses compagnons la vénéraient comme une sainte ; enfin, qu'elle avait toujours une femme auprès d'elle, durant la nuit, lorsqu'elle se trouvait dans un lieu habité, et que, dans le cas contraire, elle couchait toute vêtue et armée.

5° « Les mêmes saintes lui ont commandé de ne pas se soumettre à l'Église (assertion absolument fausse) ; elles lui ont
révélé et fait croire qu'elle serait certainement sauvée. »

Après avoir lu ce premier article, plein d'insinuations perfides
et de faussetés manifestes, il n'est pas étonnant que des théologiens, ainsi informés, aient cru, de bonne foi, se trouver en
présence d'un cas démoniaque.

Art. II. — Cet article a pour objet le signe donné au roi.
On affecte d'y prendre à la lettre le récit, évidemment allé-
gorique, de la Pucelle ; de plus on y dénature sa déclaration ;
ainsi, elle avait dit : « Un ange vint vers le roi », et nous savons
que, dans sa pensée, elle était elle-même cet ange, au lieu de
cela, l'article porte : « Saint Michel vint vers le roi... Cet ange
et cette femme marchaient ensemble sur le sol, par le chemin,
montaient ensemble l'escalier, etc. »

Art. III. — « Elle se croit aussi certaine de la réalité des apparitions de saint Michel, de la vérité et de la sainteté de ses paroles
et de ses œuvres, qu'elle l'est de la passion et de la mort de
Notre-Seigneur pour notre rédemption. »

Art. IV. — « La dite femme affirme être certaine de plusieurs
événements futurs, entièrement contingents. Elle se vante
d'avoir la connaissance de plusieurs choses cachées.

Art. V. — « Elle dit que, dès qu'elle avait reçu le commandement de porter des vêtements d'homme, elle devait prendre
tunique courte, braies et chaussures, avec foison d'aiguillettes,
couper en rond ses cheveux, ne les laissant tomber que du sommet de la tête aux oreilles. » — Cette description du costume de
Jeanne est sans doute exacte ; mais le procès-verbal, d'où elle
est soi-disant extraite, n'en dit mot.

Art. VI. — « Elle a fait écrire qu'elle ferait mettre à mort
ceux qui n'obéiraient pas à ses lettres, et qu'aux coups on recon-
naîtrait qui avait le meilleur droit. » — Elle avait menacé de
tuer les envahisseurs, mais les armes à la main et en combat
loyal ; voilà ce qu'il aurait fallu ajouter pour rester dans le vrai.

Art. VII. — Partie de la maison paternelle, à l'insçu de ses parents, et arrivée près du roi, « la dite femme lui déclara qu'elle voulait diriger la guerre contre ses ennemis, lui promettant qu'elle le rendrait possesseur d'une grande seigneurie et qu'elle était envoyée à cette fin par le Dieu du ciel. » — Tout cela est vrai, mais on omet de dire que cette seigneurie appartenait légitimement au prince et que ses ennemis étaient des envahisseurs injustes, qui grugeaient ses sujets.

Art. VIII. — « Elle s'est précipitée d'une très haute tour, préférant la mort à la douleur de tomber entre les mains de ses ennemis. » — On insinue ainsi qu'elle voulait se tuer, tandis qu'elle ne visait qu'à recouvrer sa liberté.

Art. IX. — « La dite femme avance que ses saintes lui ont promis de la conduire en paradis, pourvu qu'elle garde sa virginité de corps et d'âme. Elle ne pense pas avoir fait de péché mortel. »

Art. X. — « La dite femme affirme que Dieu aime certaines personnes, nommées par elle, plus qu'elle-même. » — Elle a dit cela, en effet, du roi et du duc d'Orléans, mais seulement « pour les biens du corps ».

Ses saintes « l'entretiennent fréquemment en français et non pas en anglais ; car elles ne sont pas du parti des Anglais ». — Si les saintes lui parlaient en français, c'était peut-être bien aussi parce qu'elle ne savait pas l'anglais !

Art. XI. — « La dite femme confesse avoir fait souvent des actes de révérence aux esprits sus-dits, leur a demandé conseil et secours et obéit à leurs ordres ; elle l'a fait, dès le commencement, sans demander conseil à qui que ce soit. » — On se garde bien d'ajouter que des théologiens l'avaient examinée longtemps, à Poitiers, sur ce point, et n'avaient rien trouvé de blâmable en sa conduite, bien au contraire.

Art. XII. — Refus de soumission à l'Église. — Nous avons dit plus haut ce qu'il en faut penser.

Ce court aperçu suffit à montrer avec quelle perfidie les

douze articles ont été rédigés. Si quelques-uns reproduisent assez exactement les aveux de la Pucelle, d'autres les défigurent, soit en y mêlant des faussetés, soit en supprimant ce qui les explique et justifie sa conduite. Leur ensemble constitue une œuvre de monstrueuse iniquité, conçue et exécutée avec une malice infernale, en vue d'égarer l'intelligence de ceux qui se prononcèrent d'après ce texte.

Cauchon en fit tirer un grand nombre de copies, qu'il distribua aux assesseurs et envoya au clergé de Rouen et des environs, avec ordre de l'examiner et d'en dire leur avis.

Jugements portés, d'après les douze articles. — 1º Par les consulteurs. Le 12 avril, vingt-deux gradués en théologie, réunis dans la chapelle de l'archevêché, sous la présidence des deux juges, qualifièrent sévèrement les assertions de Jeanne, qui figuraient dans les douze articles. Ce jugement ne pouvait manquer d'exercer une grande influence sur les consulteurs qui n'avaient pas encore donné leur avis, parce qu'il était celui des délégués de l'Université de Paris, qui jouissaient d'un grand crédit et qui d'ailleurs étaient à peu près les seuls à avoir suivi le procès jusqu'au bout. Pour formuler un avis contraire à celui de ces illustres docteurs, il eût fallu une grande indépendance d'esprit, jointe à un grand courage ; car c'eût été s'exposer à des vengeances certaines. Aussi, n'est-on pas étonné de voir l'abbé de Fécamp écrire à Cauchon : « Après l'avis de maîtres, tels qu'on n'en trouverait peut-être pas de pareils dans l'univers, il n'y a rien à dire, sinon adhérer à leur sentiment. » Il n'est pas douteux qu'un grand nombre de consulteurs aient raisonné de même.

Il y eut pourtant des récalcitrants ; ainsi l'official et onze avocats de la cour épiscopale, après avoir donné une appréciation défavorable à la Pucelle, ne craignirent pas de l'infirmer par cette restriction : « Supposé que ces révélations ne viennent pas de Dieu. » C'était tout remettre en question. Trois autres prêtres furent du même avis, disant que tout dépendait de l'origine des révélations et se déclarant incapables de discerner cette origine. « C'est donc là tout ce que vous avez su faire? » leur dit Cauchon. L'évêque d'Avranches fut plus explicite ; à son avis, c'était là une de ces causes ardues, qui, d'après saint Thomas et le droit canon, doivent être déférées au Saint-Siège. Enfin, l'un des signataires de la consultation du 12 avril, cédant sans doute aux remords de sa conscience, eut le courage de revenir sur son vote et de se prononcer aussi pour l'appel au Pape. L'évêque de Beauvais trouva donc, dans le clergé normand, un certain nombre d'ecclésiastiques assez éclairés et assez fermes pour oser le braver, en refusant de se faire les complices de sa vengeance.

2° Par l'Université. Au contraire, l'Université de Paris tout entière était d'avance gagnée à ses vues. Quatre de ses délégués furent chargés de lui porter les articles et de les commenter. La faculté de théologie, s'étant réunie le 14 avril, pour en délibérer, déclara, d'une voix unanime, la « femme » mentionnée dans les articles, coupable d'une multitude de crimes abominables, superstition, divination, invocation des démons, idolâtrie, hérésie, impiété, apostasie, etc., etc. Ces docteurs solennels, infatués d'eux-mêmes, ne doutent de rien. Ainsi, non seulement ils savent que les apparitions et visions de Jeanne « procèdent des esprits mauvais et infernaux », mais ils ont réussi — on ne sait par quel procédé — à déterminer scientifiquement la personnalité de ces esprits : ce sont « Bélial, Satan et Béhémoth ! » — La faculté de droit opina à peu près dans le même sens, avec moins de rigueur toutefois.

Ces consultations, si conformes aux désirs de Cauchon, décidaient, en fait, de l'issue du procès. Le sort de l'accusée est désormais fixé d'une manière irrévocable : ou elle se rétractera, ou elle périra par le feu.

Les docteurs, qui avaient été envoyés à Paris, en rapportèrent une lettre, dans laquelle l'Université exaltait, en termes pompeux, « la vigilance, la probité, le zèle sincère », que l'évêque de

Beauvais avait déployés, dans « le grand et fameux combat contre la femme qu'on appelle partout la Pucelle. Son poison s'était répandu très loin et avait intecté le bercail très chrétien de presque tout l'Occident. » — Ainsi donc, de l'aveu de ses pires ennemis, Jeanne avait convaincu de la réalité de sa mission — car c'est bien là ce qu'ils appellent « son poison », — non seulement les Français, mais les peuples voisins. « Cette édification des peuples, ajoute la lettre, est une iniquité et un scandale, il faut qu'elle cesse. » — Les prêtres juifs et les pharisiens disaient aussi de Jésus : « Cet homme fait beaucoup de miracles. Si nous le laissons ainsi, tous croiront en lui ; il faut donc qu'il meure. »

Maladie de la Pucelle. — Pendant que les théologiens et les canonistes de Rouen et de Paris épluchaient les douze articles, Jeanne tomba gravement malade. Les mauvais traitements qu'elle endurait dans sa prison et qu'elle appelait elle-même un martyre, les fatigues de tant d'interrogatoires, les émotions de ces dix mois de captivité, tout cela, joint à l'abstinence et au jeûne du carême, avait fini par ébranler sa santé, si robuste qu'elle fût.

Le gouvernement anglais avait prévu le cas et pris ses précautions en conséquence : il avait sous la main deux médecins de Paris, appelés d'avance pour donner leurs soins à la prisonnière, le cas échéant. Warwick les manda tout de suite au château et leur enjoignit de ne rien négliger, disant que la malade avait coûté fort cher et que, pour rien au monde, le roi ne voulait qu'elle mourût de mort naturelle. Les médecins la trouvèrent en proie à la fièvre, étendue sur son lit et les fers aux pieds. Quand ils parlèrent de la saigner : « Gardez-vous en bien, dit Warwick, la malade est avisée et elle pourrait bien en profiter pour se faire mourir. » Il finit pourtant par consentir et la saignée fut suivie d'un mieux sensible.

La guérison était en bonne voie, lorsqu'une visite fâcheuse du promoteur vint tout compromettre. La maladie ayant

Jeanne suspend ses armes dans l'église Saint-Denis.

16

commencé par des vomissements, survenus après un repas, où Jeanne avait mangé une carpe, envoyée par l'évêque de Beauvais, elle se hasarda à dire que cette carpe était peut-être la cause de son mal. Là-dessus, violente colère de d'Estivet : « Tu en as menti, s'écria-t-il, d'un ton furibond. Toi, paillarde, tu as mangé des harengs et d'autres choses, qui te sont contraires », et il continua de l'invectiver, en termes tels que nous ne voulons pas les reproduire, par respect pour le lecteur. A la suite de cette scène, la fièvre revint, plus forte que jamais.

Première exhortation charitable. — Cependant, Cauchon, d'accord avec le régent, cherchait avant tout à obtenir de Jeanne un désaveu de sa mission, parce que ce désaveu eût porté la plus grave atteinte à l'honneur de Charles VII, qui eût été ainsi convaincu d'être redevable de sa couronne aux services d'une aventurière. D'un autre côté, la législation ecclésiastique imposait aux juges l'obligation de ne rien négliger pour amener les coupables à résipiscence. Ce fut sans doute ce double motif qui engagea l'évêque à se rendre sans retard auprès de la prisonnière et à profiter de l'état d'extrême faiblesse où elle était réduite, pour lui arracher plus facilement un désaveu, si gros de conséquences.

Il se rendit donc à la prison, le 18 avril, en compagnie de six ecclésiastiques, et adressa à la malade une exhortation douce-reuse, dont nous détachons le passage suivant : « Les docteurs et maîtres, que vous voyez autour de vous, viennent, par bonne amitié et en esprit de charité, vous visiter dans votre maladie et vous apporter consolation et réconfort. Tous ici, nous sommes des ecclésiastiques ; par vocation, par choix, par inclination, nous sommes disposés à procurer, par tous les moyens pos-sibles, votre salut, spirituel et corporel, comme nous le ferions pour nos proches et pour nous-mêmes. » La conclusion de ce pathétique discours fut que Jeanne devait se conformer aux avis de ces charitables ecclésiastiques ; autrement ils seraient forcés de l'abandonner et elle se trouverait en grand péril.

« *Je vous remercie*, répondit-elle d'une voix languissante, *de ce que vous me dites pour le salut de mon âme. Il me semble, vu ma maladie, que je suis en grand danger de mort ; et, si tel est le bon plaisir de Dieu envers moi, je vous demande d'avoir la confession, mon Sauveur et l'inhumation en terre sainte.* » — « Il faut pour cela vous soumettre à l'Église. » — « *Je ne saurais vous en dire maintenant autre chose. Si le corps meurt en prison, je m'attends à ce que vous le fassiez mettre en terre sainte ; si vous ne l'y faites pas mettre, je m'en attends à Notre-Seigneur.* »

« Si vous ne voulez pas vous soumettre à l'Église, vous serez abandonnée, comme un sarrasine. » — « *Je suis bonne chrétienne et je mourrai en bonne chrétienne. Pour ce qui regarde cette soumission, je ne vous en répondrai que ce que j'en ai déjà répondu. J'aime Dieu, je le sers, je suis bonne chrétienne. Je voudrais aider et soutenir la sainte Église de tout mon pouvoir.* »

« Ne voudriez-vous pas que l'on ordonne une belle procession pour vous remettre en bon état, si vous n'y êtes? » — « *Je veux très bien que l'Église et les catholiques prient pour moi.* »

Deuxième exhortation charitable. — Jeanne, ayant enfin recouvré la santé, comparut, le 2 mai, devant une réunion de soixante-quatre ecclésiastiques, pour entendre une seconde exhortation charitable. Maître Jean de Châtillon, archidiacre d'Évreux, était chargé de porter la parole et tenait en main le manuscrit de son discours. Avant d'en commencer la lecture, il requit l'accusée de consentir à s'amender, conformément aux décisions des savants : « *Lisez votre livre*, lui dit-elle, *et puis je vous répondrai. Je m'en attends de tout à Dieu, mon créateur. Je l'aime de tout mon cœur.* » — « Vous ne voulez donc plus rien répondre à cette monition générale? » — « *Je m'en attends à mon juge ; c'est le Dieu du ciel et de la terre.* »

Il serait fastidieux d'analyser la harangue de l'archidiacre ; mais les interrogations et les réponses, dont elle fut entrecoupée, présentent un réel intérêt ; nous allons donner les principales.

« Vous avez dit autrefois que vos faits fussent examinés

par des clercs? » — « *J'en réponds tout autant maintenant.* » — « Vous soumettez-vous à l'Église militante? » — « *Je crois bien l'Église d'ici-bas; mais, de mes faits et de mes dits, ainsi que je l'ai dit autrefois, je m'en attends et rapporte à Dieu. Je crois bien que l'Église militante ne peut errer ni faillir. Quant à mes dits et faits, je m'en rapporte à Dieu, qui me les a fait faire.* »

« Si vous ne voulez pas croire l'Église, vous serez punie de la peine du feu. » — « *Je ne vous en répondrai pas autre chose. Si je voyais le feu, je vous dirais tout ce que je vous dis et je n'en ferais pas autre chose.* »

« Voulez-vous vous soumettre à Notre Saint-Père le Pape? » — « *Menez-moi vers lui et je lui répondrai.* »

L'archidiacre lui faisant un crime de n'avoir pas voulu prendre un habit de femme, pour être admise à la communion, elle répondit : « *Je veux bien prendre une robe longue et un chaperon de femme pour aller à l'église, pourvu qu'aussitôt après je puisse les quitter et reprendre l'habit que je porte. Quand j'aurai fait ce pourquoi je suis envoyée de Dieu, je prendrai habit de femme.* » Elle manifeste ainsi clairement qu'elle ne regardait pas sa mission comme terminée.

« Maintenez-vous vos révélations? » — « *Je m'en rapporte à mon juge, à Dieu. Mes révélations sont de Dieu.* »

« Quant au signe donné au roi, voulez-vous vous en rapporter à l'archevêque de Reims, à La Trémoille, à La Hire? » — « *Baillez-moi un messager et je leur écrirai ce qu'il en est de tout ce procès. Autrement je ne m'en rapporterai pas à eux.* »

« Si vous ne vous soumettez pas à l'Église vous pourriez vous mettre en danger d'encourir les peines du feu éternel pour l'âme, et du feu temporel pour le corps. » — « *Vous ne ferez pas ce que vous dites là, contre moi, sans qu'il vous en prenne mal, pour l'âme et pour le corps.* »

Jeanne en face de la torture. — Le 9 mai, veille de l'Ascension, Jeanne fut conduite dans la grande tour du château, pour y subir un nouvel assaut. Aux côtés des deux juges se tenaient une dizaine d'assesseurs, et, tout près des instruments de torture, l'appariteur et son aide, chargés de les appliquer aux accusés, dont on voulait obtenir des aveux.

Menacée d'être soumise à la torture, si elle refusait de dire la vérité et de révoquer « ses contes mensongers », la sainte enfant répondit avec une noble assurance : « *En vérité, si vous deviez me disloquer les membres et faire partir l'âme du corps, je ne vous en dirais pas pour cela autre chose ; et, si je vous en disais quelque autre chose, après, je vous dirais toujours que vous me l'avez fait dire par force. A la dernière fête de la Sainte Croix, j'ai eu confort de saint Gabriel. J'ai demandé conseil à mes Voix pour savoir si je me soumettrais à l'Église. Elles m'ont dit que, si je voulais que Notre-Seigneur me soit en aide, je m'en attende à lui de tous mes faits. — J'ai demandé à mes Voix si je serais brûlée. Elles m'ont répondu de m'en attendre à Notre-Seigneur et qu'il m'aidera.* »

« Pour le signe de la couronne, voulez-vous vous en rapporter à l'archevêque de Reims? » — « *Faites-le venir et que je l'entende parler. Il n'oserait pas dire le contraire de ce que je vous ai dit.* »

En présence de cette indomptable fermeté, Cauchon ne crut pas devoir pousser les choses plus loin. Il ne fit pas appliquer la torture, sans doute parce qu'il vit bien qu'il n'obtiendrait pas ainsi la rétractation désirée.

Troisième exhortation charitable. — Cauchon convoqua les consulteurs, le 19 mai, dans la chapelle de l'archevêché, pour leur donner connaissance de la délibération de l'Université. Après lecture du document, il exigea que chacun d'eux émît son avis sur la suite à donner au procès. Tel était le prestige de l'Université que pas un des quarante-huit ecclésiastiques présents ne se permit de formuler le plus léger doute sur le bien fondé de son jugement. Mais la majorité fut d'avis que, avant d'en venir à la sentence définitive, il convenait d'avertir encore une fois charitablement l'accusée et de la mettre en demeure de se rétracter.

Cette troisième exhortation charitable eut lieu quatre jours après (23 mai) dans une salle voisine de la prison. L'assistance était peu nombreuse mais distinguée ; les évêques de Thérouanne et de Noyon en faisaient partie. Maître Pierre Morice était chargé de porter la parole. Bien que délégué de l'Université, il ne semble pas avoir partagé les sentiments haineux de ses collègues ; en tout cas, son discours témoigne d'un intérêt, qui paraît sincère, en faveur de l'accusée. Peut-être, au fond du cœur, ne la jugeait-il pas coupable ; mais, en présence de la réprobation unanime de l'Université, il savait trop bien qu'elle était perdue, si elle persistait à ne pas vouloir se rétracter. C'est pourquoi il fit tous ses efforts pour l'amener à se soumettre.

« Jeanne, chère Jeanne, dit-il en finissant, c'est maintenant le moment, à la fin de votre procès, de bien peser ce qui a été dit. Vos juges, ici présents, désireux du salut de votre âme et de votre corps, ont soumis vos paroles à l'examen de l'Université de Paris, soleil de toutes les sciences, extirpatrice des erreurs. Ils ont reçu ses conclusions et ont ordonné de vous avertir de nouveau, vous priant, vous exhortant, par les entrailles de Notre-Seigneur .Jésus-Christ, de corriger vos assertions et de les soumettre au jugement de l'Église.

« Oh ! Jeanne, réfléchissez : si, lorsque vous étiez dans les États de votre roi, un de ses chevaliers s'était avisé de dire : « Je n'obéirai ni au roi, ni à ses officiers », ne le condamneriez-vous pas ! Que direz-vous donc de vous-même, si vous n'obéissez pas aux officiers du Christ, à savoir, les prélats de l'Église? Si vous persévérez dans vos errements, sachez que votre âme va au devant de la damnation éternelle et je crains la destruction de votre corps. »

Jeanne répondit, sans se laisser émouvoir : « *Quant à mes faits et mes dits, que j'ai déclarés au procès. je m'y rapporte et veux les soutenir.* » — « Ne croyez-vous pas que vous êtes tenue de vous soumettre à l'Église? » — « *Je veux maintenir la manière que j'ai toujours dite et tenue au procès, quant à cela. Si j'étais en jugement, si je voyais le bourreau prêt à bouter le feu, le feu allumé, les bourrées flamber, si j'étais dans le feu, je n'en dirais pas autre chose et, jusqu'à la mort, je soutiendrais ce que j'ai dit au procès. »*

Le désaveu, que Cauchon poursuivait avec tant d'âpreté et si peu de succès, lui échappait encore une fois ; il espérait peut-être être plus heureux le lendemain, dans la séance solennelle du jugement. Nous verrons, au chapitre suivant, comment et jusqu'à quel point son espérance se réalisa.

CHAPITRE VI

Dernières luttes.

Le vendredi, 24 mai, Jeanne fut conduite au cimetière Saint-Ouen, pour y entendre la lecture du jugement. Deux estrades étaient dressées ; les deux juges, le cardinal d'Angleterre, trois évêques et de nombreux ecclésiastiques prirent place sur la première ; la seconde était réservée à l'accusée, au prédicateur, Guillaume Érard, et aux officiers du tribunal.

Devant ces estrades se pressait une foule innombrable : badauds et curieux, en quête d'émotions ; bourgeois et artisans, restés Français de cœur, et faisant, en secret, des vœux pour l'héroïne ; Anglais, altérés de vengeance, impatients de voir brûler la sorcière, qui leur avait infligé tant de défaites.

Même diversité de sentiments parmi les ecclésiastiques : tous, il est vrai, désiraient que Jeanne se soumît, mais pour des motifs combien différents ! Parvenir à lui faire renier sa mission, c'était pour Cauchon et ses complices un triomphe personnel, la justification de leur indigne conduite ; pour le cardinal d'Angleterre et son gouvernement, un éclatant succès politique, à cause de la flétrissure qui en rejaillirait sur le roi de France. D'autres, au contraire, comme Pierre Morice et les dominicains, Isambart et Martin Ladvenu, que nous verrons bientôt unir leurs efforts pour amener la Pucelle à se rétracter,

agissaient par un sentiment de compassion aveugle, mais sincère. Ils savaient qu'un refus allait infailliblement la conduire
au bûcher. Pour lui faire éviter cet atroce supplice, ils sont
disposés à lui conseiller la soumission, par bonté d'âme, sans se
préoccuper des droits de la vérité.

Sermon de G. Érard. — Un discours de maître Guillaume
Érard ouvrit la séance. Il n'est pas reproduit dans l'instrument
du procès, mais les témoins s'accordent à dire que c'était un
misérable tissu d'injures contre le clergé français, qui avait
examiné la Pucelle, et contre Charles VII, qui avait accepté ses
services : « O maison de France, s'écria l'énergumène, dans un
grand mouvement d'éloquence, jusqu'à ce jour tu avais été
exempte de tous les monstres de l'hérésie, et maintenant, en
adhérant à cette femme, sorcière, hérétique, superstitieuse,
tu t'es couverte d'infamie. »

Après cette belle prosopopée, il se tourna vers l'accusée et
l'apostropha en ces termes : « C'est à toi, Jeanne, que je parle,
et je te dis que ton roi est hérétique et schismatique. » Elle
avait subi, sans rien dire, les injures qui s'adressaient à sa personne ; mais, quand elle entendit outrager son roi, elle n'y tint
plus et lança à la face du prêcheur un solennel démenti : « *Par
ma foi, révérence gardée, il n'est pas tel que vous dites; car je vous
ose bien dire que c'est le plus noble chrétien de tous les chrétiens,
et qui aime mieux la foi et l'Église.* » — « Faites-la taire », s'écria
Érard, en s'adressant à l'huissier, qui se tenait près d'elle.

Sa harangue terminée, il demanda à Jeanne si elle voulait
soumettre à l'Église ses dits et faits, ajoutant que les clercs y
avaient remarqué plusieurs choses, qui « n'étaient pas bonnes à
soutenir ». — « *Je vais*, dit-elle, *vous répondre. Pour ce qui est
de ma soumission à l'Église, je leur ai dit, sur ce point: « Que
toutes les œuvres, que j'ai faites, que tous mes dits soient envoyés
à Rome, devers Notre Saint-Père le Pape, auquel et à Dieu premier
je m'en rapporte.* » *Les faits que j'ai faits, je les ai faits de par
Dieu. De mes dits, de mes faits, je ne charge personne au monde,*

*ni mon roi, ni tout autre. S'il y a quelque faute, c'est à moi et non
à un autre qu'il faut l'attribuer.* »

« Dans vos faits et dans vos dits, ce qui est condamné, voulez-vous le révoquer? » — « *Je m'en rapporte à Dieu et à Notre
Saint-Père le Pape.* » — « Cela ne suffit pas, répliqua le prêcheur.
L'on ne peut aller quérir Notre Saint-Père si loin. Les Ordinaires
sont juges aussi dans leurs diocèses. C'est pourquoi il faut que
vous teniez ce que les clercs et gens qui s'y connaissent disent
et ont déterminé de vos dits et faits. » Elle ne répondit pas ;
même silence après une deuxième et une troisième admoni-
tion.

Remarquons que tout ce dialogue, y compris le nouvel appel
au Pape, est consigné dans le procès-verbal officiel ; ce qui
n'empêchera pas Cauchon d'insérer, dans les considérants de
son jugement, cet impudent mensonge : « En termes exprès
et à plusieurs reprises, tu as refusé de te soumettre à Notre
Saint-Père le Pape. »

En présence de cette inébranlable fermeté, il ne restait plus
qu'à prononcer la sentence, qui allait livrer Jeanne au bras
séculier, c'est-à-dire l'envoyer au bûcher. Cauchon en commença
donc la lecture. Nous touchons ici au moment le plus sombre
d'une vie, où tout jusque-là a été rayonnement et splendeur.

A s'en rapporter au procès-verbal, Cauchon avait déjà lu
la majeure partie de son écrit; lorsque Jeanne « dit qu'elle voulait tenir ce que les juges voudraient dire et sentencier ; que,
puisque les gens d'Église disaient que ses apparitions et révélations n'étaient point à soutenir, elle s'en rapportait entièrement aux juges et à notre Mère, la sainte Église. Alors aussi, en
présence d'une grande multitude de clergé et de peuple, elle fit
son abjuration, d'après une formule rédigée en français, qui lui
fut lue en ce moment ; elle récita la formule et la signa de sa
propre main. »

C'est pourquoi, après avoir pris l'avis du cardinal d'Angleterre, qui lui dit de la recevoir à pénitence, le juge, laissant de

côté la première sentence, en lut une autre, qu'il avait préparée d'avance ; la Pucelle y était relevée de ses censures, mais condamnée, en expiation de ses fautes, à la prison perpétuelle.

Tout homme de bonne foi, qui aura étudié sérieusement les pièces de l'abominable procès, se refusera à croire que la sainte victime de la haine anglaise ait ainsi, subitement, donné un démenti à toute sa vie et renié sa mission, quelques minutes seulement après l'avoir affirmée à nouveau, d'une manière si solennelle. Et cependant, d'autre part, on ne peut supposer le procès-verbal absolument faux ; car la scène s'était passée au grand jour, devant un public très nombreux. Il a donc dû y avoir, à défaut d'abjuration réelle, un semblant d'abjuration ou une sorte d'abjuration inconsciente, que le juge aura été trop heureux d'accepter comme valable, parce qu'elle servait ses desseins. Telle est la conclusion, à laquelle serait naturellement amené tout esprit judicieux, même en l'absence de preuves positives ; ce qui n'est pas le cas.

Nous avons, en effet, pour réduire à leur juste valeur les assertions de la pièce officielle, les témoignages concordants des trois greffiers, de l'huissier et de plusieurs autres témoins dignes de foi.

Voici maintenant, d'après leurs dépositions, reçues sous la foi du serment, comment les choses se passèrent : Guillaume Érard, voyant que son discours n'avait point produit l'effet désiré, redoubla d'instances pour amener Jeanne à abjurer. — « *Abjurer?* disait-elle, *je ne sais pas ce que c'est.* » — Massieu le lui expliqua. — « Nous avons grande compassion de vous, reprenait le prêcheur ; il faut que vous rétractiez ce que vous avez dit, ou que nous vous abandonnions à la justice séculière. » — « *Je n'ai rien fait de mal*, répondait la sainte enfant. *Je crois les douze articles du symbole et les dix commandements de Dieu. Je m'en rapporte à la Cour romaine et veux croire ce que croit la sainte Église.* »

On lui criäit de divers côtés : « Faites ce qu'on vous conseille ;

voulez-vous donc vous faire mourir. » — « Croyez-moi, Jeanne, disait Loyseleur, si vous le voulez, vous serez sauvée. Faites ce qu'on vous ordonne, sans quoi vous êtes en grand danger de mort. Si vous faites ce que je vous dis, vous serez remise à l'Église. » Assurément la perspective de se voir débarrassée de ses geôliers et confiée à la garde de femmes dans une prison ecclésiastique, était de nature à lui sourire. Néanmoins, elle résistait toujours : « *Vous vous donnez beaucoup de peine pour me séduire* », disait-elle.

Cependant Cauchon observait avec grand intérêt l'assaut qu'elle avait à soutenir, seule, contre la haine astucieuse des uns et la compassion mal inspirée des autres. Il ne se hâtait pas de donner lecture de la sentence et, quand il s'y fut décidé, il eut soin de procéder avec une lenteur calculée. Avant d'arriver à la conclusion finale, il fit une pause, qui excita l'indignation des Anglais. Un clerc, de la suite du cardinal, le prit à partie, lui reprocha ce qu'il appelait sa partialité en faveur de Jeanne et le traita de traître : « Vous en avez menti », riposta le prélat, en jetant son papier par terre, « et je n'irai pas plus loin que vous ne m'ayez fait réparation ». Le cardinal dut s'interposer. La foule était en proie à une grande agitation et des pierres volèrent de divers côtés sur l'estrade des ecclésiastiques.

A la fin, de guerre lasse, Jeanne aurait dit à l'huissier, qui lui présentait la formule d'abjuration et l'engageait à la signer : « *Je m'en rapporte à l'Église universelle. Que l'Église et les clercs voient le papier. S'ils me disent que je dois le signer et faire ce que l'on me commande, je le ferai volontiers.* » — « Signe tout de suite, dit Érard, sans quoi tu vas finir aujourd'hui tes jours par le feu. » Alors seulement elle comprit que ce n'était pas une vaine menace ; elle pouvait d'ailleurs apercevoir le bourreau qui se tenait sur la place avec sa charrette, attendant qu'on la lui livrât. Jusque-là elle ne s'était pas rendu compte de l'imminence du péril. Quand elle se vit ainsi brusquement placée en face du bûcher, sur le point d'être brûlée vive, une terreur incoercible s'empara de tout son être et brisa les ressorts de sa volonté. A la place de l'héroïne, qui, tout à l'heure encore, répondait si hardiment à ses juges, il n'y avait plus qu'une pauvre fille apeurée, qui balbutiait d'une voix lamentable : « *J'aime mieux signer que d'être brûlée.* »

Cauchon n'attendait que cette parole. Vite on se hâte de lui lire la formule d'abjuration, préparée d'avance, et elle, machinalement, sans avoir conscience de ce qu'elle fait, sans paraître attacher la moindre importance à ce qu'elle dit, répète, en riant, les mots que lui souffle l'huissier. Puis, en guise de signature, elle fait une croix au bas de la cédule. Celle-ci se composait de six à huit lignes de grosse écriture. On ignore quels en étaient les termes. « Je me rappelle bien, dit Massieu, que, dans cette cédule, il était spécifié qu'elle (Jeanne) ne porterait plus ni armes, ni habit d'homme, ni cheveux taillés et autres choses que j'ai oubliées. Je sais bien que cette cédule contenait huit lignes, pas davantage. Je sais, à n'en pas douter, que ce n'est pas celle qui est mentionnée au procès. »

Celle que Cauchon jugea à propos de lui substituer est bien dix fois plus longue. Un secrétaire du roi d'Angleterre l'avait tirée de sa manche et présentée à Jeanne, avec une plume, pour la signer : « *Je ne sais ni lire ni écrire,* lui dit-elle ; comme il insistait, elle y traça un rond, en se moquant. Il lui prit alors la main et lui fit faire on ne sait quel signe.

Toute cette mise en scène avait été évidemment machinée en vue d'arracher à la sainte enfant un acte qu'on pourrait, vaille que vaille, présenter comme un désaveu de sa mission. Affolée, hors d'elle-même, elle fit le geste imposé, sans en comprendre la portée, tellement la crainte avait paralysé ses facultés. Un tel acte est nul et sans aucune valeur. Du reste, les spectateurs ne s'y trompèrent pas ; il n'en manquait pas, rapporte un témoin, qui disaient que cette abjuration était une « farce, une dérision. »

Telle quelle, elle servait trop bien les desseins de Cauchon

Jeanne à Compiègne.

pour qu'il ne fût pas heureux de s'en contenter. Mais les soldats
et les Anglais, qui n'étaient point dans les secrets du gouvernement, furent indignés de sa conduite. Warwick lui-même partageait ce sentiment : « Les affaires du roi vont mal, dit-il ; cette
fille nous échappe. » A quoi un des assesseurs répondit : « Soyez
tranquille, nous la rattraperons. »

Jeanne, condamnée par un tribunal ecclésiastique, aurait
dû être enfermée dans une prison d'église et gardée par des
femmes. On le lui avait d'ailleurs promis pour l'engager à se soumettre. Aussi, après le prononcé du jugement : « *Or ça,* dit-elle,
*vous autres, gens d'Église, menez-moi en vos prisons, et que je ne
sois plus entre les mains de ces Anglais.* » Des assesseurs
appuyaient cette trop juste réclamation. Cauchon n'en tint
aucun compte : « Conduisez-la, dit-il, où vous l'avez prise. »

Le même jour, dans la soirée, le vice-inquisiteur se rendit
à la prison pour exhorter la condamnée à se soumettre humblement à la sentence qui la frappait ; il lui enjoignit d'avoir
à quitter ses vêtements d'homme, à se faire raser les cheveux,
et l'avertit que l'Église l'abandonnerait sans retour, si elle
retombait dans ses anciennes erreurs. La pauvrette, encore
sous le coup des terribles émotions du matin, répondit qu'elle
obéirait et prit l'habit de femme qu'on lui présenta.

Le procès-verbal, d'où est extrait ce récit, fut rédigé après
coup, en vue du procès de rechute. Il est donc suspect, à tout le
moins incomplet ; car il n'est guère croyable que la victime n'ait
pas, dans cette entrevue. protesté contre l'injustice qu'on lui
faisait, en la privant du bénéfice d'une prison ecclésiastique.
La sienne allait bientôt se transformer en un épouvantable
enfer (25-27 mai).

Les démons anglais, auxquels Cauchon l'avait livrée, furieux
de la voir échapper au bûcher, l'accablèrent de mauvais traitements et la prison devint, dans la journée du samedi, le théâtre
d'horreurs que la plume se refuse à décrire. Le surlendemain,
elle « disait publiquement, rapporte Isambart, que les Anglais

lui avaient fait et fait faire, en la prison, beaucoup de tort et de violence, quand elle était revêtue d'habits de femme. » Le même témoin déclare l'avoir vue « éplorée, le visage plein de larmes, défiguré et outragé », au point d'exciter « pitié et compassion ». Elle disait aussi que c'était la cause qui lui avait fait reprendre l'habit d'homme.

Elle le reprit, en effet, le dimanche matin, non toutefois de sa propre initiative, si nous en croyons l'huissier Massieu ; pendant qu'elle était couchée, les gardes auraient enlevé ses habits de femme et. mis à la place son ancien costume. Quoi qu'il en soit, il n'est pas douteux qu'elle le reprit avec joie, parce qu'il protégeait mieux sa pudeur.

Cauchon, informé du fait, chargea les greffiers et plusieurs assesseurs de se rendre à la prison, pour le constater officiellement. « Il est bon, dit l'un d'eux, de s'informer du motif qui lui a fait reprendre l'habit masculin. » C'était là précisément ce que les Anglais du château, coupables ou complices des attentats de la veille, avaient intérêt à cacher. C'est pourquoi, à peine entrés dans la cour, les envoyés de Cauchon se virent assaillis par une bande de forcenés, qui les accablèrent d'injures et de menaces, de sorte qu'ils s'enfuirent à toutes jambes sans avoir rempli leur mission.

En reprenant l'habit viril, Jeanne devenait relapse ; de là le nouveau procès, qu'on instruisit dès le lendemain (lundi, 28 mai). Les deux juges vinrent à la prison, avec les greffiers et une dizaine d'assesseurs. Le greffier Manchon avait eu tellement peur, la veille, qu'il ne se décida à se rendre au château qu'accompagné par le comte de Warwick. Étant donné cet état d'esprit, on conçoit sans peine qu'il se soit gardé de rien enregistrer contre la volonté des maîtres de céans, et son procès-verbal s'en est naturellement ressenti.

« Pourquoi, dit Cauchon à Jeanne, et quand avez-vous repris l'habit d'homme? » — « *Il n'y a pas longtemps que j'ai pris l'habit d'homme et laissé l'habit de femme. Je l'ai pris de ma volonté et sans nulle contrainte. J'aime mieux l'habit d'homme que l'habit de femme. Étant parmi des hommes, il m'était plus convenable de le reprendre. Je l'ai repris, parce qu'on n'a pas tenu ce qu'on m'avait promis, à savoir, que j'irais à la messe, que je recevrais mon Sauveur et qu'on me mettrait hors des fers.* »

La réponse a été certainement tronquée à dessein ; Manchon lui-même en convenait, lorsqu'il disait, au procès de réhabilitation : « Interrogée, en ma présence, pourquoi elle avait repris le vêtement viril, elle répondit que c'était pour la défense de sa pudeur ; qu'elle n'était pas en sûreté avec ses gardes, qui avaient voulu attenter à sa vertu. » — Elle a dû aussi être falsifiée ; car, si l'on en croit l'huissier Massieu, Jeanne lui aurait dit que les gardes avaient enlevé les habits de femme et mis à la place son ancien costume. Elle n'a donc pas dit qu'elle « l'avait repris sans nulle contrainte ».

« N'aviez-vous pas juré de ne point reprendre cet habit? » — *« Onques ne compris faire serment de ne le pas prendre. J'aime mieux mourir que d'être aux fers. Mais, si l'on veut m'ôter des fers, me laisser aller à la messe, me mettre en prison gracieuse, avec une femme avec moi, je serai bonne et ferai ce que l'Église voudra. »*

« Depuis jeudi, n'avez-vous pas entendu vos Voix? » — *« Oui, je les ai entendues. »* — « Que vous ont-elles dit? » — *« Ce qu'elles m'ont dit? Dieu m'a mandé, par sainte Catherine et sainte Marguerite, la grande pitié de la trahison que j'ai consentie, en faisant l'abjuration et révocation, pour sauver ma vie. Avant jeudi ces Voix m'avaient dit ce que je ferais, ce que je fis ce jour-là. Sur l'échafaud, les Voix me dirent de répondre hardiment à ce prêcheur ; c'était un faux prêcheur, qui a dit plusieurs choses que je n'ai pas faites. Si je disais que Dieu ne m'a pas envoyée, je me damnerais ; car il est vrai que Dieu m'a envoyée. Mes Voix m'ont dit depuis que j'avais fait une grande mauvaiseté en faisant ce que j'ai fait, en confessant que je n'avais pas bien fait. C'est par peur du feu que j'ai dit ce que j'ai dit. »*

« Croyez-vous que vos Voix soient sainte Catherine et sainte

Marguerite? » — « *Oui, je le crois, et qu'elles viennent de la part
de Dieu.* » — « Et la couronne? » — « *Je vous en ai dit la vérité
au procès, le mieux que j'ai pu.* » — « Sur l'échafaud vous avez
confessé avoir menti, en disant que c'étaient sainte Catherine
et sainte Marguerite qui vous parlaient. » — « *Je n'ai point
entendu révoquer mes apparitions, à savoir que ce fussent sainte
Catherine et sainte Marguerite. Tout ce que j'ai fait, je l'ai fait
par peur du feu, et je n'ai rien révoqué que ce ne fût contre la vérité.
J'aime mieux faire ma peine en une fois, à savoir, mourir, que
d'endurer plus longue peine en prison. Je ne fis jamais chose
contre Dieu et contre la foi, quelque chose qu'on m'ait fait révoquer.
Ce qui était en la cédule d'abjuration, je ne l'entendais pas. Au
moment où je faisais la révocation, je n'entendais point révoquer
quelque chose que ce fût, si ce n'était à condition que cela plût à
Notre-Seigneur. Si les juges le veulent, je reprendrai l'habit de
femme ; pour tout le reste, je ne ferai rien autre chose.* »

Ainsi, après avoir écouté humblement les reproches de ses
Voix, Jeanne s'était complètement ressaisie. Jamais peut-être
elle ne se montra plus sublime que dans cette scène émouvante,
où elle jouait sa vie avec une si héroïque simplicité, en affirmant
à nouveau, devant ses juges, la mission qu'ils tenaient tant
à lui faire renier.

Le dénouement du drame ne pouvait plus tarder. Au sortir
de la prison, Cauchon, rencontrant le comte de Warwick, se
hâta de l'en informer, en lui disant, d'un air joyeux : « Farewell,
farewell ; c'est fait ; nous la tenons. »

Le lendemain, 29 mai, les juges et quarante et un assesseurs
se réunirent dans la chapelle de l'archevêché pour entendre
la lecture du procès-verbal, et décider de la suite à donner au
procès de relapse. L'abbé de Fécamp émit l'avis qu'il « serait
bon de lire à Jeanne de nouveau la formule d'abjuration et de
lui en exposer le sens ». Trente-huit assesseurs opinèrent de même.
Cauchon jugea qu'il était plus prudent de s'en tenir là. Les
juges la condamnèrent donc, séance tenante, comme relapse,

et déclarèrent qu'il fallait l'abandonner à la justice séculière, en priant toutefois celle-ci de modérer ses rigueurs.

Le lendemain, 30 mai, au matin, les dominicains, Isambart de la Pierre et Martin Ladvenu, arrivèrent de bonne heure à la prison. Ils étaient envoyés par les juges, avec la mission de préparer Jeanne à la mort. L'annonce du terrible supplice, qu'elle allait subir dans quelques heures, la fit tout d'abord frémir. En pouvait-il être autrement? Elle n'avait pas encore vingt ans ! et il semble bien que, jusque-là, elle n'avait pas perdu tout espoir de délivrance : « *Hélas!* s'écriait-elle en sanglotant, *me traite-t-on ainsi horriblement et cruellement qu'il faille que mon corps, net en entier, qui ne fut jamais corrompu, soit aujourd'hui consumé et réduit en cendres. Ha! ha! j'aimerais mieux être décapitée sept fois que d'être ainsi brûlée! Hélas! si j'eusse été en la prison ecclésiastique, à laquelle je m'étais soumise, et que j'eusse été gardée par des gens d'Église et non par mes ennemis, il ne me fût pas si misérablement arrivé malheur. Oh! j'en appelle, devant Dieu, des grands torts et ingravances que l'on me fait.* »

Pendant qu'elle exhalait ces plaintes, des assesseurs, des religieux avaient pénétré dans la prison. Lorsque la première émotion fut un peu calmée, elle s'entretint quelques instants avec eux ; s'adressant à Pierre Morice, qui lui avait témoigné de l'intérêt : « *Maître Pierre*, lui dit-elle, *où serai-je ce soir?* » — « N'avez-vous pas bonne espérance dans le Seigneur? » répondit-il. — « *Oui, avec la grâce de Dieu, je serai en paradis.* »

Cauchon vint aussi ; quand elle l'aperçut : « *Évêque*, s'écria-t-elle, *je meurs par vous!* » — « Ah ! Jeanne, répliqua-t-il, prenez votre sort en patience ; vous mourez, parce que vous n'avez pas tenu ce que vous aviez promis et que vous êtes retournée à votre premier maléfice. » — « *Hélas!* ajouta-t-elle, *si vous m'eussiez mise aux prisons de cour d'Église, entre les mains de concierges ecclésiastiques convenables, cela ne fût pas arrivé. C'est pourquoi j'en appelle de vous, devant Dieu.* »

Les visiteurs s'étant retirés, Martin Ladvenu, qui l'avait

déjà confessée avant leur arrivée, l'entendit de nouveau. La confession finie, elle le supplia de lui donner la sainte communion, dont elle était privée depuis si longtemps. Le cas était embarrassant et le religieux n'osa pas prendre sur lui d'accorder cette demande. Il en référa donc à l'évêque de Beauvais. Celui-ci, mû sans doute par un sentiment tardif de pitié pour sa victime, que, mieux que personne, il savait innocente, permit qu'on lui donnât l'Eucharistie et tout ce qu'elle demanderait. Ainsi, il lui accordait la communion, au moment même où il se disposait à la déclarer hérétique et excommuniée ! Étrange contradiction !

La crainte de froisser les Anglais était si grande que la sainte hostie fut d'abord apportée furtivement, dans un corporal, par un prêtre sans étole et sans surplis. Indigné d'une telle irrévérence, Frère Martin renvoya le prêtre, fit allumer des cierges et organisa une procession pour escorter le Saint Sacrement. En défilant, on récitait les litanies, et, à chaque invocation, les assistants répondaient : « Priez pour elle. » Jeanne reçut le corps de Notre-Seigneur dans les sentiments de la foi la plus vive et de la piété la plus ardente, en versant des larmes abondantes.

Avant de la conduire au lieu du supplice, on lui fit revêtir une robe longue et un chaperon de femme. La charrette du bourreau l'attendait dans la cour. Elle venait d'y monter, lorsqu'on vit un ecclésiastique s'en approcher et s'y cramponner, les yeux baignés de larmes, le geste suppliant. C'était le traître Loyseleur, qui, touché de remords, implorait son pardon. A cette vue, les soldats, massés dans la cour, se jetèrent sur lui ; ils allaient le massacrer, si Warwick ne l'eût soustrait à leur fureur, en le faisant promptement disparaître. Il s'éloigna aussitôt de Rouen, où sa vie n'eût pas été en sûreté.

Durant le trajet, Jeanne prie et pleure ; de temps en temps, un cri de douleur résignée s'échappe de ses lèvres : « *Rouen, Rouen, est-ce donc ici que je dois mourir ?* »

Il était environ neuf heures lorsque le lugubre cortège arriva sur la place du Vieux-Marché, oü se pressait une foule énorme, dix mille personnes, dit-on. Quatre échafauds y étaient dressés ; sur l'un, à côté des juges, prirent place le cardinal d'Angleterre, · l'évêque de Thérouanne, chancelier de la France anglaise, les évêques de Noyon et de Norwich, avec de nombreux ecclésiastiques ; Jeanne monta sur un autre, avec le prédicateur, l'huissier et ses deux consolateurs, Isambart de la Pierre et Martin Ladvenu. Le troisième était occupé par les représentants de la justice séculière, qui avaient seuls le droit de prononcer l'arrêt de mort : le bailli de Rouen, Raoul Bouteiller, son lieutenant et ses agents y étaient installés. Le quatrième était le bûcher, formé d'un socle en maçonnerie, d'une hauteur inusitée ; un amas de bourrées s'élevait par-dessus, dominé par le poteau, auquel on allait attacher la condamnée. A côté, se dressait un autre poteau, portant une pancarte, sur laquelle on lisait une inscription, en gros caractères : « Jeanne, qui s'est fait nommer la Pucelle, menteresse, pernicieuse, abuseresse du peuple, devineresse, superstitieuse, blasphématrice de Dieu, présomptueuse, mal créante de la foi de Jésus-Christ, vanteresse, idolâtre, cruelle, dissolue, invocatresse des diables, apostate, schismatique et hérétique. »

Le dernier acte de la sinistre tragédie s'ouvrit par un sermon de Nicolas Midi, l'un des maîtres de l'Université de Paris ; il le termina par ces mots : « Jeanne, va en paix ; l'Église ne peut plus te défendre. » Cauchon prit ensuite la parole ; après avoir brièvement résumé la cause et exposé, à sa façon, les prétendus crimes de sa victime, il donna lecture de la sentence qui la déclarait relapse et hérétique. En conséquence, il l'abandonnait au bras séculier, non sans recommander au bailli d'épargner à la condamnée la mort et la mutilation. Le bûcher, qu'il avait sous les yeux, disait assez le compte qu'on allait tenir de cette formule dérisoire.

La sainte enfant avait écouté le sermon et la sentence dans

une attitude calme et résignée. Ensuite, à genoux et les yeux baignés de larmes, elle exhala, à haute voix, les pieux sentiments dont son cœur était rempli, invoquant tour à tour Notre-Seigneur, la Sainte Vierge, les saints et saintes du ciel, avec des accents capables d'émouvoir des cœurs de pierre. A part un petit nombre d'Anglais, qui affectaient de ricaner, tous les assistants pleuraient à chaudes larmes, même le cardinal d'Angleterre, même Cauchon ! L'évêque de Thérouanne dira plus tard n'avoir pas tant pleuré à la mort de son père et de sa mère. Le greffier Manchon déclare avoir été plus d'un mois sous le coup des émotions qu'il avait éprouvées en ce moment.

Cependant la martyre n'était pas tellement absorbée dans sa préparation à une mort imminente, qu'elle ne se rendît compte du discrédit que cette mort ignominieuse risquait de jeter sur la cause, qu'elle avait si glorieusement servie et pour laquelle elle mourait. C'est pourquoi, s'oubliant elle-même, dans un sublime élan de générosité patriotique, pour dégager la responsabilité de Charles VII, elle interrompit sa prière et renouvela, devant l'immense assemblée, la déclaration qu'elle avait déjà faite, en présence de ses juges : « *Quoi qu'on pense de mes œuvres, en bien ou en mal, mon roi ne m'a pas engagée à les faire.* » Touchant témoignage de son dévouement envers un prince oublieux de ses services.

Ce pieux devoir rempli, elle s'adressa aux prêtres qui étaient là, les suppliant de lui dire chacun une messe. « Puis elle demanda pardon très humblement à tous les assistants, de quelque condition qu'ils fussent, tant de son parti que de l'autre, leur pardonnant elle-même le mal qu'ils lui avaient fait. » Sa prière s'était prolongée une demi-heure environ.

Cependant les Anglais commençaient à s'impatienter ; des capitaines criaient à l'huissier : « Eh bien ! prêtre, allez-vous nous faire dîner ici? » Elle-même, voyant bien, sans doute, qu'il fallait en finir, demanda une croix ; un Anglais lui en fit une avec deux brins de bois. « Elle la baisa et la mit dans son sein avec la plus grande dévotion. Elle témoigna cependant le désir d'avoir la croix de l'église ; Frère Isambart se hâta d'aller la chercher. Elle la pressa sur son cœur, la couvrit de ses baisers et de ses larmes, se recommandant à Dieu, à saint Michel, à sainte Catherine, à tous les saints. A la fin elle baisa la croix de nouveau, salua l'assistance et descendit de l'ambon. » (J. Massieu.) A ce moment les ecclésiastiques se retirèrent, à l'exception des deux dominicains, chargés de l'assister jusqu'à son trépas.

Le bailli, auquel Cauchon l'avait livrée, ne prit pas même la peine de prononcer l'arrêt de mort : « Emmène-la, dit-il au bourreau, et fais ton devoir. » Quand elle fut hissée sur le bûcher et attachée au poteau, on lui mit sur la tête une sorte de mitre, avec cette inscription : « Hérétique, relapse, apostate, idolâtre. » Puis, Martin Ladvenu approcha la croix de ses lèvres et elle y déposa un dernier baiser. Lorsqu'elle vit le bourreau mettre le feu, elle fit écarter ce bon religieux, mais le pria de tenir la croix devant elle, afin que, jusqu'à la fin, elle pût arrêter ses regards sur l'image du Sauveur, mourant pour nous. En même temps, pendant que la flamme montait, elle continuait ses pieuses supplications, répétant sans cesse le nom de Jésus. Ce fut le dernier mot qui sortit de sa bouche : « *Jésus, Jésus* », s'écria-t-elle, une dernière fois, d'une voix si forte que ce cri fut entendu de toute l'assistance. L'instant d'après elle expirait.

Le bourreau écarta alors la flamme, afin que tout le monde pût voir le corps pantelant. Puis, pendant que le feu achevait son œuvre, la foule se retira lentement, en proie à une poignante émotion. Quelques-uns disaient avoir vu le nom de Jésus, écrit sur les flammes. Un soldat anglais, animé d'une haine féroce, avait juré de jeter, de sa propre main, un fagot au bûcher. Il le fit ; mais on le vit, peu après, chanceler et tomber évanoui. Revenu à lui, il raconta qu'en entendant le dernier cri de la suppliciée, il avait vu une blanche colombe s'envoler du milieu des flammes et il ne doutait pas que ce fût l'âme de l'innocente victime. Un secrétaire du roi d'Angleterre, Jean Tressart, revenant de la place du Vieux-Marché, la tête basse et le front soucieux, se laissa aller à dire : « Nous sommes perdus, nous avons brûlé une sainte ; ceux qui ont approuvé sa condamnation sont damnés. »

Sur l'ordre du cardinal d'Angleterre, le bourreau mit dans un sac ce qui restait du corps de la suppliciée et jeta le tout à la Seine. Le soir, il se présenta au couvent des dominicains dans un état d'agitation extrême, en proie à une sorte de désespoir. Il craignait, dit-il aux Frères Isambart et Martin Ladvenu, de ne pouvoir jamais obtenir de Dieu pardon « de ce qu'il avait fait à cette sainte femme. Il disait et affirmait que, nonobstant l'huile, le soufre et le charbon, qu'il avait appliqués contre les entrailles et le cœur de Jeanne, il n'avait jamais pu les réduire en cendres. De quoi il était autant étonné, comme d'un miracle tout évident. »

AINSI MOURUT, LE 30 MAI 1431, DANS LA VINGTIÈME ANNÉE DE SON AGE, JEANNE LA PUCELLE, SUSCITÉE DE DIEU, POUR CHASSER L'ANGLAIS ENVAHISSEUR ET RENDRE LA FRANCE A SON ROI LÉGITIME.

Sainte Catherine et sainte Marguerite lui avaient maintes fois prédit qu'elle serait « délivrée à grande victoire ». La prophétie venait de s'accomplir, mais d'une manière bien différente de celle qu'avait rêvée l'intrépide guerrière. Cette mort, si pieusement résignée, qui a arraché des larmes à ses pires ennemis et entouré son front d'une auréole de sainteté, aux yeux de ceux qui en furent témoins, n'est-ce pas une grande victoire, la plus glorieuse qu'elle ait jamais remportée?

Des écrivains catholiques et de nombreux panégyristes laissent entendre qu'elle eut l'intelligence de ce mystère, avant d'expirer ; car ils lui font jeter, du milieu des flammes, ce cri de triomphe : « Non, mes Voix ne m'ont pas trompée. » Affirmation absolument gratuite ; pas un seul témoin ne mentionne ce fait,

Tout porte à croire, au contraire, que Jeanne, sur le bûcher. eût pu adresser à ses Voix la plainte que Jésus, en croix, fit monter vers son père : « Mon Dieu, mon Dieu, pourquoi m'avez-vous délaissé? » Si elle n'eut point, dans cette lutte suprême, la consolation de les voir et de les entendre, Dieu, qui la soutenait intérieurement de sa grâce, voulait sans doute rendre, par cet abandon, son sacrifice plus complet et plus méritoire. Les saintes lui avaient promis, « simplement, absolument et sans faillir », de la mener en paradis. Lorsque, le martyre étant consommé, elles y auront introduit son âme, alors, mais alors seulement elle aura compris.

LIVRE IV

Vie posthume.

CHAPITRE PREMIER

Manœuvres contre la mémoire de Jeanne.

Informations posthumes. — Lettre du roi d'Angleterre a l'empereur, aux rois et aux princes chrétiens ; aux autorités ecclésiastiques et civiles de son royaume de France. — Lettre de l'Université au Pape et aux cardinaux. — Condamnation de Pierre Bosquier. — Lettres de garantie délivrées aux agents du procès.

La fin si édifiante de la Pucelle avait laissé une impression profonde dans le cœur des Rouennais. L'opinion publique se déclarait ouvertement pour la victime, contre les juges et leurs conseillers ; « on les montrait du doigt, dit un témoin, et on en avait horreur ». Le jour même de l'exécution, au couvent des dominicains, où résidait le vice-inquisiteur, un religieux, nommé Pierre Bosquier, n'avait pas craint de dire publiquement que les juges avaient mal fait... Il importait donc de réagir au plus tôt. Les coupables, c'est-à-dire Cauchon, le gouvernement anglais et l'Université, comprirent tout de suite que le meilleur moyen de se justifier, devant l'opinion, était de déshonorer à jamais leur victime. Ils s'y employèrent de leur mieux.

Cauchon fit donc faire, « le jeudi 7 juin, des informations sur certaines choses que feue Jeanne, encore en prison, avait dites, en présence d'hommes dignes de foi, avant d'être conduite au lieu où devait être prononcée la sentence ». Son intention était de montrer, par des témoignages « dignes de foi », qu'elle s'était rétractée spontanément, le matin même de sa mort. Le procès-verbal relate les dépositions de sept témoins ; aucune mention ni du lieu où elles ont été faites, ni des personnes qui les ont entendues ; pas un des témoins n'a signé la sienne et les greffiers, sommés de les légaliser, refusèrent de le faire. Nous n'avons donc d'autre garant de leur authenticité que la bonne foi de l'évêque prévaricateur. C'est assez dire que leur valeur est nulle et qu'elles ne méritent aucune créance.

Néanmoins, comme des historiens en ont fait état, jetons un coup d'œil rapide sur leur contenu. Il se réduit aux trois points suivants :

1º Jeanne aurait avoué que ce qu'elle avait dit de la couronne était une fiction ; que, dans cette circonstance, elle avait été elle-même l'ange, qui apportait la couronne, de la part de Dieu. — Il y a donc là, non une rétractation, mais une simple explication. D'ailleurs, nous l'avons déjà dit, les expressions dont elle s'était servie, devant ses juges, laissaient suffisamment transparaître la vérité, sous le voile de l'allégorie.

2º Les témoins sont unanimes à déclarer qu'elle avait affirmé à nouveau la réalité de ses visions et révélations. — Elle l'avait fait tant de fois et si énergiquement au cours du procès, qu'il eût été difficile de faire croire qu'elle se fût démentie sur ce point.

3º Relativement à la nature des esprits qui lui étaient apparus, elle aurait déclaré s'en rapporter au jugement de l'Église ; mais elle se serait plainte amèrement d'avoir été déçue par eux, parce qu'ils lui avaient promis qu'elle serait « délivrée à grande victoire ». — Il est possible, probable même, que l'annonce du supplice imminent, au lieu de la délivrance espérée, ait arraché à la sainte enfant quelques paroles inconsidérées ; elle avait naturellement interprété la prophétie dans le sens favorable aux aspirations de son cœur : elle s'était attendue à sortir vivante des mains des Anglais ; et voilà qu'ils s'apprêtent à la conduire au bûcher !

L'aveu spontané, qu'elle aurait fait, de cette cruelle déception n'autorise pourtant pas à y voir, comme le prétend Cauchon, le reniement de ses Voix et de sa mission. D'ailleurs, si elle eut un moment de vertige, elle ne tarda pas à se ressaisir. Nous en avons pour garants de nombreux témoins ; ainsi, à s'en rapporter aux informations posthumes, Frère Martin Ladvenu aurait déclaré que Jeanne « avait avoué et reconnu avoir été trompée par les Voix » ; or, le même religieux, interrogé au procès de réhabilitation, dépose, en propres termes, que « Jeanne, jusqu'à la fin de sa vie, a affirmé que ses Voix venaient de Dieu, et qu'elle ne croyait pas avoir été trompée par elles ». Le greffier Manchon déclare également que « jamais elle n'a voulu révoquer ses révélations et qu'elle y a persévéré jusqu'à la fin ». On voit par là le degré de créance que mérite l'œuvre de Cauchon.

Cependant il y a une déposition, attribuée à Loyseleur, qui serait beaucoup plus grave que celles dont nous venons de donner la substance ; la voici, d'après le soi-disant procès-verbal : « Le témoin exhorta Jeanne, pour faire disparaître l'erreur, qu'elle avait semée dans le peuple, à avouer publiquement qu'elle avait été trompée et qu'elle avait trompé le peuple, et à demander pardon de cela. Jeanne répondit qu'elle le ferait volontiers. Elle donnait de grands signes de contrition des crimes, commis par elle. Il l'a entendue dans la prison, en présence de plusieurs, et dans le jugement public, demander pardon aux Anglais et aux Bourguignons, parce que, ainsi qu'elle l'avouait, elle les avait fait tuer, mis en fuite, et leur avait causé de nombreux dommages. »

Tout sue le mensonge et la fausseté, dans cette prétendue déposition. D'abord, si les choses s'étaient passées comme il vient d'être dit, Cauchon n'eût pas manqué de faire attester par de nombreux témoins un fait qui servait si bien ses intérêts ; or, nous n'avons ici qu'un seul témoin, et quel témoin ! Loyseleur, nous l'avons vu précédemment, touché d'un repentir qui paraissait sincère, avait, le matin de l'exécution, publiquement demandé pardon à la Pucelle, dans la cour du château ; et, sans l'intervention du gouverneur, les Anglais l'auraient massacré. Il avait quitté la ville en grande hâte et, par conséquent, n'avait pas assisté au jugement. Par quel miracle a-t-il donc entendu Jeanne, « dans le jugement », demander pardon, aux Anglais, et aux Bourguignons, des crimes commis par elle? Le misérable a-t-il menti sciemment, pour rentrer dans les bonnes grâces de ceux qui payaient ses trahisons? Ou bien, Cauchon a-t-il falsifié, inventé peut-être la déposition? On est libre de choisir entre les deux hypothèses.

Quoi qu'on en puisse d'ailleurs penser, il reste acquis que les informations posthumes sont dépourvues de toute valeur. Cela n'empêcha pourtant pas le gouvernement anglais de s'en servir pour tromper les princes et les peuples chrétiens.

Le 8 juin, le Conseil royal, dont Cauchon faisait partie, adressait, au nom du jeune roi, à l'empereur Sigismond, aux rois, ducs et autres princes de la chrétienté, une longue lettre, dont nous allons donner l'analyse. Elle avait pour but de faire connaître au monde chrétien comment une sorcière, qui se faisait appeler la Pucelle, venait de recevoir le châtiment de ses crimes, après avoir, « durant une année presque entière, séduit les peuples dans presque tout l'univers ». Quand elle fut prise, le roi aurait été autorisé à se venger immédiatement des graves dommages et des embarras qu'elle lui avait suscités. Il n'a pas voulu le faire, mais il l'a livrée à un tribunal ecclésiastique.

La lettre signale ensuite la longue durée du procès, le jugement porté par l'Université de Paris, les exhortations charitables adressées à la coupable, pour la faire rentrer dans le droit che-

Vue générale du vieux Château de Rouen.

min. Peine inutile ; dominée par l'esprit d'orgueil, « elle s'obstinait à se vanter d'avoir tout fait par le commandement de Dieu et des Vierges saintes qui lui apparaissaient. Ce qui est pire, elle ne reconnaissait aucun juge sur la terre..., récusant le jugement du Souverain Pontife et du Concile général. »

Pourtant, après une prédication publique, pendant la lecture de la sentence, « elle se soumit à l'ordonnance de l'Église, révoqua, à pleine bouche, ses erreurs et ses crimes pestilentiels, les abjura et souscrivit de sa propre main, la formule de sa rétractation et de son abjuration. » Mais, « l'esprit de superbe » l'ayant fait revenir « aux erreurs, aux insanités, qu'elle avait rejetées..., elle fut abandonnée au pouvoir séculier qui jugea que son corps devait être réduit en cendres. La malheureuse, se voyant près de sa dernière heure, reconnut et confessa que ces esprits, qu'elle disait lui être souvent apparus, étaient des esprits mauvais et menteurs, qu'ils lui avaient faussement promis la délivrance de sa prison, et elle avouait qu'ils l'avaient jouée et trompée. »

Cette lettre, chef-d'œuvre d'habileté et de mauvaise foi, ne pouvait manquer de produire dans les esprits une impression profonde ; d'ailleurs les assertions qu'elle contenait, reposaient sur un jugement canonique, dont les Français eux-mêmes et, à plus forte raison, les étrangers n'avaient aucun moyen de contrôler la valeur. Beaucoup, la plupart peut-être, des plus fervents admirateurs de la Pucelle en furent profondément troublés. Pouvait-on supposer le gouvernement d'un grand pays assez dépourvu d'honnêteté pour entreprendre d'égarer l'opinion publique par des mensonges officiels?

Nous nous contenterons de signaler les deux plus graves : 1º La lettre dépeint Jeanne comme une orgueilleuse entêtée, « récusant le jugement du Souverain Pontife et du Concile général ». Or, le contraire est prouvé par les pièces mêmes du procès ; à plusieurs reprises, elle a dit s'en rapporter au Pape, demandé à être conduite par devers lui. — 2º Il est faux qu'elle

ait confessé, au matin de sa mort, que les esprits, qui lui apparaissaient, « étaient des esprits mauvais et menteurs..., qu'ils
l'avaient jouée et trompée ». Ce mensonge, œuvre de Cauchon,
eût flétri à jamais la mémoire de sa sainte victime, si le procès
de réhabilitation n'en eût fait bonne justice. En attendant,
il produisit un effet déplorable.

Si le gouvernement anglais n'avait pas reculé devant la calomnie pour tromper les peuples étrangers sur le compte de la Pucelle,
il lui importait bien davantage de la déshonorer aux yeux des
Français. Aussi, le 28 juin, il adressa aux « prélats ecclésiastiques, aux ducs, comtes et autres nobles, et aux villes » de son
royaume de France, une lettre, dont la teneur diffère peu de la
précédente. Afin de lui assurer la plus grande publicité possible,
les évêques étaient invités à en donner connaissance à leurs
diocésains, « par prédications, sermons publics et autrement,
pour le bien et l'exaltation de notre foi, et pour l'édification
du peuple chrétien, qui, à l'occasion des œuvres de cette femme,
a été longtemps déçu et abusé..., afin que personne ne présume
d'ajouter foi légèrement en de telles erreurs et pernicieuses
superstitions. »

Conformément à cet ordre, l'inquisiteur général prononça,
le 4 juillet, une violente diatribe contre la Pucelle, à Paris, dans
l'église Saint-Martin-des-Champs.

Pendant que la chancellerie anglaise travaillait à circonvenir l'esprit des princes et des peuples, l'Université jugea
qu'il était de son devoir de lui venir en aide, en agissant, de son
côté, auprès du Saint-Siège. La lettre, qu'elle envoya à cet
effet, au Pape et aux cardinaux, reproduit — cela va de soi —
les calomnies des informations posthumes. L'Université y revendique hautement la part qu'elle a prise aux procès de Jeanne,
dont les aveux lui furent soumis. « Notre Université, y est-il
dit, en a délibéré et les a qualifiés doctrinalement. Il a été constaté qu'il fallait regarder cette femme comme coupable de
superstition, de divination, de blasphème contre Dieu, ses

saints et ses saintes, de schisme, d'erreurs multiples dans la foi chrétienne. »

Si les lettres menteuses du gouvernement anglais et de l'Université produisaient au loin un effet déplorable contre la mémoire de la Pucelle, parce qu'on n'en pouvait connaître la fausseté, il n'en était pas de même à Rouèn, où la population était restée sous l'impression des sentiments qu'elle avait rapportés du Vieux-Marché. Les juges, qui se sentaient l'objet de la malveillance publique, se décidèrent à faire un exemple pour effrayer les mécontents et leur imposer silence.

La victime choisie fut ce dominicain, Pierre Bosquier, qui, le jour même de l'exécution, s'était permis de dire que les juges avaient mal fait. Plus de deux mois s'étaient écoulés ; il croyait sans doute que son propos était oublié, lorsque, le 8 août, il fut cité à comparaître devant Cauchon et le vice-inquisiteur, pour en rendre compte. Il reconnut l'avoir tenu, alléguant qu'il avait parlé sans réflexion, sans malice, après boire. Il confessa d'ailleurs avoir en cela gravement péché ; demanda pardon, à genoux, les mains jointes, et conjura les juges de ne le pas traiter avec trop de rigueur. Il ne paraît pas qu'ils aient eu égard à sa prière, si l'on en juge d'après leur sentence : « Nous le condamnons à tenir prison dans le couvent des Frères Prêcheurs, au pain et à l'eau jusqu'à Pâques, prochaines », c'est-à-dire durant plus de huit mois !

Nota. — Cette condamnation et les autres pièces que nous venons de résumer ont été annexées par Cauchon à l'instrument du procès. Il n'en est pas de même, et pour cause, de la suivante.

Il arrive assez souvent que des malfaiteurs se trahissent par les précautions mêmes qu'ils prennent pour s'assurer l'impunité. Ainsi en fut-il des bourreaux de la Pucelle. Assurément ils ne songeaient pas à dissimuler la part qu'ils avaient prise à sa condamnation : la plupart s'en faisaient gloire et en tiraient profit. Le gouvernement anglais les avait largement payés et s'apprêtait à récompenser les plus zélés par des honneurs et des bénéfices. Mais l'avenir avait de quoi les inquiéter. Si le procès venait à être soumis à une révision, que le roi de France avait grand intérêt à provoquer et que le Pape pouvait ordonner, ils couraient risque de ne pas s'en tirer indemnes.

Afin de les rassurer, des lettres de garantie furent délivrées, le 12 juin, au nom de « Henri, roi de France et d'Angleterre..., aux juges, docteurs, maîtres, clercs, promoteur, avocats, conseillers, notaires ou autres, qui se sont entremis du procès » de Jeanne. On y lit : « S'il advenait que les juges ou autres, qui ont besogné au dit procès, fussent, à cause du même procès, traînés par devant Notre Saint-Père le Pape, par devant le Saint Concile général ou leurs délégués, nous promettons, parole de roi, de les aider et défendre en jugement, tous et chacun, à nos propres coûts et dépends. »

Étrange contradiction ! Voilà des gens qui ont condamné la Pucelle pour avoir refusé de se soumettre au Pape et au concile ; ils devraient donc s'attendre à recevoir les félicitations du Pape et du concile, dont ils prétendent avoir vengé l'autorité méconnue ; et, au lieu de cela, ils éprouvent le besoin de se garantir contre les coups éventuels de leur justice !

Par une manœuvre habile et, jusqu'à un certain point, légitime, le gouvernement anglais cherchait d'ailleurs à dégager sa responsabilité, en s'effaçant derrière sa « très chère et très aimée fille, l'Université de Paris ». La première phrase des lettres rappelle, en effet, que le procès a été engagé à la « requête et sur les instances » de l'Université. Le fait n'est que trop vrai ; vrai aussi qu'elle l'a dirigé par ses délégués et fait aboutir conformément à ses vues.

CHAPITRE II

Les Anglais chassés de France.

Soumission du duc de Bourgogne. — Conquête de l'Ile-de-France,
de la Normandie, de la Guyenne.

La Pucelle avait dit (14e séance) : « *Vous verrez que les Français gagneront bientôt une grande besogne, que Dieu leur enverra ;
tant que presque toute la France en branlera. Je le dis, afin que,
quand cela sera arrivé, on ait mémoire que je l'ai dit.* »

Rien ne pouvait alors faire prévoir cette « grande besogne »,
qui devait changer la face des choses à l'avantage des Français.
Le Pape, il est vrai, travaillait de tout son pouvoir à ramener
la paix, mais il n'était pas écouté. La grande besogne n'allait
pourtant pas tarder à s'annoncer par des signes avant-coureurs.

Le couronnement du jeune roi d'Angleterre se fit solennellement à Paris, dans l'église de Notre-Dame, six mois après
la mort de Jeanne. On s'attendait à voir le duc de Bourgogne
à cette cérémonie ; il ne vint pas et son absence fut remarquée ;
peut-être songeait-il déjà à lâcher ses bons amis, les Anglais.
Moins de deux ans plus tard, la mort de la duchesse de Bedford
vint rompre le lien de parenté qui l'unissait au régent. Celui-ci
eut la maladresse d'abréger son deuil, en se remariant ; et, circonstance aggravante, il épousa une vassale du duché de Bourgogne, sans l'agrément du suzerain. Philippe le Bon fut, à juste
titre, froissé de ce manque de délicatesse ; et on sait qu'il n'était
pas homme à oublier les injures.

Sur ces entrefaites, l'empereur Sigismond, inquiet de ses
visées ambitieuses, fit alliance contre lui avec Charles VII. Il
se voyait ainsi à la veille de se trouver aux prises, à l'Est et à

l'Ouest, avec ses deux puissants voisins, sans pouvoir compter sur ses alliés, les Anglais, dont les troupes, démoralisées par le contre-coup des victoires de la Pucelle, avaient peine à se maintenir dans les pays qu'elles occupaient. Son intérêt et aussi, sans doute, le désir de mettre fin à une lutte fratricide l'amenèrent à prêter une oreille plus favorable aux propositions du légat du Pape et du cardinal Chypre, médiateurs de la paix. Celle-ci fut conclue à Arras (1435) entre la France et la Bourgogne.

Comme les efforts du Pape tendaient à rétablir une paix générale, le gouvernement anglais avait été invité à la conférence d'Arras et il s'y était fait représenter. Mais ses délégués y apportaient des prétentions exorbitantes, auxquelles le roi de France ne pouvait souscrire ; ils quittèrent Arras avant la fin des négociations. Huit jours après cette rupture, le duc de Bedford mourait, laissant le gouvernement de son pays en proie à des rivalités qui allaient bientôt y déchaîner la guerre civile.

Cependant, la Trémoille ayant été écarté du pouvoir (1433) par une révolution de palais, le roi commençait à sortir peu à peu de son inertie et à s'intéresser aux affaires de l'État. Les hommes dont il était maintenant entouré, Charles d'Anjou, le bâtard d'Orléans, le connétable de Richemont, s'employaient de leur mieux à la délivrance du territoire national. Ils portèrent d'abord leurs efforts sur l'Ile-de-France. Les environs de Paris, Pontoise, Corbeil, Vincennes, tombèrent successivement entre leurs mains. Les vivres n'entraient plus qu'en petite quantité dans la capitale et la famine y devenait menaçante. Les habitants, qui n'aimaient guère les Anglais, ne demandaient pas mieux que de rendre la ville, d'autant plus que Richemont, lieutenant-général du roi, leur promettait amnistie complète. Ils lui ouvrirent donc une des portes (13 avril 1436). La garnison anglaise, réfugiée à la Bastille, fut réduite à capituler. On lui permit de se retirer, avec le gouverneur, Louis de Luxembourg, et d'autres « reniés », parmi lesquels était Cauchon.

Cinq ans auparavant la Pucelle avait dit : « *Avant sept ans,
les Anglais perdront un gage plus grand qu'ils n'ont fait à Orléans.* »

Après cela, on continua de se battre, tantôt sur un point,
tantôt sur un autre, mais mollement, sans plan défini, par
à-coups. Des deux côtés, on était épuisé et on aspirait à la paix.
Une trêve fut signée en 1444 ; elle dura cinq ans.

La guerre recommença en 1449, par la faute des Anglais,
qui avaient violé la trêve ; mal leur en prit. La Normandie,
ruinée par eux et mal gardée par des troupes démoralisées et
d'ailleurs trop peu nombreuses, allait enfin leur échapper. Nos
soldats y furent accueillis en libérateurs. Rouen n'attendit
même pas leur arrivée pour se débarrasser de la garnison ;
le roi y fit une entrée triomphale, quelques mois seulement
après l'ouverture des hostilités.

Le gouvernement anglais réunit alors une puissante armée
pour tenter de reconquérir la province. Ces troupes, débarquées
à Cherbourg, marchaient sur Bayeux, lorsqu'elles rencontrèrent
l'armée française à Formigny (15 avril 1450). Elles furent
écrasées par notre artillerie et laissèrent près de quatre mille
tués sur le champ de bataille ; le reste fut pris.

La conquête de la Normandie n'avait demandé qu'un an.
Le roi maintint à la province ses anciens privilèges, malgré
l'opposition du parlement, et accorda une amnistie générale
aux « reniés ».

La Guyenne fut beaucoup plus difficile à soumettre. Les rois
d'Angleterre, qui en étaient les maîtres depuis trois cents ans,
avaient réussi à s'y faire aimer, en respectant la langue, les
usages et les institutions de leurs sujets français. Ils contri-
buaient, en outre, à les enrichir, en ouvrant à leurs vins le marché
anglais.

En 1451, Bordeaux, bloqué par une flotte franco-espagnole,
assiégé par une armée française et menacé de la famine,
fut obligé de se rendre. Mais, peu de temps après, les Bor-
delais rappelèrent les Anglais et la ville fut reprise par le vieux

Talbot (1452). Ce fut le dernier succès de ce général. Il trouva la mort, l'année suivante, à la bataille de Castillon (17 juillet 1453), qui mit fin à la guerre de Cent ans. Son armée y fut anéantie par l'artillerie française. Bordeaux se rendit deux mois plus tard.

Le sol national était enfin délivré de la domination étrangère. « Les Anglais avaient tout perdu, en France », comme Jeanne le leur avait prédit. Calais seul continuera encore quelque temps de leur appartenir.

———————— ✳ ————————

CHAPITRE III

Procès de réhabilitation.

Le gouvernement anglais n'avait déployé tant de rouerie,
dans le procès de la Pucelle, que pour mieux atteindre le roi de
France. En faisant brûler comme sorcière celle qui l'avait mené
au Sacre de Reims, il lui infligeait la pire des flétrissures, aux
yeux du monde chrétien. Charles VII avait donc le plus grand
intérêt à montrer l'iniquité du jugement, rendu contre sa bienfaitrice. Impossible de le faire tant que les Anglais furent maîtres
de la Normandie. Mais, aussitôt qu'il eut recouvré la province
et mis la main sur l'instrument du procès, il chargea le doyen de
Noyon, Guillaume Bouillé, d'étudier ce document, puis de se
renseigner auprès de témoins dignes de foi et de lui faire un
rapport sur le tout. Bouillé interrogea sept témoins, le greffier
Manchon, l'huissier Massieu, Isambart, Martin Ladvenu, etc.,
qui tous, sauf un, avaient été activement mêlés au procès. La
conclusion de son rapport fut que « le jugement tout entier est
dénué de force et de valeur ».

Deux ans après, le cardinal d'Estouteville, venu en France
en qualité de légat du Pape, ouvrit une seconde enquête à Rouen.
Il avait amené avec lui l'inquisiteur, Jean Bréhal, le fameux
canoniste Pontanus et un théologien distingué, Théodore de
Lellis. Ces trois personnages, haut placés dans l'estime publique
par leur science et leur vertu, étudièrent les pièces et n'eurent
pas de peine à y découvrir des vices criants de fond et de forme.

En même temps, le doyen du chapitre de Rouen, Philippe de la Rose, que d'Estouteville avait chargé de continuer l'enquête, interrogeait de nouveaux témoins. Leurs dépositions ne laissaient aucun doute sur l'iniquité commise par Cauchon.

Cela fait, Pontanus rédigea un exposé complet de la cause ; reprenant un à un les griefs formulés dans les douze articles, qui avaient motivé la condamnation, il mettait en regard les aveux de Jeanne, fidèlement reproduits d'après l'instrument du procès et les dépositions des témoins qu'on venait d'entendre. Cet exposé fut envoyé à des juristes et à des théologiens renommés, avec prière d'en donner leur avis. Quelques-uns le firent de vive voix ; d'autres, par écrit, mais d'une manière sommaire ; quelques-uns rédigèrent de savants mémoires, où leurs raisons étaient copieusement exposées. Neuf de ces mémoires figurent intégralement parmi les pièces du procès de réhabilitation. Tous concluaient à l'innocence de la Pucelle et à la nullité de la sentence portée contre elle.

Une fois en possession de ces mémoires, l'inquisiteur Bréhal entreprit de les fondre ensemble et d'en condenser méthodiquement les divers aperçus, en y ajoutant les siens propres. Il le fit avec un rare bonheur, dans une œuvre magistrale, divisée en deux parties. Dans la première, qui traite la question de fond, il examine un à un les griefs formulés contre la Pucelle et il démontre qu'ils sont mal fondés, qu'elle ne pouvait être raisonnablement inculpée ni d'erreurs contre la foi, ni de faute grave dans sa conduite. La seconde porte sur les vices de forme : incompétence des juges, l'un, ennemi déclaré, l'autre, paralysé par la peur ; violation effrontée des règles canoniques, etc.

Pendant que les théologiens et juristes démontraient victorieusement l'innocence de la Pucelle, la révision du procès restait toujours en suspens ; car ceux qui travaillaient à l'obtenir se heurtaient à une grosse difficulté. C'était là une de ces causes majeures qui sont de droit réservées au Pape, et le Pape avait de très fortes raisons pour ne pas s'engager dans cette

Jeanne en prison.

affaire : d'abord, le respect de la chose jugée ; puis, la qualité du juge principal, son frère dans l'épiscopat ; enfin, le nombre et la qualité des personnages, qui seraient fatalement mis en cause. Ces raisons avaient bien leur poids ; ce n'étaient pourtant pas les plus importantes.

La révision du procès ne pouvait manquer de blesser au vif deux puissances redoutables, le gouvernement anglais et l'Université de Paris, que le Pape avait intérêt à ménager. Les lettres de garantie, délivrées au nom du roi d'Angleterre, portaient l'engagement formel de prendre parti en faveur des agents du procès, dans le cas où le Pape procéderait à une révision, et le gouvernement anglais ne pouvait moins faire que de tenir sa parole. Le danger n'était pas moins sérieux du côté de l'Université : réviser un procès, qu'elle avait dirigé par ses délégués ; annuler une sentence, qu'elle avait dictée, c'était la toucher à la prunelle de l'œil, en mettant en doute une science qu'elle estimait infaillible. Or, elle exerçait une grande influence, en Europe, sur le monde savant, et respectait fort peu l'autorité du Souverain Pontife. Par conséquent, une extrême prudence s'imposait, afin de ménager, autant que possible, les susceptibilités des Anglais et des maîtres de l'Université.

Dans le procès de condamnation, le gouvernement anglais, qui, en réalité, menait tout, s'était constamment effacé derrière Cauchon et l'Université de Paris. Charles VII adopta une conduite analogue, au procès de réhabilitation. La demande de révision fut présentée, non par le roi de France, mais par la famille de la Pucelle. Son père et son frère aîné étant morts, ce fut au nom de sa mère et de ses deux autres frères, Jean et Pierre du Lys, que fut rédigée la supplique. Ils y protestaient n'avoir d'autre but que de faire réhabiliter une mémoire qui leur était chère et dont la flétrissure rejaillissait sur eux. De plus, ils déclaraient ne pas poursuivre la condamnation des coupables, sauf trois, les deux juges et le promoteur.

Or, Cauchon et le promoteur, d'Estivet, étaient morts depuis longtemps, et le second juge, Jean Lemaître, s'il n'était pas mort — ce qu'on ignore — se cachait si bien qu'on ne savait où le trouver ; la condamnation ne pouvait donc atteindre que leur mémoire. De la sorte, non seulement les assesseurs et consulteurs, qui avaient pris part au procès, mais encore le gouvernement anglais et l'Université étaient mis hors de cause.

Les choses étant ainsi réglées, de manière à éviter tout scandale inutile, le Pape Calixte III fit droit à la requête des demandeurs par un rescrit, en date du 10 juin 1455. Il était adressé à Isabelle Romée, pour être remis par elle aux prélats, chargés de procéder à la révision ; c'étaient Jean Juvénal des Ursins, archevêque de Reims, et les évêques de Paris et de Coutances. L'inquisiteur qu'ils s'adjoignirent, conformément aux ordres du Pape, fut Jean Bréhal.

Le 7 novembre suivant, eut lieu, à Notre-Dame de Paris, une cérémonie bien touchante : Isabelle Romée et ses deux fils, en grand deuil, s'y rendirent, accompagnés d'un nombreux cortège de dames et de seigneurs. Les délégués du Pape ayant pris place dans le chœur, au milieu d'une foule d'ecclésiastiques, Isabelle Romée, à genoux, avec ses fils, leur présenta le rescrit pontifical. Bien que profondément émue et très affaiblie par l'âge et le chagrin, elle trouva cependant, dans son cœur de mère, la force de rappeler, d'une voix entrecoupée de sanglots, les vertus de sa fille, l'iniquité de la condamnation et du supplice et le déshonneur immérité qui en rejaillissait sur toute la famille. C'est pourquoi, elle suppliait les délégués pontificaux d'accepter la mission qui leur était confiée ; ce qu'ils firent avec empressement.

Ils se mirent à l'œuvre sans retard. Rouen avait été le théâtre de la condamnation et du supplice de la Pucelle ; il convenait qu'il le fût aussi de sa réhabilitation. C'était là, d'ailleurs, que résidaient la plupart de ceux qui avaient été témoins du procès. Les délégués apostoliques s'y rendirent donc et, à peine arrivés, publièrent aussitôt l'objet de leur mission, invitant ceux qui pouvaient se croire intéressés dans l'affaire, à produire leurs réclamations. Une seule fut présentée ; elle venait des héritiers de Cauchon. Un des neveux du prélat, agissant au nom de ses cohéritiers, plus soucieux de l'héritage que de l'honneur de l'oncle défunt, déclarait que son intention n'était pas de soutenir le bien-fondé du procès et la justice de la condamnation, reconnaissant que, « si Jeanne a été accusée en matière de foi, ce fut par la haine et à la suggestion des ennemis du roi notre Sire ». Il se contente de demander aux juges « que le procès qu'ils vont faire et la sentence à intervenir ne porte aucun préjudice » ni à lui ni aux siens. Requête superflue ; personne ne songeait à les troubler dans la jouissance de leurs biens.

Les pièces officielles du procès de condamnation, précédemment étudiées par des hommes compétents et confrontées avec les dépositions de plusieurs témoins dignes de foi, qui avaient suivi la procédure, avaient déjà fourni des preuves irrécusables de l'iniquité commise. Les délégués apostoliques auraient bien pu s'en contenter pour annuler le jugement ; ils firent plus et mieux. Afin de mettre en pleine lumière les faits et gestes de la Pucelle, depuis son enfance jusqu'à sa mort, ils voulurent interroger un grand nombre de personnes, parmi celles qui l'avaient particulièrement connue.

Cent dix-huit témoins, de tout sexe et de toute condition, furent entendus par eux ou par leurs commissaires, à Rouen, à Domremy et dans les environs, à Orléans, à Paris. Toutes les dépositions furent faites sous la foi du serment. Tous les témoins étaient ou des vieillards ou des personnes déjà avancées en âge ; leur sincérité est indiscutable.

Trente-quatre déposèrent sur la vie de Jeanne à Domremy, parmi lesquels l'oncle Laxart, un de ses parrains, trois de ses marraines, ses amies de cœur, Mengette et Hauviette, des prêtres, des nobles ; Henri le charron et sa femme, qui lui avaient donné l'hospitalité à Vaucouleurs ; enfin, ses deux guides, Jean de Metz et Bertrand de Poulengy, qui l'avaient conduite à Chinon.

Les témoins qui déposèrent sur la vie guerrière de l'héroïne, sont au nombre de cinquante-deux, savoir : Pasquerel, son confesseur ; d'Aulon, son écuyer ; de Coutes, son page, qui vécurent constamment près d'elle, depuis son entrée en campagne jusqu'à sa captivité ; Dunois et Gaucourt, qui commandaient à Orléans, durant le siège ; son « beau duc » d'Alençon, etc. ; tous, principalement le dernier, lui rendirent un magnifique témoignage. — D'autres, qui ne l'avaient pas suivie dans sa carrière militaire, déposèrent sur certains faits dont ils avaient été témoins. De ce nombre sont neuf dames et vingt-quatre bourgeois d'Orléans, qui avaient assisté à la levée du siège ; l'avocat Jean Barbin, Simon Charles, conseiller du roi, le dominicain Séguin, qui l'avaient vue à Poitiers ; Marguerite la Thouroulde, dans l'intimité de laquelle elle avait vécu assez longtemps, à Bourges, etc.

Le procès et le supplice avaient eu d'innombrables témoins ; trente-cinq furent interrogés. Parmi ceux dont les dépositions ont un intérêt spécial, il convient de citer Aymond de Macy, Jean Moreau, les dominicains Isambart, Martin Ladvenu et Jean Toutmouillé, l'huissier Massieu et surtout le greffier Manchon, qui avait pris des notes à toutes les audiences et rédigé le procès-verbal général.

L'ensemble de ces dépositions constitue un document de la plus haute valeur pour l'histoire de notre sainte héroïne. Il présente pourtant une lacune, que nous devons signaler ; l'enquête est muette sur sa captivité, depuis sa prise sous les murs de Compiègne, jusqu'à son arrivée à la prison de Rouen. Pourquoi cette omission, qui fut certainement voulue et préméditée ? Raison politique, sans doute ; c'est la seule explication plausible qu'on en puisse donner.

Sentence de réhabilitation. — Après huit mois consacrés à l'instruction de la cause, les juges rendirent leur sentence, le 7 juillet 1456. Elle s'appuie sur de nombreux considérants, minutieusement développés, que nous ne pouvons reproduire

à cause de leur longueur. Le premier vise « les registres originaux »
du procès de condamnation et les pièces annexes qui ont été
« lus, relus, souvent examinés » ; le second, les « informations »,
faites sur la vie de la Pucelle, tant par le cardinal d'Estouteville, que par les délégués apostoliques ; le troisième, les
« mémoires et traités » de nombreux « prélats, docteurs et pra-
ticiens de grand renom..., d'après lesquels les actes de la dite
défunte sont jugés dignes d'admiration plutôt que de réprobation ».

Les « douze articles », qui avaient servi de base à la sentence
de condamnation, sont appréciés avec une juste sévérité. Ils
ont été, disent les juges, « mensongèrement, perfidement,
calomnieusement... extraits des aveux de la dite défunte. On
y supprime la vérité, on y introduit la fausseté dans plusieurs
points substantiels, de manière à égarer l'intelligence de ceux
qui se sont prononcés d'après ce texte. »

Le simulacre d'abjuration, au cimetière Saint-Ouen, y est
ainsi qualifié : « Abjuration fausse, extorquée par la violence,
par la crainte, par la présence du bourreau et la menace immédiate du bûcher ; abjuration, qui n'avait nullement été prévue
et ne fut pas comprise par la dite défunte. »

Voici la conclusion de la sentence : « Nous disons, pronon-
çons et déclarons que les dits procès (de chute et de rechute)
et sentences, entachés de dol, de calomnie, d'iniquité, de contradiction, d'erreur de droit et de fait, et ensemble, l'abjuration,
les exécutions et tout ce qui s'en est suivi, ont été et sont nuls
et sans valeur. Néanmoins, autant qu'il est besoin, nous les
cassons et annulons, déclarant que, à leur occasion, la dite Jeanne
et ses parents n'ont encouru aucune note d'infamie... Nous
ordonnons que notre présente sentence soit, sans retard, solennellement publiée dans cette ville, en deux endroits : immédiatement, sur la place Saint-Ouen, à la suite d'une procession
générale, avec sermon ; demain, sur la place du Vieux-Marché,
où la dite Jeanne a été cruellement et horriblement brûlée, et

cela, avec prédication solennelle et érection d'une belle croix, pour en perpétuer le souvenir. »

Cette sentence longtemps attendue, causa beaucoup de joie à tous les bons Français et fut pour plusieurs un véritable soulagement, en dissipant les doutes que la condamnation avait jetés dans leur esprit. Ils avaient désormais la certitude que leur admiration ne s'était pas égarée sur une indigne. Quant aux Anglais et aux maîtres de l'Université, ils durent ronger leur frein en silence et dissimuler leur dépit ; la sentence des délégués pontificaux était trop fortement motivée pour donner prise à la critique.

CHAPITRE IV

Jeanne d'Arc longtemps méconnue.

Quatre siècles d'ingratitude : XVe, XVIe, XVIIe, et XVIIIe — Orléans toujours fidèle au culte de sa libératrice. — La fête du 8 mai.

Charles VII devenu, grâce à Jeanne, Charles le Victorieux, oublia vite, au milieu de ses succès, celle à qui il en était redevable. « Jaloux de son autorité, dit M. Hanotaux, ce prince n'aimait pas à partager la gloire. Ce qui se faisait pour lui lui appartenait de droit. Aux États de 1433, deux ans après la mort de Jeanne, un homme sensé et courageux, qui d'ordinaire savait et osait parler, — un des hommes, qui furent désignés plus tard, pour juger au procès de réhabilitation, — Jean Jouvenel des Ursins, salua la fortune nouvelle du roi ; il vanta les mérites de Charles VII et rendit grâces à Dieu « qui avait donné courage à une petite compagnie de vaillants hommes de ce entreprendre »; mais il ne fit aucune allusion à l'intervention de la Pucelle, dont le bûcher était à peine éteint. Le silence était une consigne. »

Lorsqu'il entreprit le procès de réhabilitation, plus par intérêt personnel que par reconnaissance pour sa bienfaitrice, le roi avait cessé, depuis longtemps, d'être le prince pieux et chaste, que Jeanne avait connu. Sa liaison adultère avec Agnès Sorel avait duré plus de quinze ans (1435-1450) et n'avait été rompue que par la mort de cette femme. Au lieu de se conduire en fidèle « lieutenant de Dieu, roi de France », comme la Pucelle lui en avait fait prendre l'engagement, l'ambition lui fit édicter et maintenir, malgré les protestations du Pape, des lois inspirées par les maîtres de l'Université et absolument contraires à la discipline de l'Église. Dans la Pragmatique Sanction de Bourges (1438), il s'arrogeait, sur l'Église de France, des droits qui n'appartiennent qu'au Souverain Pontife. Ce fut l'origine de ces soi-disant « Libertés de l'Église gallicane », qui ont mis, plus d'une fois, la France au bord du schisme.

Un tel homme était naturellement peu disposé à entretenir pieusement, dans son peuple, une mémoire qu'il ne pouvait guère évoquer lui-même sans remords, parce qu'elle lui rappelait et son ingratitude et ses promesses violées. Après lui, ses successeurs immédiats furent distraits — et l'opinion publique avec eux — par des entreprises qui absorbèrent toutes leurs pensées : Louis XI, par sa lutte contre Charles le Téméraire et les grands vassaux ; Charles VIII, Louïs XII et François Ier, par leurs expéditions en Italie.

D'autre part, l'Université de Paris gardait — et garda jusqu'à la fin — un souvenir cuisant de l'humiliation, qui lui avait été infligée par la réhabilitation de sa victime. Tout ce qui était de nature à rappeler le rôle qu'elle avait joué au procès de condamnation, par conséquent, l'exposé véridique des faits concernant la Pucelle, éveillait ses susceptibilités. Elle eut donc soin d'en filtrer, pour ainsi dire, la merveilleuse histoire et de ne laisser passer que ce qui lui convenait. Elle y réussit d'ailleurs d'autant plus facilement qu'elle avait la haute main sur les libraires et qu'aucun livre ne pouvait être publié sans son approbation. Aussi, a-t-il fallu attendre jusqu'au XIXe siècle pour avoir une histoire vraie et complète de Jeanne d'Arc.

Les deux principaux moteurs et régulateurs de l'opinion publique, le pouvoir royal et l'Université, étant ainsi d'accord pour laisser tomber sa mémoire dans un oubli relatif, l'admiration enthousiaste qu'elle avait suscitée parmi ses contemporains, déjà singulièrement refroidie par son odieuse condamnation, s'éteignit peu à peu, à mesure que disparaissaient ceux qui avaient été les témoins ou les bénéficiaires directs de ses exploits, et cette radieuse figure, en s'enfonçant dans un passé de plus en plus lointain, s'environna d'ombres, que personne ne songeait à dissiper.

Au XVIe siècle, l'esprit païen de la Renaissance et les principes de la prétendue Réforme étaient trop violemment opposés au surnaturel chrétien, dont notre sainte héroïne avait été la brillante personnification, pour que sa mémoire n'ait pas eu à en souffrir. Il y eut contre elle une véritable explosion de haine ; on prit à tâche de la rabaisser, de la dénigrer. Un du Bellay ne voulait voir en Jeanne d'Arc qu'un instrument politique, forgé par Charles VII ; un du Haillan allait plus loin et faisait planer d'odieux soupçons sur sa vertu ; les huguenots détruisaient le monument, érigé en son honneur par les dames d'Orléans, sur le pont qui avait été le théâtre d'un de ses plus beaux exploits.

A ce déchaînement de rage répondirent d'ailleurs de brillantes ripostes. « Grande pitié ! s'écriait un des plus illustres écrivains du temps, Estienne Pasquier. Jamais personne ne secourut la France si à propos et si heureusement que cette Pucelle et jamais mémoire de femme ne fut plus déchirée que la sienne. De ma part, je répute son histoire un vrai miracle de Dieu. La pudicité que je vois qui l'avait accompagnée jusqu'à sa mort, même au milieu des troupes, la juste querelle qu'elle prit, la précision qu'elle y apporta, l'heureux succès de ses affaires, la sage simplicité de ses réponses aux interrogatoires, qui lui furent faits par des juges du tout voués à sa ruine, ses prédictions, qui, depuis, sortirent effet, la mort cruelle qu'elle se choisit, dont elle se pouvait garantir s'il y eût eu de la feintise de son fait, tout cela, dis-je, me fait croire (joint les voix du ciel qu'elle oyait) que toute sa vie et histoire fut un vrai mystère de Dieu. » Un autre écrivain, moins pondéré et plus ardent, Guillaume Postel, s'emportait jusqu'à dire que quiconque ne croyait pas en elle, « méritait d'être exterminé comme destructeur de la patrie », et que « ses faits étaient chose nécessaire à maintenir autant que l'Évangile ».

Le XVIIe siècle ne vit point pareilles outrances d'amour ou de haine, mais il en connut d'autres, plus fâcheuses. « Ce siècle, dit M. Hanotaux, si puissant et si péremptoire, attire, vers sa propre conception du grand et du beau, la figure de Jeanne d'Arc. Il en fait, de très bonne foi, une héroïne cornélienne. Elle apparaît dans l'art coiffée d'un casque d'airain, avec un grand panache de plumes, portant de longs cheveux flottants, armée d'une cuirasse à l'antique... Ce n'est plus la Jeanne d'Arc de la légende, ce n'est plus la Jeanne d'Arc de l'histoire, c'est la Jeanne d'Arc de l'épopée. Et quelle épopée !... Celle de Chapelain. » Le long poème de *La Pucelle*, œuvre d'un brave homme, animé d'excellentes intentions, mais trop dépourvu de génie et de goût pour traiter convenablement un tel sujet, sombra dans le ridicule, sous l'âpre critique de Boileau, non sans qu'il en rejaillît de fâcheuses éclaboussures sur la figure de l'héroïne, que l'auteur s'était proposé d'exalter.

Au commencement du XVIIe siècle, parut une insignifiante biographie de Jeanne d'Arc, écrite en latin, par Jean Hordal. Vers le même temps, Edmond Richer composa une judicieuse *Histoire de la Pucelle d'Orléans ;* cet ouvrage, malgré sa valeur n'a été imprimé qu'en 1911 et resta longtemps ignoré du public. Les autres historiens, soit ignorance, soit parti-pris, soit crainte de déplaire au pouvoir royal (1) ou à l'Université, qui avait la censure des livres, n'ont tracé de la Pucelle qu'une image amoindrie et décolorée.

Notre grand Bossuet lui-même ne fait pas exception. Dans l'*Abrégé de l'histoire de France*, qu'il composa pour l'éducation

---

(1) Les deux faits suivants permettent de saisir sur le vif les dispositions du pouvoir, au commencement du XVIIe et à la fin du XVIIIe siècle. — Sous Louis XIII, les descendants des frères de Jeanne se virent rogner les privilèges nobiliaires, concédés par Charles VII. Ceux d'entre eux qui étaient trop pauvres pour « vivre noblement », c'est-à-dire sans exercer une profession lucrative, furent déclarés déchus, et les filles des autres dépouillées du privilège d'anoblir leurs maris. — Au début du règne de

du Dauphin, il résume en moins de deux cents lignes toute la carrière de notre sainte héroïne, alors qu'il vient d'en remplir une centaine avec le récit d'un fait sans importance historique — le duel de Jean·de Carrouges et de Jacques le Gris. Il évite soigneusement de se prononcer sur sa mission divine. Il admire « une si rare vertu », mais n'a pas un mot de blâme à l'adresse de Cauchon, qu'il qualifie simplement de « prélat affectionné au parti anglais » ; pas la moindre allusion à l'Université. Il se contente de signaler d'un mot les jugements de condamnation et de réhabilitation, sans donner son appréciation personnelle. On dirait un homme qui se sent mal à l'aise en traitant ce sujet et qui a hâte d'en sortir, ou parce qu'il ne le connaît pas assez, ou parce qu'il le juge périlleux. Il nous reste en outre à signaler deux grosses inexactitudes : Bossuet réédite, de bonne foi assurément, l'assertion erronée de Monstrelet, en disant que Jeanne « avait été servante dans une hôtellerie » ; et, erreur plus grave, prétend que sa mission se terminait au Sacre de Reims.

Le siècle de l'Encyclopédie et de la Révolution fut, moins encore que les précédents, en état de comprendre la mission de Jeanne d'Arc et de rendre justice à sa mémoire, à cause de la corruption intellectuelle et morale, qui gangrenait alors la noblesse et la haute bourgeoisie. Le poème graveleux de la *Pucelle*, dans lequel Voltaire donna libre carrière à son imagination lubrique, pour salir la pureté de la vierge chrétienne, convenait mieux aux goûts de cette triste époque que les ouvrages où la vérité et la morale étaient respectées.

Louis XVI, le gouvernement supprima l'exemption d'impôts à Domremy et à Greux, seule faveur qu'eût jamais sollicitée la Libératrice. Aux doléances des habitants le ministre répondit qu'on « avait étendu à l'endroit de sa naissance des exemptions qui devaient se borner à la Pucelle elle-même ou s'accorder tout au plus à sa famille ». — La maison où elle était née, qui aurait dû être traitée avec respect, comme une relique, était alors transformée en étable !

Il est juste cependant de reconnaître que ce siècle vit poindre l'aurore du jour nouveau, qui allait bientôt mettre en pleine lumière la radieuse figure de notre sainte nationale. L'abbé *Lenglet du Fresnoy* publia (1753-1754) en trois volumes une *Histoire de Jeanne d'Arc, vierge, héroïne et martyre d'État, suscitée par la Providence pour rétablir la monarchie française.* L'auteur avait tiré cet ouvrage du manuscrit d'Edmond Richer. Un peu plus tard, *de Laverdy* étudia sérieusement les pièces originales du double procès et ses savantes·recherches eurent pour résultat de compléter heureusement et de rectifier les travaux de ses devanciers.

La conduite des Orléanais ne cessa pas d'être une protestation contre l'indifférence et l'oubli du reste de la nation envers la Libératrice. Son souvenir, transmis de génération en génération, comme un héritage sacré, resta toujours vivant dans leurs cœurs et ils ont affirmé par des actes répétés la sincérité de leur reconnaissance.

Après la mort de Jeanne, ils firent célébrer des messes pour le repos de son âme et, les années suivantes, des services solennels, huit à douze chaque fois, la veille de la Fête-Dieu, aux frais de la ville.

Ils traitèrent magnifiquement le légat du Pape, quand il vint chez eux faire l'enquête préparatoire au procès de réhabilitation. Ils accueillirent de même, avec encore plus d'allégresse, l'inquisiteur Bréhal et l'évêque de Coutances, qui leur apportaient la nouvelle de l'heureuse issue du procès.

Ils eurent des égards touchants pour la famille de la Pucelle. Sa mère, qui était venue se fixer à Orléans, vers 1440, étant tombée malade à son arrivée, la municipalité ne recula pas devant la dépense pour la faire bien soigner. De plus, elle lui alloua une pension mensuelle, qui lui fut fidèlement payée jusqu'à sa mort (1458).

Pierre du Lys fut également l'objet d'attentions délicates. Il reçut des cadeaux de la ville et une place d'honneur lui était

Une séance du procès : Jeanne prête serment.

réservée dans la procession du 8 mai, dont il sera question plus loin. Le chapitre de Sainte-Croix lui afferma, par bail emphytéotique et pour une légère redevance, son domaine des Baigneaux. De son côté, le duc d'Orléans lui concéda, à lui et à son fils, Jean du Lys, l'usufruit de l'Ile-aux-Bœufs, leur vie durant. A l'occasion de son mariage, ce Jean du Lys reçut un cadeau de seize livres parisis et « comme il n'avait point de bon vieil vin de provision pour pouvoir festoyer, la ville lui fit délivrer cinquante-une pintes de vin, tant blanc que vermeil ».

Après la réhabilitation, les dames d'Orléans firent ériger un monument de bronze en l'honneur de la Pucelle, devant le pont, théâtre d'un de ses plus glorieux exploits. Abattu par les Huguenots, en 1562, ce monument fut remplacé par un autre, qui subsista jusqu'à la Révolution.

Le témoignage le plus démonstratif de la reconnaissance, toujours vivante au cœur des Orléanais envers la Pucelle, est, sans contredit, la grande fête commémorative du 8 mai, instituée pour célébrer l'anniversaire de la levée du siège. Le lendemain de ce jour mémorable, « il fut statué qu'une procession serait faite le huitième de mai ; que chacun y porterait lumière ; qu'on irait jusqu'aux Augustins et partout où avait été le combat ; on ferait station en chacun lieu, service convenable et oraisons ; les douze procureurs de la ville auraient en leurs mains chacun un cierge, où seraient les armes de la ville. »

Cette procession solennelle, inaugurée par la Pucelle ellemême, le jour du départ des Anglais, s'est fidèlement perpétuée jusqu'à nous. Supprimée aux plus mauvais jours de la tourmente révolutionnaire, la fête du 8 mai reprit un nouvel éclat au siècle dernier. L'armée et les autorités civiles prenaient part, avec le clergé, à cette grandiose manifestation, qui attirait à Orléans des foules énormes.

Dans la seconde décade du XXe siècle, la fête, tout en continuant d'être célébrée au jour fixé, fut complètement dénaturée par le fait d'une municipalité sectaire et d'un gouvernement athée : le clergé ne figurait plus à la procession, dans laquelle une place était réservée aux francs-maçons : et, d'autre part, l'armée et les autorités civiles ne participaient plus en corps aux cérémonies religieuses, qui ont lieu à la cathédrale.

Mais les élections de 1919 ayant amené au pouvoir des hommes animés de meilleurs sentiments, la fête reprit, en 1920, son caractère traditionnel. Le maréchal Foch, invité par la municipalité d'Orléans, y assistait, heureux d'apporter, en sa qualité de maréchal de France et d'Angleterre, à notre Sainte nationale, l'hommage des deux nations, autrefois ennemies, dont les armées, combattant ensemble sous ses ordres, venaient de terminer la Grande Guerre par d'éclatantes victoires.

CHAPITRE V

Jeanne d'Arc enfin glorifiée.

PUBLICATION DES PROCÈS-VERBAUX OFFICIELS DES DEUX PROCÈS, AVEC DE
NOMBREUX ÉCRITS DU XV⁰ SIÈCLE. — HOMMAGES RENDUS A LA PUCELLE,
PAR LES HISTORIENS, PAR L'ÉGLISE, PAR LE PEUPLE FRANÇAIS, ET PAR
LES NATIONS ÉTRANGÈRES.

L'Histoire de Jeanne d'Arc, d'après ses propres déclarations
(4 vol. in-8º), composé par *Lebrun des Charmettes* et publiée en
1817, réalisait un progrès notable sur les publications antérieures, parce que l'auteur avait mis à profit les savantes recherches de l'Averdy, sur les deux procès. En effet, « pour tout
homme de bonne foi, dit M. G. Hanotaux, la lecture des deux
procès est irrésistible : ce sont certainement les plus étonnants
documents humains qu'ait laissés à l'homme l'histoire de l'humanité. Les procès remis en lumière, c'est une nouvelle réhabilitation de Jeanne d'Arc qui commence. »

Ces précieux documents, restés longtemps à peu près ignorés
ou inutilisés, furent publiés, vers le milieu du XIXe siècle (1841-
1849), par Jules QUICHERAT. A la suite des procès-verbaux
officiels, le savant paléographe inséra de nombreux écrits du
XVe siècle, chroniques et autres, relatifs à la Pucelle, la plupart
inédits. Après la publication de ce recueil, rien ne manquait
plus aux historiens pour écrire l'histoire vraie de l'héroïne
et aux théologiens pour apprécier les vertus de la sainte.

Cinquante ans plus tard, le Révérend P. AYROLES entreprit, non seulement de vulgariser l'œuvre de Quicherat, en
traduisant en français le texte latin des deux procès, et de la

compléter par la publication de nouveaux documents inédits, mais encore d'éclaircir certaines questions et de rectifier nombre d'erreurs ou d'appréciations fausses, émises par des historiens rationalistes et par Quicherat lui-même, dans l'ouvrage inti-tulé : *Aperçus nouveaux sur l'histoire de Jeanne d'Arc.* Son recueil, qui a pour titre : *La vraie Jeanne d'Arc* (1890-1901) ne com-prend pas moins de cinq gros volumes in-4°. C'est le plus com-plet qui existe actuellement.

Grâce à ces publications magistrales, la physionomie de la Pucelle est maintenant dégagée des ombres que l'ignorance avait accumulées autour d'elle et les écrivains, qui veulent se donner la peine de l'étudier, ont en main tout ce qu'il leur faut pour en tracer un portrait véridique. Beaucoup s'y sont essayés, dans ces dernières années, avec plus ou moins de bonheur. Leurs ouvrages ont popularisé le nom de l'héroïne française dans le monde entier. Malheureusement plusieurs, même parmi ses plus sincères admirateurs, ne la voient qu'à travers le voile de leurs préjugés philosophiques et la peignent, sans le vouloir, sous de fausses couleurs. Quelques-uns vont plus loin ; entraî-nés par leurs passions sectaires, ils la défigurent odieusement.

Ainsi, à l'exemple du Sauveur du monde et pour des motifs analogues, la Libératrice de la France, pour être mieux connue, n'en reste pas moins un signe de contradiction.

§ I. Jeanne d'Arc et les écrivains de nos jours.

Catholiques. — Libres-penseurs : A. France. — Rationalistes : Quicherat, Lang, G. Hanotaux.

Ceux-là seuls qui admettent la réalité de l'ordre surnaturel et divin sont en état de comprendre la merveilleuse histoire de la Pucelle ; pour les incrédules, elle présentera toujours une énigme indéchiffrable, parce que le surnaturel divin a été le moteur essentiel de cette vie, à nulle autre pareille.

Remarquons, en effet, que, du commencement à la fin de sa carrière, à Vaucouleurs, à Chinon, à Poitiers, à Rouen, partout et toujours, Jeanne s'est proclamée l'envoyée de Dieu, pour rétablir Charles VII sur le trône de ses pères et chasser de France l'Anglais envahisseur. Elle affirmait en outre être dirigée, dans l'accomplissement de sa mission, par les conseils d'esprits célestes, ses « Voix », qui lui transmettaient les ordres de Dieu. Voilà le fait capital, qui domine toute sa vie et qui seul peut l'expliquer. Les grandes choses, réalisées par cette jeune paysanne complètement illettrée, ne sont que la conséquence de son obéissance aux ordres qu'elle recevait du Ciel. Tout son mérite — et il est grand — consiste à avoir été un instrument docile entre les mains de Dieu, malgré les répugnances de la nature. Telle se présente Jeanne d'Arc aux yeux des catholiques.

Telle nous la dépeignent *MM. H. Wallon, Marius Sépet, Ph. H. Dunand, J.-B. Ayroles, H. Debout,* etc., qui ont dans ces derniers temps, raconté sa merveilleuse histoire. Les faits évidemment surnaturels, dont elle est tissée, n'ont d'ailleurs rien qui puisse choquer des esprits habitués à s'éclairer aux lumières de la foi. D'un autre côté, cette intervention miraculeuse de Dieu, en faveur de notre pays, n'est-elle pas de nature à réjouir des cœurs français?

Tout autre est l'état d'esprit des libres-penseurs, qui affichent un dédain superbe vis-à-vis de tout ce qui touche à la religion. Le surnaturel, dont la vie de Jeanne est tout imprégnée, les déconcerte et les irrite. Les uns, affectant de ne le pas voir, ne laissent pas pour cela d'exalter les hauts faits de l'héroïne, son courage indomptable et son ardent patriotisme. Mais il en est d'autres — et ce sont des Français ! — qui s'attaquent odieusement à sa mémoire.

La *Vie de Jeanne d'Arc*, par *M. Anatole France*, membre de l'Académie française, dépasse en ignominie tout ce qui s'est fait dans ce genre. C'est le roman ou mieux la caricature de la

Pucelle que le lecteur trouve dans cet ouvrage. Le brillant écrivain l'y dépeint sous les traits d'une pauvre fille, à moitié idiote, à peu près inconsciente, victime de perpétuelles hallucinations ; au demeurant, une petite sainte, aussi présentable que d'autres de la même époque. Sa prétendue mission est l'œuvre de prêtres inconnus, qui la suggestionnaient. Et comment l'a-t-elle remplie ! « Mener les hommes d'armes à confesse, c'était tout son art militaire... La cause du roi, elle la servit de deux manières : en donnant confiance aux gens d'armes de son parti, qui la croyaient chanceuse, et en faisant peur aux Anglais, qui s'imaginaient qu'elle était le diable. » Aussi, « on ne lui demandait jamais conseil, on l'emmenait comme un porte-bonheur, et on la montrait comme un épouvantail aux ennemis ». Les faits merveilleux, attestés par de si nombreux témoins, autant de contes, inventés par l'imagination populaire ; car Jeanne fut « dès la première heure et pour toujours, peut-être, enfermée dans le buisson fleuri des légendes ».

Ce pamphlet — car ce n'est pas autre chose, malgré les prétentions de l'auteur à une scrupuleuse exactitude historique — a soulevé, dans le monde savant, une réprobation unanime. « Nous ne sommes plus, dit M. Funck-Brentano, dans le domaine historique, pas même dans celui du roman, mais dans la région vaste et accidentée des contes fantastiques. » M. Luchaire, professeur à la Sorbonne, porte le même jugement : « Toute comparaison mise à part, dit-il, il n'y a pas si loin qu'on pense de la *Rôtisserie de la reine Pédauque* (roman de M. A. France) à la *Vie de Jeanne d'Arc.* » Enfin, le célèbre historien anglais, A. Lang, après avoir relevé dans l'ouvrage de l'académicien français, des centaines d'inexactitudes, de bévues, d'erreurs manifestes, ajoute : « Jamais nous ne pouvons nous fier aux affirmations de M. France. Toutes ces erreurs et ces fables, dont il proclame qu'il les a puisées aux « meilleures sources », tout cela n'est qu'un produit de son imagination, inventé pour soutenir l'explication qui veut que Jeanne ait été une simple d'esprit illuminée..., joignant à son idiotie un état à peu près perpétuel d'hallucination. »

A ces critiques, toutes fortement motivées, M. France répondit par un superbe dédain, en affirmant, contre l'évidence même, que ceux qui ont condamné son œuvre « n'ont pu y découvrir aucune erreur grave, aucune inexactitude flagrante ». Le coup avait cependant porté et l'aigreur d'un amour-propre profondément blessé se trahit dans les lignes suivantes, extraites d'un de ses ouvrages subséquents : « Le lecteur ne cherche jamais dans une histoire que ce qu'il sait déjà. Si vous essayez de l'instruire, vous ne ferez que l'humilier et le fâcher. Ne tentez pas de l'éclairer, il criera que vous insultez à ses croyances. Un historien original est l'objet de la méfiance, du mépris et du dégoût universel. » — Le mépris et le dégoût sont bien, en effet, les sentiments que provoque son œuvre.

Entre les libres-penseurs athées et les catholiques viennent se ranger, plus ou moins rapprochés de ceux-ci ou de ceux-là, les rationalistes, qui, de parti pris, rejettent le surnaturel, ou, du moins, n'en veulent pas tenir compte.

I. — Les historiens rationalistes du dernier siècle, *Michelet, Vallet de Viriville, Henri Martin, Quicherat, etc., etc.*, professent généralement une grande admiration pour la personne et l'œuvre de la Pucelle. Volontiers ils proclament que « la carrière de Jeanne d'Arc est la merveille de notre histoire et de toutes les histoires ». Mais ils s'arrêtent, déconcertés, devant les faits surnaturels qu'ils y rencontrent à chaque pas. Quelquefois, ils en hasardent une explication embarrassée, qui ne les satisfait pas eux-mêmes ; le plus souvent, ils passent sans vouloir en donner leur avis.

J. Quicherat a exposé loyalement l'attitude réservée, que ses principes rationalistes lui imposaient vis-à-vis des faits surnaturels et dont il ne voulut jamais se départir : « J'ai parlé tant de fois, dit-il, de mission et de révélation qu'il convient de m'expliquer sur ces mots. Le fait des Voix qu'elle (Jeanne) entendait, tient une si large place dans son existence qu'on peut dire qu'il en était devenu la loi. En dehors de la vie commune, elle ne disait et ne faisait rien qui ne lui eût été conseillé par ses Voix. » Cela est parfaitement exact et l'aveu ne manque pas de valeur sous une plume rationaliste.

Mais si vous lui demandez quel sens il attache à ces mots, « mission, révélation », il vous répond : « Je m'en sers sans prétention aucune de leur faire signifier plus que l'état de conscience de Jeanne, lorsqu'elle soutenait, avec une fermeté si inébranlable, qu'elle était envoyée de Dieu, que Dieu lui dictait sa conduite par l'entremise des saints et des anges. Comme, sur ce point, la critique la plus sévère n'a pas de soupçon à élever sur sa bonne foi, la vérité historique veut qu'à côté de ses actions, on enregistre le mobile sublime qu'elle leur attribuait... Maintenant, continue-t-il, il est clair que les curieux voudront aller plus loin et raisonner sur une cause, dont il ne leur suffit pas d'admirer-les effets : Je n'ai point de solution à leur donner. »

Cet aveu d'impuissance est d'un honnête homme, malheureusement aveuglé par ses préjugés d'école, qui ne lui permettent bas de plonger son regard dans le monde surnaturel. Il est d'ailleurs incomparablement plus digne et plus respectueux que les explications imaginées par d'autres rationalistes moins réservés, Michelet, par exemple, qui prétend que « Jeanne réalisait ses idées et en faisait des êtres ». Autant dire tout crûment qu'elle était folle.

2. — Deux historiens rationalistes, l'écossais A. Lang et l'académicien français G. Hanotaux, ont publié récemment des biographies de la Pucelle, qui seraient excellentes, s'il n'y manquait pas la note catholique. Au lieu de jeter, comme leurs prédécesseurs du siècle dernier, un voile discret, sur les faits surnaturels, ils n'hésitent pas à les mettre en lumière. « S'il y a, dit M. Lang, dans la carrière de Jeanne, des faits que la science ne peut expliquer, je ne les regarderai pas pour cela comme faux. »

M. G. Hanotaux, tout en s'efforçant de rester sur le terrain rationaliste, s'y sent évidemment mal à l'aise. La thèse catholique ne semble pas trop lui répugner et il n'aurait que peu de chemin à faire pour en rejoindre les adhérents. Ainsi, après avoir cité le Dr Dumas, proclamant que, « par son intelligence, par sa volonté, Jeanne resta saine et droite », il en tire cette conclusion : « Mais alors, les visions, les Voix, tout cet appareil ultra-terrestre, dont son propre témoignage a entouré sa vie?... Puisqu'elle n'a jamais menti, elle a vu les anges et les saintes, elle a reçu les ordres divins, elle a perçu de ses sens et subi, de son intelligence et de sa volonté, toute cette intervention céleste, qui lui imposa sa mission. » Il en est ainsi, en effet, et les catholiques ne disent pas autre chose.

Le rationaliste montre néanmoins ailleurs le bout de l'oreille. « Qu'on admette l'intervention divine », soit ; M. Hanotaux ne chicanera pas à ce sujet ; mais, d'autre part, « qu'on suppose l'action obscure d'une de ces lois de survie de l'humanité (?) que l'histoire et la science détermineront peut-être un jour » (!?), il l'admet aussi. D'ailleurs, quelle que soit l'hypothèse qu'on préfère, il affirme que « l'apparition de Jeanne d'Arc a quelque chose de surhumain et participe du mystère ; elle est certainement, dit-il, placée au-dessus du cours ordinaire des choses humaines, à la hauteur où la religion l'a mise, où la raison la maintient. » On ne saurait mieux dire. Cet éclatant hommage, rendu à la Pucelle, doit faire oublier la malencontreuse évocation des « lois de survie de l'humanité », expression vide de sens, jargon incompréhensible d'une philosophie aux abois.

§ II. LA PUCELLE ET L'ÉGLISE.

Trois jugements solennels de l'Église. — Panégyriques annuels. — Préliminaires du procès de canonisation. — Procès de béatification. — Canonisation.

Jeanne d'Arc a été l'objet de trois jugements solennels de l'Église : à Poitiers, une commission officielle d'évêques et de théologiens proclama bien haut, après mûr examen, l'éminente vertu de la jeune paysanne, qui venait apporter le secours de Dieu à la France ; — après sa mort, le Pape fit réviser le procès de condamnation et le tribunal, qu'il institua à cet effet, la déclara parfaitement innocente des crimes, qui lui avaient été imputés et dont la haine des Anglais s'acharnait à flétrir sa mémoire ; — enfin, de nos jours, l'Église a reconnu l'héroïcité de ses vertus ; elle la présente aux hommages du peuple chrétien et lui a décerné les honneurs de la canonisation.

Quicherat s'étonnait, à bon droit, qu'on ne l'eût pas fait dès le XVe siècle : « Celle, dit-il, qui avait réalisé la perfection chrétienne dans des conditions, où jamais personne n'avait osé la concevoir, celle qui s'était manifestée aux hommes avec toute l'apparence du miracle, cette sainte n'obtint pas le culte réservé aux saints, dont son siècle fut prodigue. Ce fut là l'effet immédiat du procès de Pierre Cauchon, effet que la réhabilitation, prononcée plus tard, ne parvint pas à détruire. »

Si Jeanne d'Arc a attendu si longtemps les honneurs religieux, que l'Église décerne aux saints, la France seule est responsable de ce retard. En effet, le Saint-Siège ne prend point l'initiative des procès de canonisation ; il se contente de recevoir les demandes et d'examiner les raisons à l'appui, qui lui sont présentées par les intéressés. Ici, le principal intéressé était le roi de France ; or, ni Charles VII, ni ses successeurs ne firent la moindre démarche en ce sens. A leur défaut, des évêques auraient pu se donner cette mission ; mais, si l'un d'eux en avait eu l'idée, l'indifférence du pouvoir royal et l'opposition de l'Université de Paris l'eussent sûrement empêché d'y donner suite.

Les évêques, qui se sont succédé sur le siège d'Orléans, depuis le XVe siècle jusqu'à nos jours, ont eu du moins le grand mérite d'entretenir pieusement le souvenir de la Libératrice, par la célébration solennelle de la fête du 8 mai. Les plus illustres orateurs de la chaire y ont exalté, chaque année, les prouesses de l'héroïne et les vertus de la sainte. Il arriva même que certains dépassèrent la mesure ; ainsi, en 1672, le P. Sénaut, de l'Oratoire, sur la foi d'un martyrologe gallican, qui avait inscrit Jeanne parmi les martyrs, n'hésitait pas à la proclamer Bienheureuse et engageait les fidèles à lui adresser leurs prières avec confiance. C'était devancer mal à propos le jugement de l'Église.

En 1844, le futur évêque de Poitiers, l'illustre cardinal Pie, alors simple vicaire à la cathédrale de Chartres, sut, tout en restant dans les limites de la plus sévère orthodoxie, tracer un magnifique portrait de la guerrière et de la sainte : « Je cherche en vain, disait-il, ce qui pourrait manquer à mon héroïne ; tous les dons divins s'accumulent sur sa tête ; pas une pierrerie à joindre à sa couronne. Par l'esprit et par le cœur, je ne connais rien de plus chrétien et de plus français que Jeanne d'Arc, rien de plus mystique et de plus naïf. En elle, la nature et la grâce se sont embrassées comme sœurs ; l'inspiration divine a laissé toute sa part au génie national, tout son libre développement au caractère français ; c'est une extatique chevaleresque, une contemplative guerrière. Elle est du ciel et de la terre ; c'est une sainte qui n'a pas d'autels, que l'on invoque presque, et qu'il est permis de plaindre, que le prêtre loue dans le temple, que les citoyens exaltent dans les rues de la cité ; modèle à offrir aux conditions les plus diverses, à la fille des pâtres et à la fille des rois..., à la femme du siècle et à la vierge du cloître, aux prêtres et aux guerriers, aux grands et aux petits ;... figure historique qui n'a son semblable nulle part.

« Jeanne d'Arc, c'est une douce et chaste apparition du ciel, au milieu des agitations tumultueuses de la terre ; une île riante de verdure, dans l'aride désert de l'histoire humaine ; un parfum de l'Éden, dans notre triste exil ; et, pour parler le langage de saint Augustin, c'est Dieu venant à nous, cette fois encore, par un sentier virginal. »

L'œuvre magistrale de l'abbé Pie fut comprise et goûtée

par une petite élite d'esprits sincèrement catholiques, mais ne parvint pas à secouer l'indifférence du grand public.

En tête des promoteurs du culte de Jeanne d'Arc, se place Mgr Dupanloup, l'illustre évêque d'Orléans. L'éloquent discours qu'il prononça en son honneur, à la fête du 8 mai 1855, eut un immense retentissement en France et à l'étranger. Ce coup de clairon, donné par un prélat, dont le nom faisait autorité, non seulement dans le monde ecclésiastique, mais aussi dans les milieux politiques et littéraires, éveilla l'attention publique et contribua puissamment à faire connaître et aimer la Vierge Libératrice.

En 1867, un professeur de la Sorbonne, l'abbé Freppel, qui devint plus tard évêque et député, démontrait solidement, d'après les règles fixées par Benoît XIV, que l'on trouve en Jeanne d'Arc tout ce qui autorise l'Église à décerner à ses saints les honneurs des autels.

L'idée, ainsi lancée, d'une canonisation possible et désirable, allait bientôt recevoir un commencement d'exécution.

En effet, deux ans après, la demande officielle en fut faite par Mgr Dupanloup et contresignée par une douzaine d'archevêques et d'évêques, présents à la fête du 8 mai. L'information préparatoire, retardée par les travaux du concile et par les graves événements qui suivirent, ne fut achevée qu'en 1876. Rome la jugea d'ailleurs insuffisante : on y avait bien mis en relief les prouesses de l'héroïne, mais on n'avait pas fait valoir, autant qu'il eût fallu, les vertus de la sainte. Tout était à recommencer.

Cependant la cause de la vierge française était devenue de plus en plus populaire ; une foule de pétitions en sa faveur arrivaient à Rome de toutes les parties du monde. On y voit figurer les signatures de 14 cardinaux, 23 archevêques, 183 évêques, 8 supérieurs généraux d'ordres religieux. A ces instances du clergé se joignaient celles du comte de Chambord, chef de la Maison des Bourbons de France, du comte de Paris, son héritier dynastique, et de nombreuses notabilités.

Encouragé par cet élan des cœurs catholiques, Mgr Coullié, qui avait succédé à Mgr Dupanloup sur le siège épiscopal d'Orléans, entreprit et mena à bien une nouvelle information. Après un long et minutieux examen des pièces, la Congrégation des Rites se prononça unanimement pour l'introduction de la cause. Le Pape Léon XIII fut enchanté de cette décision : « Jeanne est nôtre », dit-il, et il se hâta de signer le décret d'introduction. Pour franchir ce premier pas, il n'avait pas fallu moins de vingt-cinq ans (1869-1894) et il restait encore plusieurs étapes à parcourir avant de parvenir au terme ; tant l'Église apporte de circonspection dans le jugement à rendre en ces délicates matières.

L'évêque d'Orléans fut chargé par le Pape de constituer un tribunal pour instruire le procès apostolique sur le fond de la question. Le rôle de ce tribunal consistait essentiellement à établir, preuves en main, que la vie de la Pucelle présente tous les caractères de la sainteté. Ces preuves se tirent, non seulement de ses propres déclarations, enregistrées par ses ennemis dans le procès de condamnation, et des dépositions des cent vingt témoins, interrogés au procès de réhabilitation, mais aussi des écrits de ses contemporains. C'est pourquoi les historiens les plus compétents sur la question, français et étrangers, furent appelés à donner leur avis, en même temps que des théologiens.

Le tribunal, présidé par Mgr Touchet, successeur de Mgr Coullié, tint cent vingt-deux séances et enregistra cinquante témoignages, tant sur la question historique que sur les miracles attribués à l'intercession de la sainte. La copie du procès-verbal, qui fut envoyée à Rome, ne comprenait pas moins de trois mille pages in-folio.

La mort de l'avocat, chargé de la cause, puis la maladie et la mort de Léon XIII, survenues au cours du procès, en retardèrent la solution. Enfin, le 6 janvier 1904, en présence de Pie X et d'une nombreuse assistance, le secrétaire de la Sacrée

Congrégation des Rites donna lecture du décret longtemps attendu. Il y était déclaré que « la vénérable servante de Dieu, Jeanne d'Arc, pratiqua, dans un degré héroïque, les vertus théologales de foi, d'espérance et de charité envers Dieu et envers le prochain, et les vertus morales de prudence, de justice, de force et de tempérance » ; que, par conséquent, « l'on pouvait continuer le procès, c'est-à-dire entreprendre la discussion des quatre miracles ».

Ces miracles — guérisons subites de maladies graves, obtenues à la suite de prières adressées à la servante de Dieu — furent reconnus authentiques et valables. Après quoi, nouveau décret, proclamant que l'on pouvait sans crainte procéder à la béatification.

L'imposante cérémonie, fixée au dimanche de Quasimodo (18 avril 1909), se déroula dans la basilique de Saint-Pierre, au milieu d'une énorme affluence de pèlerins français. Après la lecture du Bref, qui décernait à Jeanne d'Arc les honneurs dus aux bienheureux, Mgr Touchet entonna le *Te Deum*. « Au même instant, le voile cachant l'image auréolée de Jeanne tomba, et les rayons d'or qui l'entouraient, s'allumèrent de mille feux. L'impression fut intense ; les larmes jaillirent des yeux et une ardente prière pour la France monta de tous les cœurs. » (Mgr Debout.)

L'audience, que le Saint-Père accorda le lendemain à nos pèlerins, fut aussi des plus émouvantes. Dans le discours qu'il leur adressa, il rendait hommage à leur foi et à leur constance au milieu des épreuves qu'ils avaient à endurer ; il leur rappelait que les intérêts de la France sont intimement unis à ceux de l'Église, et se réjouissait de les voir marcher sous la bannière de Jeanne d'Arc, « où semblent inscrits ces deux mots : Religion et Patrie ». Comme il se retirait « le porte-enseigne du groupe orléanais de la Jeunesse catholique inclina vers lui le drapeau français. Et Pie X, saisissant l'étendard aux trois couleurs, le baisa longuement. Des applaudissements éclatèrent, pendant qu'une indicible émotion faisait battre les cœurs des milliers de pèlerins. » (Mgr Debout.)

La fête liturgique de Jeanne d'Arc, avec office et messe propres, put dès lors être célébrée et les tableaux ou statues de la Bienheureuse exposés à la vénération des fidèles, *dans les églises de France*, en attendant que la canonisation étendît le culte public de la sainte à l'univers entier.

Les grandioses cérémonies de la canonisation se déroulèrent, le dimanche 16 mai 1920, dans la Basilique de Saint-Pierre, au milieu d'un immense concours de clergé et de fidèles. Nous en trouvons le récit détaillé dans *La Croix* (18 mai) et surtout dans un article du R. P. Yves de la Brière *(Études*, Nº du 5-20 juin), auquel nous ferons de larges emprunts.

« La solennité pontificale du dimanche 16 mai, en l'honneur de sainte Jeanne d'Arc, eut, sans contestation possible, le caractère d'un incomparable hommage rendu par la Papauté, non seulement à la Sainte de la Patrie, mais, dans sa personne même, à la grandeur religieuse et historique de la France catholique.

« Autour de Benoît XV, étaient réunis, ce jour-là, quarante-trois cardinaux de la Sainte Église romaine et trois cent cinquante archevêques ou évêques : parmi eux, tous les cardinaux français, tout l'épiscopat français, auxquels il faut joindre plus de six cents prêtres appartenant à l'élite du clergé de France.

La tribune d'honneur, voisine de celle des familles souveraines, avait été réservée à l'ambassade extraordinaire de France. « Le choix de M. Gabriel Hanotaux, pour remplir cette mission diplomatique, était d'un effet particulièrement heureux, en raison de sa triple qualité d'ancien ministre des Affaires étrangères, de membre de l'Académie française et de très brillant historien de Jeanne d'Arc. »

Une autre tribune avait été aussi « réservée aux membres du Parlement français : environ quatre-vingts sénateurs et députés, portant leur écharpe tricolore. Parmi eux, les représentants ecclésiastiques de l'Alsace et de la Lorraine. Au premier rang, le général de Castelnau, en uniforme militaire, avec plaque de grand-officier de la Légion d'honneur. » Leur attitude grave et recueillie fit une profonde impression sur les Romains. « Ce n'étaient pas des curieux, qui assistaient à un beau spectacle avec une attention sympathique ; c'étaient des croyants qui venaient prier une sainte et participer à un acte solennel du culte catholique. — Près de cent cinquante personnes figuraient dans la tribune destinée à la descendance des frères de sainte Jeanne d'Arc. »

Benoît XV fit son entrée dans la basilique, mitre en tête, porté sur la *sedia gestatoria* et escorté de la garde noble. Les cardinaux, primats, archevêques, évêques et autres dignitaires défilèrent devant lui en une longue procession et se groupèrent au pied du trône très élevé, où il vint s'asseoir. La cérémonie commença par le chant solennel des litanies des saints et du *Veni Creator*. Puis le Pape, prenant la parole, prononça d'une voix ferme les phrases rituelles de la canonisation, qui se terminent ainsi : « Nous déclarons et définissons que la bienheureuse Jeanne d'Arc, vierge, est sainte. Nous l'inscrivons au Catalogue des Saints. Nous ordonnons que sa mémoire soit pieusement rappelée, chaque année, dans l'Église. On entonna ensuite le *Te Deum* et le gros bourdon de la basilique donna le signal d'un carillon triomphal, auquel prirent part toutes les cloches des églises de Rome, durant une heure entière.

Après le *Te Deum*, il est d'usage que les postulateurs de la canonisation offrent au Souverain Pontife des présents symboliques, déterminés par une gracieuse tradition : cierges de toute dimension, petits pains dorés ou argentés, petit baril de vin, de facture artistique, colombes dans une cage dorée. En les recevant, Sa Sainteté ordonna immédiatement de transmettre la cage « en hommage à la femme de notre ambassadeur extraordinaire. Le Saint-Père fit exprimer à Mme Hanotaux le vœu charmant que la colombe romaine, semblable à la colombe de l'Arche, apportât en France le rameau d'olivier, symbole de paix. »

§ III. JEANNE D'ARC ET LA FRANCE.

Popularité de Jeanne d'Arc. — Sourde hostilité du pouvoir. — Intervention maçonnique. — Réponse de la nation. — La fête nationale de Jeanne d'Arc.

Popularité de Jeanne d'Arc. — Jeanne d'Arc fut longtemps méconnue en France. Mais, depuis un siècle, à mesure que l'histoire écartait les ombres qui cachaient, aux yeux de la foule, la beauté surhumaine de cette figure sans pareille, on vit sa popularité croître de jour en jour ; et, quand elle eut été complètement dégagée et mise en pleine lumière, le peuple français n'eut pas de peine à y reconnaître la plus noble incarnation de son caractère tout à la fois religieux et chevaleresque, avec son humeur vive, enjouée et primesautière ; et il se prit d'enthousiasme pour la sainte patriote, qui avait « bouté » l'ennemi hors du pays et reforgé, pour ainsi dire, l'âme française, qu'une longue suite de désastres inouïs avait complètement désemparée. Aujourd'hui le nom de Jeanne d'Arc est dans toutes les bouches, son souvenir dans tous les cœurs, sa statue en d'innombrables églises. Ainsi se trouve réparé un long et injuste oubli.

Sourde hostilité du pouvoir. — Cet élan populaire ne pouvait laisser indifférents les chefs de la nation ; bon gré, mal gré, il leur fallait ou s'y associer ou le contrarier. Alternative embarrassante ; le contrarier, c'était prendre parti contre la volonté manifeste du pays ; et, d'un autre côté, s'y associer de bon cœur était chose impossible aux sectaires, qui présidaient alors aux destinées de la France. Ennemis acharnés, non seulement de l'Église, qu'ils ont dépouillée et opprimée, mais aussi de l'armée, qu'ils ont travaillé sans relâche à affaiblir et à démoraliser, jusqu'au jour où leur haine du militarisme dut faire place à d'autres sentiments, sous le coup des menaces allemandes, nos radicaux, maîtres du pouvoir, pouvaient-ils honorer sincèrement une sainte authentique, doublée d'un habile et vaillant chef d'armée? Quelques-uns s'y essayèrent pourtant, au moyen d'une distinction subtile ; la sainte leur est indifférente ou odieuse ; ils la laissent de côté ; mais la Pucelle a été un modèle de patriotisme ; il leur semble donc juste et raisonnable d'honorer la vaillante patriote.

En 1884, un député radical, M. Joseph Fabre, grand admirateur d'une Jeanne d'Arc ainsi laïcisée, proposa à la Chambre d'instituer une fête nationale en son honneur. La proposition ne trouva pas d'écho et ne fut pas même discutée. Dix ans plus tard, devenu sénateur, il reprit sa proposition devant le Sénat : la fête à instituer serait, d'après son projet, la fête du patriotisme, celle du 14 juillet restant la fête de la Révolution. Ce projet fut voté à une assez forte majorité (8 juin 1894), grâce aux voix des sénateurs catholiques et à l'appui du ministère.

Parmi les opposants figure un certain M. Garran de Balsan, qui a droit à une mention spéciale. Cet illustre inconnu ne s'avisa-t-il pas de sommer le gouvernement d'intervenir auprès du Pape, par voie diplomatique, pour empêcher la canonisation !

Intervention maçonnique. — Cependant le vote du Sénat avait jeté l'alarme dans le camp des libres-penseurs. C'est pourquoi le chef suprême de la franc-maçonnerie, Adriano Lemmi, jugea à propos d'intervenir ; voici la sommation insolente que cet Italien se permit d'adresser aux Loges françaises : « Les éternels adversaires de la raison et du progrès veulent glorifier une fille hystérique, dont l'existence fut une fourberie bigote et vicieuse, et l'imposer à l'admiration universelle. Il faut paralyser ce mouvement par tous les moyens, donner le mot d'ordre partout et montrer que s'associer à l'exaltation de cette Jeanne d'Arc, sous prétexte de patriotisme, serait tomber dans le piège clérical. Nous opposons Voltaire à Jeanne d'Arc. »

Le mot d'ordre, imposé par cet étranger, fut entendu et la consigne fidèlement gardée par nos francs-maçons. La Chambre des députés, où ils étaient en nombre, ne demandait pas mieux

Le bûcher de Rouen.

que de s'y conformer. N'avait-elle pas déjà applaudi le député Lhopiteau, dénonçant avec indignation les hommages rendus à Jeanne d'Arc dans les églises et sommant le ministre de la guerre d'interdire aux officiers d'assister en tenue aux cérémonies religieuses, qui se célébraient partout en l'honneur de l'héroïne ! On devine l'accueil qu'une pareille assemblée réservait au projet voté par le Sénat. Il ne fut pas même mis en discussion.

Réponse de la nation : Pétitions. — Cette hostilité dédaigneuse, loin de refroidir le zèle des admirateurs de la Pucelle, ne servit qu'à l'aiguillonner. D'innombrables pétitions, parties de tous les points du pays, venaient sans relâche sommer la Chambre de sanctionner à son tour le vote du Sénat. Le rapporteur d'une des commissions, officiellement chargées de leur examen, constate qu'elles sont « couvertes de milliers de signatures, appartenant à tous les cultes, à tous les partis, à tous les milieux, à toutes les conditions, à toutes les classes de la société ». « C'est pourquoi, ajoutait-il, il semble évident à la commission que le grand mouvement d'opinion, qui s'est produit dans le pays, est bien l'expression du sentiment national. » N'importe ; les sectaires, qui ont si longtemps opprimé les consciences, étaient décidés à ne rien entendre.

Fête de Jeanne d'Arc. — Les choses en étaient là, lorsque la béatification de Jeanne vint provoquer, dans la France entière, un mouvement d'enthousiasme indescriptible. Partout, la fête de la Bienheureuse, qui tombait quelques jours après, fut célébrée avec une pompe extraordinaire et elle prit le caractère d'une grandiose manifestation nationale, malgré l'abstention forcée des municipalités. Jamais, de mémoire d'homme, on n'avait vu rien de pareil. Ce jour-là, les cœurs de tous les bons Français battaient à l'unisson, dans un même sentiment d'allégresse et de fierté patriotique.

A Orléans, la fête dura plusieurs jours et fut d'une splendeur incomparable ; l'éclat en était rehaussé par la présence de deux cardinaux et d'une quarantaine d'évêques ; plus de cinquante mille personnes, étrangères à la ville, y prenaient part. La procession traditionnelle se déroula avec une majestueuse lenteur, le long des rues brillamment décorées. Au retour, les évêques, groupés sous le portail de la cathédrale, mitre en tête et crosse en main, bénirent tous ensemble la foule massée sur la place. Ce fut un spectacle inoubliable.

Depuis lors, la fête de Jeanne d'Arc se célèbre chaque année, sinon avec la même magnificence, du moins avec le même entrain, jusque dans nos moindres bourgades, et partout le peuple, sauf un petit nombre de mécréants, s'y associe de tout son cœur.

M. Joseph Fabre, qui n'ignorait pas combien Jeanne d'Arc est populaire, avait prévu ce résultat : « Remarquez, disait-il au Sénat, que, si vous refusez de décréter la fête de Jeanne d'Arc, sous prétexte qu'elle serait une fête cléricale, il ne faut pas conclure que, pour cela, elle n'existera pas. Les adversaires de la République persisteront à la célébrer. Le résultat est qu'il y aura une fête cléricale, à côté de la fête du 14 juillet, la fête blanche, à côté de la fête tricolore. Le voulez-vous? » — « Non, répondait ingénument M. Garran de Balsan. »

Hé bien ! ce que les anticléricaux désiraient éviter s'est réalisé, de manière même à dépasser leurs craintes. Car, tandis que la fête de la Révolution devient de plus en plus terne et n'est plus guère chômée que par les fonctionnaires et les ouvriers d'usine, qui ne peuvent faire autrement, la fête de Jeanne d'Arc unit la masse de la nation dans un élan spontané de foi et de patriotisme.

Après avoir dormi vingt-six ans dans les cartons du Parlement le projet du Sénat fut enfin repris, en 1920, par la nouvelle Chambre, issue des élections qui avaient eu lieu après la Grande Guerre. Adopté sans débat et à l'unanimité, il est devenu loi de l'État ; en voici la teneur : « La République française célèbre annuellement la fête de Jeanne d'Arc, fête du patriotisme.

Cette fête a lieu le deuxième dimanche de mai, jour anniversaire de la délivrance d'Orléans. Il sera élevé, en l'honneur de Jeanne d'Arc, sur la place de Rouen où elle a été brûlée vive, un monument, avec cette inscription :

A JEANNE D'ARC

Le peuple français reconnaissant.

§ IV. JEANNE D'ARC ET LES NATIONS ÉTRANGÈRES.

Angleterre — « Jeanne d'Arc, dit M. Barrès, ne se borne pas à grouper autour d'elle des Français réconciliés ; sa vertu rayonne par-dessus nos frontières... En Angleterre, depuis un siècle, c'est, pour la victime de Rouen, une ère d'adoration et d'apothéose. » — Le grand journal de Londres, le *Times*, lui consacrait, en mai 1915, un mémorable article, dont nous allons citer quelques passages :

« Dans tout le Moyen Age, il n'y a pas d'histoire plus simple et plus splendide, pas de tragédie plus douloureuse que celle de la pauvre petite bergère, qui, par sa foi passionnée, a relevé sa patrie des profondeurs de l'abaissement et du désespoir, pour subir la plus cruelle et la plus honteuse des morts de la main de ses ennemis.

« L'élévation et la beauté morale du caractère de Jeanne ont conquis le cœur de tous les hommes ; et les Anglais se rappellent avec honte le crime dont elle fut victime.

« En Jeanne d'Arc, l'Église romaine honore *un type* auquel non seulement une nation, mais le monde entier rendra hommage, le type de la chrétienne, bonne, tendre et pure, à une époque sensuelle et sans pitié. »

Lord Mahon, au siècle dernier, et tout récemment *A. Lang*, ont écrit la biographie de la Pucelle, en rendant pleine justice à son caractère ; *Thomas de Quincey* lui a consacré un poème en prose ; le *cardinal Moran* et le *R. P. Wyndham* se sont attachés à mettre en lumière sa mission divine ; un évêque anglais, *Mgr Gillis*, prononça son panégyrique à Orléans, en 1857. Dans ces dernières années, une *souscription populaire* à dix centimes réunit en peu de temps la somme suffisante pour l'érection d'une statue de la Bienheureuse dans la cathédrale de Westminster. Ces faits, choisis entre mille, suffisent à montrer que les sentiments du peuple anglais sont en parfait accord avec les nôtres.

Allemagne. — *La Pucelle d'Orléans* de Schiller a popularisé le nom de Jeanne d'Arc en Allemagne ; il n'y a pas de pièce, nous dit-on, qui y soulève autant d'enthousiasme. Malheureusement, l'héroïne, que les Allemands applaudissent sur la scène, ne ressemble guère à celle de l'histoire. Au lieu de la jeune fille, naïve et douce, autant que vaillante, ils n'ont sous les yeux qu'une aventurière héroïque et romanesque, dure, d'abord, jusqu'à la cruauté, puis sentimentale à l'excès, lorsque son cœur s'est laissé prendre aux charmes d'un trop séduisant ennemi.

« L'Allemagne, dit M. Goyau, semble affecter une sorte de coquetterie à l'endroit de la Pucelle, et cette coquetterie, parfois, dans l'expression dont elle se pare, devient offensante pour nous. » Affaire de jalousie nationale, sans doute ; mais, peut-être aussi, résultat de l'oubli dans lequel la France a laissé si longtemps sa libératrice.

En 1815, un Prussien offrit jusqu'à six mille francs de sa maison natale, qui n'était plus qu'une masure délabrée. Elle appartenait alors à un ancien dragon, Nicolas Gérardin, dont le nom mérite d'être conservé ; ce brave paysan, qui n'était pas riche, puisa dans son patriotisme assez de désintéressement pour refuser la petite fortune que lui offrait le Prussien et, quelque temps après, il cédait la maison au département des Vosges pour une somme trois fois moindre. Quelle honte c'eût été de voir passer cette relique en des mains étrangères !

Russie. — En Russie, avant la révolution des bolcheviks, le monde de l'armée professe une sorte de culte traditionnel pour Jeanne d'Arc. A l'école militaire son image orne les chambres des *élèves-officiers;* quand ces jeunes gens vont subir leurs examens, ils inscrivent leurs noms au-dessous, « pour prendre du courage et réussir ». — L'illustre général *Dragomirof* a écrit une étude intéressante sur « les Étapes de Jeanne d'Arc ». Il admire en « cette enfant le plus sage des conseillers et des capitaines, un intrépide soldat, un logicien fécond dans la dispute, un moraliste profondément versé dans la connaissance du cœur humain ».

Amérique. — L'Amérique ne pouvait rester étrangère à ce concert de louanges. Les *États-Unis* ont élevé (1915) une statue colossale à la Vierge française, comme à la plus haute personnification du patriotisme ; et un de leurs plus célèbres écrivains, *Marc Twain*, n'hésite pas à la proclamer « la merveille des siècles, la créature la plus extraordinaire que la race humaine ait jamais produite ».

Au *Canada* et dans l'*Amérique latine*, de grandes fêtes furent célébrées en son honneur, à Québec, à Mexico, à Buenos-Ayres, etc., à l'occasion de sa béatification.

Extrême-Orient. — Les contrées infidèles de l'Extrême-Orient se sont elles-mêmes émues ; des églises s'élèvent, en *Chine*, sous le vocable de la Sainte; une *Japonaise* a écrit sa biographie et la propose comme modèle aux filles de son pays.

+ + + + ❖ + + + +

ÉPILOGUE

Action actuelle et future de la Pucelle, d'après M. Hanotaux. —
La remarquable étude de M. G. Hanotaux sur Jeanne d'Arc se
termine par des considérations bien dignes de fixer l'attention.

« La portée de l'apparition de Jeanne d'Arc, dit l'éminent
académicien, s'affirme par ceci, que l'action de sa vie et de sa
mort n'est pas épuisée : elle dure et elle durera longtemps
encore.

« De même qu'il a fallu trois ou quatre siècles pour que la
parole du Christ perçât la croûte des inattentions et des négli-
gences du monde, de même, l'œuvre de Jeanne d'Arc ne se fera
connaître que lentement. L'Église l'a mise sur ses autels, mais
la science et la philosophie la réclament aussi : car elles se corri-
geront, s'humaniseront, s'élargiront, rien qu'en essayant d'expliquer cette âme et de lui arracher son secret.

« La pensée française, sauvée par elle, lui consacrera un culte
perpétuel de souvenir, de recherches et de piété. Le moindre
incident de cette existence exemplaire sera commenté, étudié
dans sa réalité immédiate et dans son sens profond : on verra
que mille choses humaines, connues et inconnues, se rapportent
à la mesure de cette âme... Déjà, on sent combien les recherches
nouvelles agrandissent le champ de l'histoire et de la médita-
tion, en portant, d'un seul coup, l'humain jusqu'au divin.

« La culture grecque, latine, chrétienne, méditerranéenne,
gardée en Europe et sur les autres continents, ne périra pas ;
elle reprendra son éclat un instant éclipsé. Il ne peut se faire
qu'elle manque aux âges futurs. Par là se rétabliront, dans la
vie universelle, les grands équilibres, les grandes réconciliations,

les sages et loyaux apaisements. L'autorité et la liberté, l'individuel et le général, retrouveront leurs limites respectives et leur pondération indispensable. L'humanité n'est pas condamnée à se déchirer toujours faute de règle, à errer faute de guide, à se tromper faute de mesure. Or, tout cela est dans l'héritage antique que Jeanne a préservé... Nous ne sommes qu'à l'aube des jours qui verront s'accomplir indéfiniment sa mission. »

Une prophétie de Jeanne réalisée dans la Grande Guerre. — N'oublions pas que cette mission ne se bornait pas à délivrer la France du joug anglais. La célèbre Christine de Pisan écrivait, au lendemain du Sacre de Charles VII : « Détruire l'anglaiserie est le moindre des faits qui lui sont réservés ; elle a ailleurs plus hauts exploits : c'est que la foi ne périsse. Elle doit rétablir la concorde dans la chrétienté et détruire les méchants hérétiques, qui enlaidissent la foi de Dieu. »

Jeanne elle-même faisait allusion à cette seconde partie de sa mission, lorsqu'elle disait, dans sa lettre aux Anglais : *« Si vous lui faites raison* (à la Pucelle), *encore pourrez-vous venir en sa compagnie l'où* (là où) *que les Français feront le plus bel fait qui oncques fut fait pour la chrétienté. »* — On le voit, la prédiction est formelle : « Les Français feront le plus beau fait, qui ait jamais été fait pour la chrétienté, et les Anglais, après avoir fait raison à la Pucelle, y pourront prendre part, en sa compagnie. »

Comme elle est morte avant même que la France fût complètement délivrée, cette seconde partie de sa mission n'a certainement pas été accomplie de son vivant. Or, ses autres prophéties — et elles sont nombreuses — se sont toutes réalisées. Celle-là seule ferait-elle exception? Doit-on la considérer comme fausse? La question s'était posée dès le xvᵉ siècle et un docte personnage de l'époque, Martin Berruyer, évêque du Mans, dans un mémoire, qui figure au procès de réhabilitation, répondait : Non ; car, disait-il, « qui sait si les Français ne rendront pas plus tard un service éminent à la chrétienté, en compagnie de la Pucelle, présente, non de corps, mais par son esprit et par son influence, *si non in corpore, tamen in spiritu et virtute?* ».

OR, CE BEAU FAIT, PRÉDIT PAR JEANNE D'ARC, NE SE SERAIT-IL PAS ACCOMPLI SOUS NOS YEUX, PENDANT LA GRANDE GUERRE?

L'UNION SACRÉE, qui, lors de la mobilisation, se produisit instantanément entre les Français, n'avait-elle pas été heureusement ébauchée sous l'influence de Jeanne d'Arc? Depuis un quart de siècle, tous les bons citoyens, à part un petit nombre d'égarés, s'étaient habitués à communier ensemble dans un même sentiment d'admiration et de reconnaissance pour notre sainte héroïne. La gravité du danger, qui menaçait la patrie, ne fit que généraliser et renforcer ces bonnes dispositions.

Aussi, dès le premier jour, la guerre révéla au monde stupéfié une France qu'on croyait à jamais disparue, étroitement unie, ardemment patriote, profondément religieuse. A l'appel de la patrie, on vit accourir sous les drapeaux, sans démonstrations tapageuses, mais avec la ferme résolution de remplir vaillamment un devoir sacré, tout ce que le pays renfermait d'hommes valides, jeunes gens encore imberbes et pères de famille déjà grisonnants.

Chose plus admirable encore ! Malgré notre caractère national, si prompt au découragement, ce magnifique élan s'est maintenu : ni les revers du début, ni le séjour prolongé dans des tranchées humides, en face d'un ennemi invisible ; ni les vides que faisait dans leurs rangs la pluie des balles, des grenades et des obus ; rien n'a pu entamer le courage de ces guerriers improvisés ; pas plus, du reste, que la confiance de la nation dans le succès final de sa juste cause. Jamais l'héroïsme français ne s'était encore élevé et maintenu si longtemps à pareille hauteur.

Tout cela est vrai, dira-t-on ; mais ce fait, si beau qu'il soit, ne peut pas être celui qui a été prédit par la Pucelle ; car il n'est pas fait « pour la chrétienté » : ni la France, avec son gouvernement athée, ni l'Angleterre hérétique, ni la Russie schismatique ne combattaient pour empêcher « que la foi ne périsse ». En prenant les armes, ces puissances n'ont eu d'autre but que de repousser une injuste agression et elles ne se proposaient qu'une chose, détruire la force militaire d'une nation, qui menaçait l'indépendance de tous les peuples.

Il en est ainsi, en effet ; mais on aurait tort d'en conclure que les Alliés ne travaillaient pas « pour la chrétienté ». Ne savons-nous pas que, si l'homme s'agite, c'est Dieu qui le mène? Combien de fois la Providence n'a-t-elle pas fait servir à l'exécution de ses desseins les volontés les plus rebelles? Et pourquoi n'en aurait-il pas été de même alors, si les prétentions de l'Allemagne constituaient une menace redoutable pour la foi catholique? Or, pour ne pas voir ce péril, il faudrait fermer les yeux à l'évidence.

En face de notre CIVILISATION CHRÉTIENNE, faite de *justice*, de *douceur*, et de *bonté*, se dresse la « KULTÙR » ALLEMANDE, qui affiche la volonté bien arrêtée de se substituer à elle dans le monde entier. Or, cette « kultur », produit hybride du luthéranisme et d'une philosophie toute païenne, n'a pas d'autre idéal que la FORCE, « *la force disciplinée et organisée scientifiquement, mise au service de l'ambition et des plus basses convoitises.* »

Cet idéal, la Prusse a réussi à en imprégner l'âme allemande, par le moyen de l'école (1), de la caserne et d'une bureaucratie aussi servilement obéissante que servilement obéie.

Fier de la supériorité incontestable de son organisation ; enivré par ses succès prodigieux dans l'industrie et le commerce, aussi bien qu'à la guerre ; enorgueilli d'ailleurs par le sentiment de sa force, qu'il jugeait invincible, le peuple allemand en était

---

(1) Haugwitz, l'organisateur de l'enseignement prussien, disait effrontément : « Nous enseignons ce qui peut nous être utile ; que ce soit le vrai ou le faux, peu nous importe. Nous voulons que l'Allemand croie ce qui nous semble nécessaire qu'il croie pour le but que nous poursuivons. »

arrivé à se croire, non seulement le premier des peuples, mais la nation modèle, le « peuple suprême », dont « le devoir est de conduire la marche de l'humanité », de dominer le monde et de le transformer, pour son plus grand bien, en lui imposant sa « kultur ». Toute la presse d'outre-Rhin n'avait qu'une voix pour le proclamer (1).

Cette folie d'orgueil avait détraqué les cerveaux allemands longtemps avant la guerre. « *L'Allemagne au-dessus de tout! L'Allemagne au-dessus de tout!* Tel était le cri qui jaillissait spontanément de toutes les poitrines et ne cessait de retentir d'un bout à l'autre de l'empire.

Aussi l'appel aux armes y fut-il partout accueilli avec enthousiasme. « La noble (!?) race des Allemands, appelée à former l'univers à son image et à sa volonté », allait donc enfin réaliser sa glorieuse destinée ! Car la victoire ne faisait doute pour personne.

A cet orgueil insensé se joignait, chez les luthériens, qui forment les deux tiers de la population, la haine violente du catholicisme. Dès la première ruée des hordes teutonnes en Belgique et en France, cette haine s'est signalée par l'incendie de l'Université catholique de Louvain, par la destruction ou la profanation des églises, des tabernacles, des vases sacrés, des statues des saints, et surtout par les sévices barbares exercés sur les ecclésiastiques, au cri de : « *Mort aux prêtres! A bas le catholicisme!* » C'est par dizaines que se comptent les prêtres fusillés par ordre des officiers ou massacrés par les soldats.

---

(1) « L'univers ne peut être sauvé que par l'essence allemande » (Le *Tag*). — « La noble race des Allemands est appelée à former l'univers à son image et à sa volonté. » — « Comme nous sommes le peuple suprême, notre devoir est de conduire la marche de l'humanité » *(Gazette de Voss)*.

Le chancelier de l'empire disait de même au Reichstag (août 1915) : « L'Allemagne devra avoir la haute main sur les destinées de toutes les autres nations. »

Combien d'autres, emmenés en captivité, succombèrent aux mauvais traitements !

Les atrocités sans nombre commises par les soldats allemands, la « kultur » ne peut les désavouer : car — ses penseurs le proclament — « elle n'exclut pas la sauvagerie sanglante : elle est au-dessus de la morale, de la raison et de la science » (1).

Elle est aussi, par là même, l'ennemie irréconciliable de l'Église catholique, gardienne vigilante de la morale, de la raison et de la science. Avant de réaliser ses prétentions et d'établir son règne sur le monde, il lui faut, de toute nécessité, faire disparaître sa rivale ou la réduire à l'impuissance.

Les tenants de la « kultur », conséquents avec leurs principes, espèrent bien y arriver, après « une longue lutte des esprits ». L'un d'eux célèbre d'avance, dans le *Tag* (2), le triomphe de « l'antique esprit germanique » sur « la mentalité latine », qui domine « l'humanité depuis tant de siècles ». « Il s'agit, dit-il, de mettre sur le pinacle l'idéal allemand plus beau et autrement meilleur que l'idéal latin,... qui a pris naissance en Orient et dont le centre est à Rome. Cet idéal latin, qu'il s'agit de renverser, c'est l'Église catholique. »

Détruire, avec l'Église catholique, l'idéal chrétien et y subs-

---

(1) « La Kultur est une organisation spirituelle du monde, qui n'exclut pas la sauvagerie sanglante. Elle est au-dessus de la morale, de la raison et de la science *(Neue Rundschau)*. — « Quel tribunal pourra nous juger? Notre force créera une loi nouvelle » *(Die Zukunft)*.

(2) « La guerre actuelle est une lutte apocalyptique... signe d'une ère nouvelle, qui n'est autre que la troisième époque de formation de l'humanité. Elle opérera la transformation la plus complète qui ait été opérée depuis des milliers d'années. Elle sera plus profonde et aura une portée autrement grande que celle exercée jadis par le christianisme lui-même.

« Ce sera la lutte contre vous autres, Latins... contre l'humanité telle qu'elle est actuellement, depuis que, par votre mentalité latine vous la dominez depuis tant de siècles...

« Vous nous avez exclus de votre civilisation. Soit. Nous sommes des

tituer l'idéal allemand, c'est-à-dire le culte de la force brutale et rapace, qui était celui des anciens Germains, tel est donc le but que le peuple de Luther poursuivait, les armes à la main.

Les choses étant ainsi, n'est-il pas évident que les nations coalisées contre l'Allemagne luttaient « pour la chrétienté », qu'elles en aient eu conscience ou non? Car un des résultats de leur victoire, et non le moindre, a été d'empêcher « que la foi ne périsse », sous les étreintes de la « kultur » antichrétienne.

Or, la France a tenu sans contredit, le principal rôle dans ce drame, où se jouaient les destinées du monde et celles de l'Église. C'est elle que le colosse allemand voulait écraser en premier lieu, comme son adversaire le plus redoutable ; et ce sont les Français qui ont, les premiers, brisé son élan et changé en déroute sa marche triomphante du début.

Maintenant donc qu'il est définitivement abattu, n'est-on pas autorisé à dire que « les Français ont fait le plus beau fait qui ait jamais été fait pour la chrétienté »? Et cela, sous les auspices de Jeanne d'Arc et avec le concours des Anglais qu'elle avait elle-même invités à en partager la gloire.

---

barbares et nous voulons l'être ! Entre vous et nous, il y a désormais un abîme...

« Il s'agit de mettre sur le pinacle l'idéal allemand, créateur d'une ère nouvelle, plus beau et autrement meilleur que l'idéal latin.

« Mais quel est donc cet idéal latin qu'il s'agit de renverser? C'est cet idéal qui a pris naissance en Orient et dont le centre est à Rome. C'est l'Église catholique, cette seconde mère de la civilisation romaine. » (Le *Tag.*) — (Citation empruntée à la revue *La foi catholique.*)

Le *Tag* avait déjà dit précédemment : « La foi de nos aïeux païens revit en nous. » — On ne s'en aperçoit que trop.

FIN

APPENDICE

I. Sources historiques.

Les deux procès et les écrits des contemporains. — 1. Les pièces authentiques des DEUX PROCÈS — procès de condamnation et procès de réhabilitation — s'offrent, en premier lieu, à l'historien de la Pucelle. Nulle part ailleurs, il ne pourra puiser des renseignements plus abondants et plus sûrs. « Ce sont certainement, dit.M. Hanotaux, les plus étonnants documents humains qu'ait laissés à l'homme l'histoire de l'humanité. » Dans le procès de condamnation, Jeanne raconte elle-même sa vie, expose le mobile de ses actions, met, en un mot, son âme à nu, en présence d'ennemis acharnés, qui ont enregistré eux-mêmes ses déclarations. Au procès de réhabilitation, ce sont cent vingt personnes de tout sexe et de toute condition, paysans et bourgeois, nobles et roturiers, ecclésiastiques et laïques, hommes de guerre et hommes de loi, qui déposent, sous la foi du serment, au sujet de faits dont ils ont été témoins. Leur témoignage présente d'ailleurs toute garantie de véracité, à cause de leur âge avancé et de leurs sentiments religieux.

2. Après ces documents incomparables, viennent se placer les ÉCRITS DES CONTEMPORAINS.

Ces écrits sont nombreux et variés : lettres, dans lesquelles *Perceval de Boulainvilliers*, *Alain Chartier*, les jeunes *seigneurs de Laval*, relatent et apprécient les faits, qui viennent de se passer sous leurs yeux; mémoires de *Gerson* et de *Gélu* sur la mission de la Pucelle; poème de *Christine de Pisan* célébrant ses exploits ; lettres-journal de la *Chronique Morosini*, où se trouvent enregistrées, au jour le jour, les nouvelles apportées par la renommée, etc. Tous ces écrits ont été composés du vivant de Jeanne.

Un peu plus tard, nombre d'écrivains entreprirent de raconter ses hauts faits dans un récit suivi. Mais, comme l'imprimerie n'était pas encore inventée à l'époque où furent composées les premières CHRONIQUES, un certain nombre d'entre elles restèrent enfouies dans les bibliothèques particulières ou dans les archives publiques et n'ont été publiées qu'au milieu du dernier siècle, quelques-unes plus récemment. Elles diffèrent naturellement les unes des autres, quant au mérite de la composition et à l'exactitude historique, mais bien plus encore par l'esprit qui les a dictées. Les unes ont été rédigées par des Français ; d'autres par des Bourguignons ; d'autres enfin, par des étrangers, italiens, allemands, etc. Mais toutes s'accordent à proclamer l'immense renommée que la Pucelle s'était acquise parmi ses contemporains.

§ I. — CHRONIQUES FRANÇAISES.

Les chroniques, rédigées par des partisans de Charles VII, sont les plus nombreuses et les plus exactes ; leurs auteurs étaient mieux placés pour bien connaître les faits. Elles se complètent d'ailleurs mutuellement et les divergences, qu'on y rencontre çà et là, ne portent ordinairement que sur des détails de minime importance.

La CHRONIQUE DE LA PUCELLE « est incontestablement, dit M. de Beaucourt *(Histoire de Charles VII)* la source la plus importante pour l'histoire de la vierge inspirée ». Elle fait partie d'un ouvrage considérable, la *Geste des nobles*, rédigé par *Guillaume Cousinot*, chancelier du duc d'Orléans et ami de Jacques Boucher, l'hôte de Jeanne à Orléans. Son fils, *Cousinot de Montreuil*, l'un des conseillers les plus écoutés de Charles VII, puis de Louis XI, continua l'œuvre de son père et la compléta, d'après ses renseignements personnels, sans prendre la peine de fondre ensemble les deux rédactions ; d'où il résulte qu'un même fait est assez souvent raconté avec des détails différents. Ce défaut de composition n'enlève d'ailleurs rien à la valeur historique de l'ouvrage. On y suit pas à pas la Pucelle à Domremy, à Vaucouleurs, à Chinon, à Poitiers, à Orléans, dans les campagnes de la Loire et du Sacre et enfin sous les murs de Paris. La suite fait défaut, soit qu'elle ait été perdue, soit que l'auteur ne l'ait pas écrite.

La vie guerrière de Jeanne d'Arc occupe une grande place dans la CHRONIQUE DE LA MAISON D'ALENÇON, composée, en 1436, par *Perceval de Cagny*, écuyer et maître d'hôtel de Jean II, le « beau duc ». « Je n'hésite pas, dit Quicherat, à mettre Perceval de Cagny en tête des chroniqueurs qui ont parlé de la Pucelle. Cet honneur lui revient comme au mieux instruit, au plus complet, au plus sincère, à celui qui, le premier en date, a témoigné pour elle et d'une manière digne d'elle, dans un écrit destiné à la postérité. » Il a vécu dans l'intimité de l'héroïne et son récit est celui d'un témoin oculaire. Nul autre ne présente, avec plus d'exactitude et de relief, les campagnes de la Loire et du Sacre, l'attaque de Paris et le retour de l'armée à Gien. L'affection, que ce bon serviteur porte à son jeune maître, ne le rend point partial en sa faveur. Il lui eût été facile de lui attribuer la gloire des succès obtenus par l'armée, qu'il commandait en chef ; au lieu de cela, il en renvoie tout le mérite à la Pucelle. Partout et en toute circonstance, il la montre jouant le premier rôle, le duc se contentant de seconder ses desseins et de transmettre ses ordres.

Le JOURNAL DU SIÈGE D'ORLÉANS, composé vraisemblablement après la réhabilitation, fut déposé aux archives de la ville en 1466. Son auteur, Guillaume Cousinot, fait preuve de partialité en faveur des nobles, qu'il vante outre mesure, rabaissant d'autant le rôle de la Pucelle et des milices communales.

22

Il est juste cependant de reconnaître qu'il donne, sur l'entrée de Jeanne à Orléans et sur l'emploi de son temps les jours suivants, des détails du plus grand intérêt, qu'on chercherait vainement ailleurs. A partir de la campagne de la Loire, il se contente d'abréger la Chronique de la Pucelle.

Ainsi fait également *Jean Chartier*, religieux de Saint-Denis et historiographe du roi. Il composa, vers 1443, deux chroniques, l'une en mauvais français, l'autre en mauvais latin.

Le *Greffier de la Rochelle* a consigné, dans les registres de la municipalité, les principaux faits guerriers de la Pucelle, à mesure, semble-t-il, qu'ils venaient à sa connaissance.

La *Chronique de Tournay*, rédigée, comme la précédente, par un scribe officiel, est d'une exactitude remarquable en ce qui concerne la Pucelle. Elle s'étend longuement sur la délivrance d'Orléans et raconte, d'une manière succincte, les faits postérieurs.

Thomas Basin, évêque de Lisieux, sous la domination anglaise, mais resté bon Français, a écrit sur Jeanne d'Arc, d'après ses souvenirs personnels. Mal placé pour bien connaître les faits, il s'en faut que ses récits soient toujours exacts.

Parmi les écrivains français, contemporains de la Pucelle ou appartenant à la génération suivante, qui lui ont consacré des notices, nous citerons, pour mémoire : *Charles le Bouvier,* dit *Berry,* héraut du roi de France ; — *Mathieu Thomas,* dans son Registre delphinal ; — *Pierre Sala,* dans les Hardiesses des rois ; — l'*Abbréviateur du procès;* — *Alain Bouchard,* dans les Grandes Annales de Bretagne ; — *Jean Bouchet,* dans ses Annales d'Aquitaine ; — *Jean de Mâcon,* auteur présumé de la Chronique de la délivrance d'Orléans et de la Fête du 8 mai ; — *Guillaume Gruel,* dans sa Chronique d'Arthur de Richemont, etc., etc. — La plupart de ces ouvrages sont assez frustes ; il y a cependant à glaner, dans quelques-uns, certains renseignements utiles.

Les enseignes de Jeanne d'Arc.
*(Au milieu, l'étendard, à gauche, la bannière, à droite,
le pennon.)*

§ II. — Chroniques bourguignonnes.

La Chronique de Monstrelet est la mieux rédigée, la plus complète et la plus exacte de toutes celles qui ont été écrites par des Bourguignons. Elle s'étend de 1400 à 1440. Monstrelet, gentilhomme picard, au service de Jean de Luxembourg, est généralement bien renseigné et sincère dans son récit. Le plus gros reproche qu'on puisse lui adresser est d'avoir donné crédit à la fable de la Pucelle, servante d'auberge à Neufchâteau. Il a aussi parfois des oublis qui ne sont sûrement pas involontaires ; ainsi il déclare ne pas se rappeler les propos qui s'échangèrent entre le duc de Bourgogne et Jeanne prisonnière, au cours d'une entrevue à laquelle il avait assisté. Autre oubli : en quittant la captive au château de Beaurevoir, pour passer à un autre sujet, le chroniqueur prend l'engagement d'y revenir pour raconter la suite de sa captivité, et assurément personne n'était mieux en situation de le faire ; mais il oublie sa promesse et ne s'occupe plus de la victime des Anglo-Bourguignons que pour enregistrer la lettre par laquelle le gouvernement anglais informait les souverains de l'issue du procès. Le courtisan a arrêté la plume de l'historien.

La *Chronique des Cordeliers* glisse rapidement sur la délivrance d'Orléans et les campagnes de la Loire et du Sacre. Elle s'étend davantage sur les faits qui précédèrent et suivirent l'attaque de Paris. C'est là seulement qu'on trouve le texte des trêves, conclues entre Charles VII et le duc de Bourgogne. Cette chronique ne présente rien de défavorable à la Pucelle.

Il en est de même de celle de *Gilles de Roye*, moine bernardin.

On pourrait en dire autant de celle de *Chastellain*, historiographe du duc de Bourgogne, s'il n'avait pas tenté de justifier l'œuvre de Cauchon, en avançant que les faits de la Pucelle « recouvraient plusieurs hérésies et étranges choses bien périlleuses ».

Pierre Cochon, auteur d'une chronique normande, ennemi déclaré des Armagnacs, ne pouvait guère rendre justice à celle qui avait combattu dans leurs rangs ; il s'abstient du moins de l'injurier.

Les notes de *Clément de Fauquemberghe*, greffier du Parlement, fournissent de précieux renseignements sur l'attaque de Paris.

Le chapitre, que le moine belge, *Pierre Empis*, a consacré à la Pucelle, lui est très favorable.

Les trois chroniqueurs bourguignons, qui nous restent à citer, sont, au contraire, animés de sentiments haineux contre elle.

Wavrin de Forestel, bâtard issu d'une grande famille picarde, a laissé le récit de la délivrance d'Orléans et de la campagne de la Loire. Attaché à la personne de Falstolf, il avait, à la bataille de Patay, suivi son maître dans sa fuite. Ce souvenir ne le disposait pas à l'impartialité : son récit s'en ressent.

Lefèvre de Saint-Rémy, familier du duc de Bourgogne, affecte vis-à-vis de la Pucelle un ton dédaigneux et vise à rapetisser son rôle, non toutefois sans rendre justice à sa vaillance : « La Pucelle, dit-il, la toute dernière, soutenait le faix de ses adversaires, quand elle fut prise. »

Mais le plus haineux des trois est, sans contredit, *Jean Chuffart*, chanoine de Notre-Dame, l'auteur présumé d'un recueil de faits, enregistrés au jour le jour, de 1408 à 1449, et publié sous le titre de *Journal d'un bourgeois de Paris*. Ce faux bourgeois, ancien cabochien, dévoué corps et âme au parti bourguignon et suppôt convaincu de l'Université, dont il avait été chancelier, haïssait d'instinct la Pucelle. A ses yeux, elle est une « femme toute remplie de l'esprit de l'ennemi d'enfer » ; ou, ce qui est pire encore, « une créature en forme de femme ; ce qu'elle est ? Dieu le sait ». Il semble pourtant qu'un doute se glissa, à la fin, dans cet esprit prévenu : après avoir raconté le supplice de Jeanne, il ajoute : « Il n'en manquait pas, là et ailleurs, qui disaient qu'elle était martyre et cela pour son droit seigneur ; les autres disaient que non ; ainsi parlait le peuple. Mais, quelque mauvaiseté ou bonté qu'elle eût faite, elle fut brûlée. »

§ III. — Chroniques étrangères.

De nombreux documents, recueillis de divers côtés, en Espagne, en Écosse, en Allemagne, à Venise, à Rome et jusqu'à Constantinople, sont là pour témoigner que la gloire de la Pucelle avait rayonné bien au delà des frontières de la France. Nous allons citer quelques-uns des plus importants.

. Le plus considérable des documents ITALIENS est un recueil de vingt-trois lettres, écrites par divers personnages et insérées dans la CHRONIQUE DE MOROSINI. Leurs auteurs, placés loin du théâtre des événements, ne les ont appris que par des correspondances particulières ou par la rumeur publique ; de là, les erreurs innombrables qui émaillent leurs récits ; on ne peut s'en rapporter à eux, quant à l'exactitude des faits ; mais ce sont des témoins désintéressés de l'admiration, suscitée par la Pucelle, et ils méritent d'être cités à ce titre.

Pancrace Justiniani écrit de Bruges à son père, deux jours après la délivrance d'Orléans, pour lui annoncer le grand événement ; il ajoute : « Ce que je lis, dans les lettres de tant de personnes dignes de foi, me fait devenir fou. Beaucoup de barons marchent à la suite de la demoiselle et bien des gens du peuple se rangent autour d'elle. Elle discute avec des maîtres en théologie, si bien que l'on croirait que c'est une autre sainte Catherine. » — Le même, dans une lettre du 27 juillet, après le Sacre : « Nous pouvons bien dire que, de nos jours, nous avons vu des choses très merveilleuses. » — Dans une autre du 20 novembre : « Ce qui est évident pour tous, c'est que, à l'ombre de la demoiselle, se sont accomplis des événements tels qu'ils démontrent qu'elle est l'envoyée de Dieu. »

Un autre correspondant enchérit encore : à ses yeux, la demoiselle est un « bel ange, venu et envoyé de Dieu pour relever le beau pays de France, qui était perdu sans ce secours. Ces merveilles ne sont pas l'œuvre d'une vertu humaine ; c'est Dieu qui les accomplit. De même que, par une femme, Notre-Dame Sainte Marie, il a sauvé le genre humain, de même, par cette demoiselle, vierge pure et innocente, il a sauvé la plus belle partie de la chrétienté. Voilà des choses qui paraissent incroyables ; moi-même, j'ai été très longtemps à les croire, et pourtant elles sont vraies. »

Même enthousiasme chez *Æneas Sylvius Piccolomini*, qui, avant de devenir le pape *Pie II* (1459-1464), écrivit une histoire de la Pucelle. Il déclare qu'elle a agi « par inspiration divine, ainsi que le démontrent les choses qu'elle a faites ». Après l'avoir suivie pas à pas dans toute sa carrière et raconté son supplice, il ajoute : « Ainsi mourut Jeanne, l'admirable, la stupéfiante vierge, dont la pureté n'a jamais été effleurée par le moindre soupçon... Ses exploits sont dignes de passer à la postérité, encore qu'ils soient exposés à y exciter plus d'admiration qu'à y rencontrer de créance. »

Pour se traduire d'une manière moins enthousiaste, l'admiration n'est pas moins grande chez les ALLEMANDS.

La *Chronique d'Eberard de Windecken*, trésorier de l'empereur Sigismond, débute ainsi : « En ces temps, il s'éleva, dans la Lorraine, une jeune fille, qui fit en France de grands miracles, dont les Anglais furent grandement affaiblis, et par lesquels le roi de France fut grandement secouru pour recouvrer sa terre. »

Le dominician *Hermann Cornerius*, de Lubeck, déclare aussi que le roi de France doit ses victoires « à la vertu et aux mérites de Jeanne la Pucelle, que Dieu a envoyée à ce royaume ».

Un de ses frères en religion, *Jean Nieder*, tout en hésitant à se prononcer sur le compte de l'héroïne, constate cependant que « les merveilles réalisées par Jeanne avaient jeté dans la stupeur, non seulement la France, mais tous les États chrétiens ».

§ IV. — Poème de Christine de Pisan.

Au moment où la Pucelle venait de remporter ses premières victoires, une femme célèbre, Christine de Pisan, surnommée la sœur des Muses, sortant du long silence, que nos malheurs lui avaient imposé, reprit sa lyre pour chanter le triomphe inespéré de nos armes et les exploits de la Pucelle. Son poème est daté du mois de juillet 1429. Nous en détachons quelques strophes, pour donner une idée du genre.

> Je, Christine, qui ai plouré
> Onze ans, en abbaye close,
> A rire bonnement de joie
> Me prends. . . .
> L'an mil quatre cent vingt-neuf,
> Reprit à luire li soleil.
>
> Oyez, par tout l'univers monde
> Chose sur toute merveillable ;
> Notez si Dieu, en qui abonde
> Toute grâce, est point secourable
> Au droit enfin. . . . . .
>
> Qui vit donc chose advenir
> Plus hors de toute opinion,
> Que France, de qui mention
> On faisait que jus est ruée *(jetée à bas)*
> Soit, par divine mission,
> Du mal en si grand bien muée ?
>
> Et toi, Charles... vois ton renom
> Haut élevé par la Pucelle,
> Qui a soumis sous ton penon
> Tes ennemis. Chose est nouvelle.

Ce style naïf et gracieux, mais vieilli, étant souvent difficile à comprendre, nous allons reproduire quelques strophes, en français moderne, d'après la traduction du Révérend P. Ayroles.

« Ah ! Jeanne, née à une heure propice, béni soit le ciel qui te créa. Pucelle, ordonnée de Dieu, en qui le Saint-Esprit versa si grande grâce, en qui fut et est toute largesse de haut don. Jamais parole ne te sera adressée, qui dise la reconnaissance qui t'est due.

« Oh ! Pucelle élue, tu nous as, par miracle, affranchis du malheur. Jamais nous n'ouïmes parler de si grandes merveilles ; car, de tous les preux, qui existèrent le long des âges, les prouesses n'égalent pas le fait de celle qui chassa nos ennemis ; mais c'est Dieu qui agit, qui la conseille, qui a mis en elle un cœur plus que viril... Tout un peuple abattu est par une femme redressé ; ce que pas un homme n'eût su faire.

« N'a-t-elle pas mené le roi au Sacre, en le tenant toujours par la main? Pour certain, il y eut des contredits sans nombre ; mais, malgré tout, il fut reçu à Reims avec honneur et sacré solennellement. »

§ V. — Le mystère du siège d'Orléans.

Le xve siècle nous a légué d'autres poèmes en l'honneur de la Pucelle : un, en latin, composé de six cents vers hexamètres ; d'autres, en français. De toutes ces compositions, la plus considérable et la plus intéressante, au point de vue historique, est le Mystère du siège d'Orléans.

Ce drame, œuvre d'un auteur inconnu, comprend plus de vingt mille vers (20.529). On n'y compte pas moins de cent quarante personnages ; non seulement les rois de France et d'Angleterre y tiennent un rôle, avec leurs ministres et les chefs de leurs armées, mais les habitants du ciel, Notre-Seigneur et sa Sainte Mère, prennent part à l'action et descendent sur la scène, en brillante compagnie d'anges et de saints.

Le mystère fut représenté sur une des places publiques d'Orléans, une première fois en 1435, une seconde en 1439. La plupart des assistants avaient donc été témoins de la délivrance.

Quelques-uns mêmes des compagnons de la Pucelle avaient un rôle dans la pièce ; entre autres, le trop fameux sire de Retz (Barbe-Bleue), qui dépensa des sommes folles pour la monter.

Les quelques passages que nous allons en détacher, suffiront à donner une idée des sentiments, qui en avaient inspiré l'auteur.

Notre-Seigneur, envoyant saint Michel à Jeanne, s'exprime ainsi :

> Tu lui diras que je lui mande
> Qu'en elle sera ma vertu
> Et que, par elle, on entende
> L'orgueil des Français abattu.

La Pucelle, à genoux devant Charles VII :

> Dieu vous a eu en souvenance
> D'une prière d'un tel jour,
> Que lui fîtes en révérence,
> Dont il vous a pris en amour.
>
> . . . .
>
> Je veuil *(veux)* bouter les Anglais
> Dehors du royaume entièrement
> En le délaissant aux Français,
> A qui il est totalement.

Après la prise de la bastille de Saint-Loup, Scales s'écrie :

> Qu'il faut résister à la diablesse.
> Chacun dit qu'elle a tout fait,
> Emporté l'honneur de noblesse,
> De France toute la prouesse,
> Et l'honneur de chevalerie.
> Chacun devers elle s'adresse ;
> Il n'est si grand qui ne la supplie.

Suffolk, apprenant qu'elle marche sur Jargeau :

> Maudit sois-tu, toi et ta bande,
> Fausse, déloyale. . .

> Un chacun ici a peur d'elle.
> Je crois qu'elle soit immortelle,
> Ou que au diable soit donnée.
> Jamais n'ouïs parler de telle
> Je ne sais s'elle est diable d'enfer.

La Pucelle à ses compagnons d'armes, après la bataille de Patay :

> Messeigneurs et bons amis,
> Or avons-nous eu victoire
> De ces Anglais, nos ennemis,
> Dont, à toujours, sera mémoire.
> Sachez que le vrai Dieu de gloire
> L'a voulu donner à nous tous,
> Ne le veuillez autrement croire,
> Qu'elle n'est pas venue de nous.

La Pucelle prenant congé des bourgeois d'Orléans :

> Si *(ainsi)*, vous en charge faire procession
> Et louer Dieu et la Vierge Marie
> Dont, par Anglais n'a point été ravie
> Votre cité, ni vos possessions.

Le poème de Christine de Pisan chantait surtout les hauts faits de la guerrière ; sans négliger ce point de vue, le Mystère du Siège vise à autre chose. C'est un de ces drames religieux, que la foi naïve de nos pères fit éclore en si grand nombre au moyen âge, pour l'édification du peuple chrétien. Aussi, tout en offrant à l'admiration publique les prouesses de l'héroïne, l'auteur s'est constamment appliqué à mettre en relief les vertus de la sainte, sa foi vive, sa tendre piété, sa charité compatissante aux maux du prochain, la pureté de ses mœurs, son humilité qui lui fait toujours renvoyer à Dieu la gloire de ses succès.

Dans ce drame, les êtres surnaturels parlent et agissent de manière à donner pleine satisfaction aux sentiments religieux et patriotiques des spectateurs. Quant aux faits et aux personnages terrestres, l'auteur a dû les présenter avec toute l'exactitude possible ; autrement il se fût exposé à la risée de ceux qui en avaient été les témoins et les acteurs. C'est là surtout ce qui donne à son œuvre une réelle valeur historique.

II. Jeanne d'Arc sut-elle jamais lire ?

A cette question, jusqu'en ces derniers temps, tout homme un peu instruit répondait : non, sans hésiter. A vrai dire, elle ne se posait même pas et semblait ne pouvoir jamais être l'objet d'une discussion.

En effet, au cours de l'examen que des théologiens lui firent subir à Poitiers, par ordre de Charles VII, la Pucelle avait ingénument déclaré qu'elle ne savait ni A ni B ; après sa mort, au procès de réhabilitation, parmi les cent vingt témoins, qui furent interrogés sur sa conduite, depuis son enfance jusqu'à son supplice, pas un ne laisse soupçonner qu'elle eût pénétré les mystères de l'alphabet ; tous, au contraire, la représentent comme tout à fait ignorante, sauf en ce qui concernait la guerre ; enfin, d'après deux de ces témoins, elle aurait dit, lors de sa prétendue abjuration, ne savoir ni lire, ni écrire, ni signer. Aussi les historiens se sont-ils accordés jusqu'ici à la regarder comme complètement illettrée.

S'il en est ainsi, dira-t-on peut-être, pourquoi remettre en question une chose définitivement jugée et sur laquelle tout le monde est d'accord? — C'est que, si l'accord était complet hier, il ne l'est plus aujourd'hui.

La croyance traditionnelle, qui paraissait inattaquable, a été récemment battue en brèche, non sans succès. Un brillant écrivain, qui se fait gloire de descendre de l'un des frères de la Pucelle, M. le comte de Maleissye, en appelle du verdict de l'Histoire et il le fait avec une habileté, une conviction, une maîtrise, qui s'est imposée à l'attention. Dans une étude, publiée en 1911, sous ce titre : *Les lettres de Jeanne d'Arc et la prétendue abjuration de Saint-Ouen*, il entreprend de démontrer que son illustre arrière-grand'tante, à la fin de sa carrière militaire, savait très probablement lire et écrire.

Cet ouvrage, dont la *Revue des Deux Mondes* avait eu la primeur, fut accueilli avec une faveur marquée ; un de nos plus illustres académiciens en écrivit la préface : l'Académie française lui décerna un de ses prix littéraires ; la presse applaudit ; des adhésions retentissantes se produisirent ; un grave personnage, que sa fonction invitait pourtant à une prudente réserve, écrivit à l'auteur que « toutes les conclusions » de son livre « sont maintenant des données de l'histoire ».

En est-il vraiment ainsi? Doit-on tenir, sinon pour absolument certain — M. de Maleissye lui-même ne va pas jusque-là — au moins comme probable que Jeanne d'Arc a su lire et écrire? Voilà la question que nous nous proposons d'examiner en toute sincérité et indépendance.

Au surplus, que notre sainte héroïne ait su ou non lire et écrire, la chose n'a, en soi, aucune importance : sa gloire n'en peut être ni augmentée ni diminuée. Il n'en faudrait pourtant pas conclure que la question est sans intérêt ; car rien de ce qui touche à cette grande figure ne peut être indifférent à des cœurs français.

Cela dit, abordons maintenant notre sujet.

I. — Parmi les lettres de la Pucelle, qui sont venues jusqu'à nous, les unes — ce sont les premières en date — ne portent pas de signature, tandis que les trois dernières sont signées *Jehanne*. M. de Maleissye, qui a la bonne fortune de posséder deux de ces précieuses reliques, fut ainsi amené à penser qu'elle avait dû apprendre à écrire son nom, pendant les trêves qui suivirent son échec sous les murs de Paris. En effet, elle eut alors plusieurs mois de loisir forcé, durant lesquels elle fut constamment environnée de clercs, tout disposés à mettre leur science à son service.

L'examen des signatures contribue à fortifier cette hypothèse ; toutes les trois sont en gros caractères, fortement appuyés et dénotent une main novice ; toutefois, on constate un progrès sensible entre la première (9 novembre 1429) et les deux autres, datées du printemps suivant. Des esprits pointilleux pourraient objecter que les doigts de la signataire ont été dirigés par une main étrangère ; néanmoins, l'absence de signature dans les premières lettres et le progrès évident, qui se remarque dans les signatures des dernières, portent à croire que Jeanne avait appris à tracer les lettres de son nom.

Mais, il y a loin de là à savoir lire et écrire.

II. — Aussi M. de Maleissye a-t-il d'autres arguments à produire ; il les tire de certaines réponses que Jeanne fit au cours de son procès.

1º Comme on lui demandait (exhortation charitable du 2 mai) si, au sujet du signe remis au roi, elle voulait s'en rapporter à l'archevêque de Reims, au Sire de Boussac, etc., elle répondit : « *Je veux bien qu'on leur envoie un messager ; mais c'est moi qui leur écrirai ce que c'est que ce procès.* »

« Ce *moi*, dit M. de Maleissye, n'est-il pas la négation de tout recours à un secrétaire, en qui elle n'aurait aucune confiance ; car elle se sait entourée d'hommes résolus à la perdre. »

2º Déjà précédemment (séance du 24 février) elle avait demandé qu'on lui donnât, *par écrit*, les points sur lesquels elle ne voulait pas répondre, avant d'avoir consulté ses Voix.

« Elle seule, dit M. de Maleissye, pourra lire et relire cet écrit, en demandant à ses Voix de l'inspirer ; car, abandonnée dans sa prison, à qui pourrait-elle avoir recours? »

3º Une troisième réponse paraît encore plus décisive ; amenée à s'expliquer sur sa lettre au comte d'Armagnac (séance du 1er mars), elle dit : « *Je n'ai jamais écrit ni fait écrire, sur le compte des trois papes. J'affirme, sous la foi du serment, que jamais je n'ai écrit ni fait écrire à ce sujet.* »

« Cette affirmation solennelle de Jehanne, dit M. de Maleissye, nous apporte, sur le point qui nous occupe, une lumière que l'on ne saurait demander plus éclatante ; car Jehanne y précise, sans ambiguïté, que, si elle faisait écrire des lettres, il lui arrivait aussi d'en écrire elle-même. »

Observations. — 1° La conclusion serait, en effet, d'une évidence irrésistible, s'il était démontré que les expressions *écrire* et *faire écrire* avaient, dans la pensée de Jeanne, le sens obvie que nous y attachons ; or, elle nous fournit elle-même la preuve manifeste du contraire. En effet, de l'aveu même de M. de Maleissye, « le 17 juillet 1429, le jour du Sacre du roi, elle ne savait pas signer », encore moins écrire ; ce qui ne l'empêchait pas de s'exprimer ainsi, dans la lettre qu'elle adressa, ce jour-là même, au duc de Bourgogne : « Il y a trois semaines que *je vous avais écrit.* » — De même, elle disait à ses juges (séance du 27 février), au sujet de l'épée, qu'elle avait envoyé chercher dans l'église Sainte-Catherine de Fierbois : « *J'écrivis aux ecclésiastiques de ce lieu* » ; et (séance du 3 mars) à propos de ses démêlés avec Catherine de la Rochelle : « *J'écrivis à mon roi.* » Or ces deux lettres étaient antérieures à la première signature. Dans les trois cas que nous venons de citer, les lettres, qu'elle dit avoir *écrites*, n'avaient certainement pas été tracées de sa main.

Quant à la distinction, si nette et deux fois répétée, qu'elle établit entre *écrire* et *faire écrire*, elle se justifie sans peine : à ses yeux, elle était censée *écrire* les lettres dont elle dictait les termes : elle *faisait écrire* celles dont elle se contentait d'indiquer le sens général, en laissant au secrétaire le soin de la rédaction ; telle la lettre aux Hussites, rédigée en son nom par son chapelain, mais d'un style tout différent des autres.

2° De même, lorsque la Pucelle disait : « C'est *moi* qui écrirai ce que c'est que ce procès », ou quand elle demandait qu'on lui donnât, *par écrit*, les points sur lesquels elle ne répondait pas, voulait-elle dire : *c'est ma main qui écrira la lettre, ce sont mes yeux qui liront* le communiqué? M. de Maleissye estime qu'on n'en saurait douter : « Car, abandonnée dans sa prison, à qui pourrait-elle avoir recours? Elle n'aurait aucune confiance dans un secrétaire ; car elle se sait environnée d'hommes résolus à la perdre. »

Il est bien vrai qu'elle était environnée d'hommes résolus à la perdre et qu'elle le savait. Il y en avait pourtant, parmi eux, au moins un, qui avait su gagner sa confiance ; le chanoine Loyseleur lui rendait de fréquentes visites à la prison ; avant les audiences, il allait l'entretenir de son procès et lui donnait des conseils, qu'elle recevait comme venant d'un ami dévoué. Elle avait donc sous la main un homme de confiance, qui pouvait lui servir de secrétaire.

Quelque ingénieux que soient les arguments de M. de Maleissye, ils ne paraissent donc pas de nature à ruiner la croyance traditionnelle. D'ailleurs, fussent-ils encore plus probants, sa thèse aurait toujours contre elle les témoignages d'Aymond de Macy et de Jean Massieu, qui affirment avoir entendu Jeanne déclarer qu'elle ne savait ni lire, ni écrire, ni signer. Naturellement l'auteur récuse ces deux témoins gênants ; reste à savoir s'il est en droit de le faire.

III. — AYMOND DE MACY rapporte ce qu'il a vu et entendu au cimetière Saint-Ouen, la prédication, puis la longue résistance de Jeanne aux objurgations et aux menaces, qui lui étaient adressées pour lui arracher une rétractation, et finalement son apparente soumission. Il ajoute :

« Pour éviter le péril, elle dit qu'elle était contente de faire tout ce qu'on voudrait. Alors, un secrétaire du roi d'Angleterre, là présent — son nom était Laurent Calot — tira de sa manche une petite feuille écrite et la donna à Jeanne pour qu'elle la signât. *Jeanne répondait qu'elle ne savait ni lire ni écrire.* Nonobstant cette réponse, le secrétaire lui présentait la feuille et la plume pour qu'elle signât ; et Jeanne, en se moquant, fit un rond, Laurent Calot prit alors la main de Jeanne, avec la plume, et lui fit faire un signe, dont je n'ai pas souvenance. »

Contre cette déposition, si précise, où tout respire la sincérité d'un témoin bien informé, voici ce qu'allègue M. de Maleissye :

1º Aymond de Macy « n'a pu entendre les paroles qu'il rapporte, parce qu'il n'était pas sur l'estrade, auprès de Jehanne ». — Comme si, sans être sur l'estrade, il n'avait pas pu en être assez rapproché pour voir et entendre?

2º Il « n'est que l'écho d'un mensonge habilement répandu par Laurent Calot, sur l'ordre de Cauchon ». — Si Cauchon avait voulu faire croire que sa victime ne savait pas signer, il se fût bien gardé de faire figurer la signature, *Jehanne*, au bas de la formule qu'il substitua à celle où elle avait tracé une croix.

Enfin, 3º, le témoin « est le seul à rapporter les paroles », que Jeanne adressa à Laurent Calot. — Le fait est vrai, mais le témoignage d'un honnête homme ne mérite-t-il pas d'être tenu pour véridique tant qu'il n'est pas contredit? Or le susdit témoignage, non seulement n'a pas été contredit, mais il se trouve singulièrement corroboré par celui de l'huissier Massieu, à qui Jeanne fit la même déclaration, quelques instants avant ou après.

Massieu était en train de donner à Jeanne des explications et des conseils à propos de l'abjuration, lorsqu'il fut interpellé par le prédicateur : « Maître Guillaume Érard, dit-il, me demanda ce que je lui disais. — Je lui lis la formule et lui dis de signer, et *elle me répond qu'elle ne sait pas signer.* »

Là-dessus, M. de Maleissye s'indigne et traite Massieu de menteur. « Lorsque, dit-il, il met dans la bouche de Jehanne : « *Je ne sais pas signer,* » il lui prête des paroles qu'elle n'a pas prononcées ; car nous avons des lettres revêtues de sa signature ; elle n'a donc pas pu dire : « *Je ne sais pas signer.* » — Est-ce bien sûr?

Même en admettant que les signatures des lettres sont authentiques, — ce qui n'est pas absolument certain — on n'en peut légitimement conclure qu'elle savait encore signer à la fin de son procès. En effet, la plus récente de ces signatures remontait à quatorze mois : c'est plus de temps qu'il n'en fallait pour que, durant sa longue captivité, la Pucelle eût désappris ce qu'elle n'avait su que tardivement et d'une manière imparfaite.

Lorsque le prêtre Jean Massieu faisait sa déposition sous la foi du serment, il était âgé de plus de cinquante ans et curé de la paroisse Saint-Candé-le-Vieux, à Rouen ; les faits qu'il rapporte s'étaient passés en public, devant une multitude de témoins, dont trente-cinq furent appelés à en déposer judiciairement. On ne voit pas d'ailleurs quel intérêt il aurait eu à avancer une fausseté, à propos d'un fait de si minime importance. En de pareilles conditions, un témoin, fût-il d'ailleurs « un homme d'une inconduite notoire », n'est guère tenté de se parjurer, alors surtout que son mensonge aurait tant de chances d'être relevé.

Nous avons essayé de montrer que l'opinion nouvelle repose sur des fondements qui paraissent ruineux et que la croyance traditionnelle à une Jeanne d'Arc complètement illettrée conserve toute son autorité. Notre tâche est terminée.

III. — La Basilique de Sainte-Jeanne-d'Arc au Bois Chenu.

Nota. — La magnifique Basilique du Bois Chenu, bien qu'inachevée, attirait déjà, avant la guerre, une foule de pèlerins. Comme elle intéresse grandement la gloire de la Pucelle, nous sommes heureux d'insérer ici la notice suivante, qui nous a été envoyée, sur notre demande, par l'Évêché de Saint-Dié.

Lorsque Mgr Dupanloup, évêque d'Orléans, entreprit le procès de canonisation de Jeanne d'Arc, il vint en pèlerinage à Domremy et monta au Bois Chenu, dont les pentes avaient été parcourues par la jeune villageoise. Son attention fut attirée par ce qu'on appelait le *Pierrier de la Pucelle*. On y fit des fouilles, et l'on trouva, avec une clef de voûte, un linteau portant cette inscription : *Stephanus Hordal fecit*. Le chanoine Hordal, petit-neveu de Jeanne, avait élevé, en souvenir de sa tante, au Bois

Chenu, une chapelle dédiée à la Sainte Vierge, dont on venait de retrouver les vestiges.

On décida alors d'élever en ce lieu une Basilique nationale, dont la première pierre fut posée par Mgr de Briey, alors évêque de Saint-Dié. L'œuvre fut continuée par Mgr Sonnois, qui fut bientôt appelé à l'archevêché de Cambrai.

Les murs de la Basilique sortaient à peine de terre, lorsque Mgr Foucault fut nommé évêque de Saint-Dié, en 1893. Depuis vingt-huit ans, Mgr Foucault a poursuivi l'Œuvre avec des alternatives diverses. Il y fut aidé vaillamment par les RR. Pères Eudistes, jusqu'à l'époque des expulsions et ensuite par des prêtres du diocèse.

La canonisation ayant donné un nouvel essor à la piété des fidèles, les travaux ont repris avec une grande activité et tout permet d'espérer que, dans deux ou trois ans, ce magnifique monument de la reconnaissance et de la générosité de la France catholique sera achevé.

Adresser les offrandes à M. le Directeur de la Basilique, au Bois Chenu, par Coussey (Vosges).

TABLE DES ILLUSTRATIONS

TABLE DES MATIÈRES

devant Orléans. Entrée de Jeanne à Orléans. La Pucelle, terreur des Anglais et réconfort des Français.

Prise de la bastille de Saint-Loup. Conseil de guerre ; dernières sommations. Prise du fort des Augustins. Jeanne résiste aux chefs de l'armée. Prise des Tourelles. Levée du siège.

Accueil royal. Mémoire de Gerson. Traité de l'archevêque Gélu. Jeanne presse le roi d'agir. Lettre des jeunes seigneurs de Laval.

Prise de Jargeau. Prise de Beaugency. Victoire de Patay.

Jeanne à Gien. L'armée devant Auxerre. Jeanne devant Troyes. Frère Richard ; Jeanne au conseil et à l'action ; reddition de la ville. La Pucelle à Reims ; le Sacre. Jeanne revoit son père. La Pucelle glorifiée. La Pucelle en disgrâce. Lettre de la Pucelle au duc de Bourgogne.

Heureux débuts. Sottes négociations. Lettre de Jeanne aux Rémois. Français et Anglais à Montespilloy. La Pucelle à Saint-Denis ; nouvelles trêves. Échec sous les murs de Paris ; récit d'un témoin ; la Pucelle blessée ; étrange conduite du roi. Retraite et dislocation de l'armée.

Prise de Saint-Pierre-le-Moûtier. Catherine de la Rochelle. Siège de la Charité. Le roi anoblit Jeanne et sa famille. Repos forcé ; lettre aux Hussites ; lettres aux Rémois. Compiègne française malgré la Cour. La Pucelle à Lagny ; Franquet d'Arras. Sinistres avertissements. Derniers services. « Je durerai un an, guère plus. »

La personne physique de la Pucelle. Qualités de la guerrière. Vertus de la sainte : obéissance, dévouement désintéressé, chasteté, humilité, piété, charité.

LIVRE III

La Martyre.

Prise de la Pucelle. Anglo-Bourguignons triomphants ; Français consternés. Jeanne à Beaurevoir. Tentative d'évasion. De Beaurevoir à Rouen. L'Université de Paris contre la Pucelle. Jeanne dans la prison de Rouen.

Composition du tribunal. Préliminaires du procès. Vices essentiels de là procédure. Odieux guet-apens. La Pucelle à l'audience.

Observations préliminaires. Les six premières séances. Grave modification.

Les neuf dernières séances. Intermède laborieux.

Les trois séances. Les douze articles. Jugements portés d'après ces articles : 1º par les consulteurs ; 2º par l'Université. Maladie de la Pucelle. Première et deuxième exhortation charitable. Jeanne en face de la torture.

Au cimetière Saint-Ouen. Sermon de G. Érard. L'abjuration : 1º d'après le procès-verbal ; 2º d'après les témoins ; abjuration dérisoire. Journées d'angoisses. Procès de relapse. Jeanne à son dernier jour : 1º dans la prison ; 2º au Vieux-Marché.

LIVRE IV

Vie posthume.

Informations posthumes. Lettre du roi d'Angleterre aux princes chrétiens et aux autorités françaises. Lettres de l'Université au Pape et aux cardinaux. Condamnation de Pierre Bosquier. Lettres de garanties délivrées aux agents du procès.

APPENDICE

LYON. — IMPRIMERIE EMMANUEL VITTE, 18, RUE DE LA QUARANTAINE.